W0184277

Über dieses Buch Die Geschichte der Entkolonialisierung ist die Geschichte der Gründung neuer Staaten. Damit eng verbunden sind Entwicklungshilfe und Entwicklungspolitik. Doch der historische Boden, auf dem nationale Volkswirtschaften, Rechtssysteme und Souveränitäten sich entfalten konnten, ist brüchig geworden. Geld-, Investitions- und Handelsströme unterhöhlen zunehmend die territoriale Abgrenzung der Staaten und deren Identität als Subjekte des Völkerrechts. Eine neue »Weltordnung« bildet sich heraus, der die überlieferten politischen Vorstellungen und juristischen Normen nicht mehr gewachsen sind.
Rolf Knieper untersucht die in Auflösung begriffenen internationalen Rechtsverhältnisse im Zusammenhang der weltweit operierenden Ökonomie und Politik – ein Vorgang, der nach neuen allgemeinen Kriterien für die Innenbeziehung der Völkergemeinschaft verlangt. Kniepers Buch ist eine provozierende Antwort auf Probleme, die in den kommenden Jahrzehnten den Zivilisationsprozeß von Grund auf verändern werden.

Der Autor Rolf Knieper, geboren 1941, ist Professor für Bürgerliches Recht und Wirtschaftsrecht an der Universität Bremen. Er war ein knappes Jahrzehnt in der Zentralafrikanischen Republik, um die dortige Regierung bei Verhandlungen juristisch zu beraten, und in Washington D. C., wo er die Arbeitsweise des Internationalen Währungsfonds und der Weltbank untersuchte. Knieper hat zahlreiche Schriften zum Wirtschafts-, Familien- und Umweltrecht veröffentlicht.

Rolf Knieper

Nationale Souveränität
Versuch über Ende und Anfang einer Weltordnung

Fischer Taschenbuch Verlag

Originalausgabe
Veröffentlicht im Fischer Taschenbuch Verlag GmbH,
Frankfurt am Main, Dezember 1991

© 1991 Fischer Taschenbuch Verlag GmbH, Frankfurt am Main
Umschlaggestaltung: Buchholz/Hinsch/Hensinger
Abbildung: Victor Brauner, ›Tropiques‹
© VG Bild-Kunst, Bonn, 1991
Gesamtherstellung: Clausen & Bosse, Leck
Printed in Germany
ISBN 3-596-10719-9

Inhalt

Einleitung

Seit mehr als dreißig Jahren besuche ich in den italienischen Dolomiten, die ihren Namen dem französischen Forscher de Dolomien verdanken, einen kleinen Ort: Colfosco. Dort lebt, mit anderen, eine alte Dame, Mena. Mena war mit dem Kriegskrüppel Tita verheiratet, den sie jahrzehntelang waschen, füttern und wickeln mußte. Als ich sie irgendwann einmal fragte, auf welcher Seite Tita gekämpft hatte, schaute sie mich lange an und antwortete halb fragend, halb zögernd: »Ja, warns die Österreicher oder warns die Italiener?«

Von meinem Schlafzimmerfenster aus sieht man einen Bergrücken. Er heißt Col di Lana und ist in der Region bekannt. Wer im Sommer auf den Berg wandert, wird österreichische, deutsche, italienische Touristen in bunter Freizeitkleidung treffen. Die Wanderung auf diesen Berg hat die Besonderheit, daß man schon ab Contrin an kilometerlangen, nicht in die Landschaft passenden, zum Teil betonierten Gräben vorbeikommt: Schützengräben. Um diesen Berg haben österreichische und italienische Truppen von 1915 bis 1918 erbittert gekämpft, bis eine Partei die andere, die sich auf dem etwa 2400 Meter hohen Gipfel verschanzt hatte, mitsamt Gipfel in die Luft gesprengt hat – eine für die damalige Zeit großartige technische Leistung, die den Gipfel in einen Krater verwandelt hat. Während des Auf- und Abstiegs stolpert man überall über rostige Stacheldrahtstücke. Ein christlich erzogener Mensch kann gar nicht anders, als den ganzen Berg mit einer Dornenkrone umgeben zu sehen – ein gigantisches Kunstwerk –, und tatsächlich, auf Haupt- und Nebengipfel stehen Kreuze: es waren christlich-katholische Majestäten, ein österreichischer Kaiser und ein italienischer König, in deren Namen die Schlachterei vonstatten ging.

Als ich an einem sonnigen Oktobersonntag wieder einmal dieses alte Schlachtfeld bestieg und die friedlichen Bergtouristen aus den ehemals verfeindeten Nationen beobachtete, für die inzwischen Unterstände, Gräben und Stacheldraht eine schöne, halb-gruselige Zusatzattraktion sind, schoß mir eine Stelle von Bataille durch den Kopf, der in seinem Essay über den verfemten Teil sagt, daß in der bürgerlichen Gesellschaft

die Kriege dazu dienten, in einem gigantischen Schlachtfest Überschußproduktion zu vernichten und nichts mit politischen Konflikten zu tun hätten. Ich bin mir dessen nicht so sicher. Vor einigen Tagen habe ich wieder in einem Buch des Historikers Perry Anderson geblättert, er spricht dort vom absoluten Staat des 17. Jahrhunderts in Frankreich, Spanien, Italien, England. Welches Italien? Es gab kein Italien im 17. Jahrhundert. Der Sog des Begriffs (National-)Staat aber ist offenbar so stark, daß er, den das 19. Jahrhundert hervorgebracht hat, selbst von einem kritischen Historiker mit der Würde des ›Immer-Schon‹ belegt wird.
Dann, etwas später, fiel mir ein Satz eines jungen Mannes ein, mit dem ich vor einiger Zeit auf der Sögestraße in Bremen einige Worte gewechselt hatte und der gesagt hatte: »All die Toten, das kann doch nicht umsonst gewesen sein!« Er sprach keineswegs von Kriegstoten, sondern von Toten während eines Fußballspiels in Sheffield. Er trug den langen grün-weißen Schal des Fußballclubs Werder Bremen und sammelte für die Hinterbliebenen. Manchmal spielen auf dieser Straße auch Studenten chilenische Lieder; sie sind von der Militärdiktatur Pinochets vertrieben worden. Chile ist eines der großen Nehmerländer der Weltbank und des Internationalen Währungsfonds (IWF). Es wird gelobt, es macht Fortschritte in der Strukturanpassung. Man befürchtet, daß das nicht so bleibt, nachdem die Militärjunta die Macht abgegeben hat.
Es ist März, der Col di Lana ist mit Schnee bedeckt. Wenn man die Augen halb schließt, könnte man meinen, es höbe sich der Rücken eines Elefanten gegen den blauen Himmel – eines weißen Elefanten. Das ist auch das verzweifelt-spielerische Wort für Entwicklungsruinen, Zeugen für die Absichten einer raschen Industrialisierung, mit der wirtschaftliche Souveränität, nach der politischen, errungen werden sollte. Ich habe sie in Afrika gesehen, aber es soll sie rund um den Globus geben, wird mir versichert – sie seien in Asien und in Lateinamerika sicher ebenso zahlreich wie in Afrika.
Der Staatsphilosoph Hegel hat verkündet, daß die Souveränität der Staaten dazu dränge, Streitfragen zwischen ihnen durch Krieg zu beantworten. Der Col di Lana, dessen Geschichte Hegel noch nicht kennen konnte, gibt Zeugnis davon, daß es sich häufig um Fragen handeln muß, die keiner (mehr) kennt. Die Entwicklungsländer streben mit Macht nach wirtschaftlicher Souveränität – auch die Entwicklungsruinen zeugen davon.
Bei der Territorial- oder nationalstaatlichen Souveränität – falls sie ein weißer Elefant ist – handelt es sich offensichtlich um eine gefährliche, todbringende Rasse. Bis an die Zähne bewaffnet, können ihre Spezimene

immer noch zubeißen, allerdings ohne die Bissen der territorialen Eroberungen noch zu verdauen. Sie haben ihren Sinn verloren. Die Souveränität gründet auf anachronistisch schwankendem Blut und Boden und sucht – inzwischen wohl vergeblich – flüchtiges Kapital und bewegliche Arbeit an nationale Grenzen zu fesseln. Ich habe mich bemüht zu verstehen, warum sie dennoch wortreich und gefühlsbetont gepflegt wird, obschon sie mehr und mehr verschwimmt und also ein neues Welt(Rechts-)-Bild entstehen muß, das ich aus den hier genannten und anderen Teilen zusammenzusetzen versuche. Hinter der sorgfältig gehegten und zeitlos scheinenden Realität des Imaginären verbirgt sich ja nur die materielle Existenz des Staates, der ein erst in der Neuzeit entstandenes Element der menschlichen Gesellschaft ist, geschaffen, um bestimmte Aufgaben zu erfüllen und dies mit Hilfe von Steuereinnahmen zu finanzieren. Er hat Eigentum im weitesten Sinne zu schützen, soziale und physische Infrastrukturen herzustellen und Wirtschafts-, Währungs-, Finanz- und andere Politiken zu betreiben. Anders als die auf Identität und Abgrenzung angelegte Schöpfung der Nation sind solche Aufgaben nicht an territoriale Grenzen gebunden.
Beide Aspekte stehen in einer konfliktreichen Beziehung zueinander, deren jeweilige Ausgestaltung zwar nicht den langen Gang der Geschichte ändert, wohl aber großen Einfluß auf das Leben von Menschen hat.
Nehmen wir das Beispiel der Vereinigten Staaten von Amerika, nicht etwa, weil dort Einzigartiges geschieht, sondern weil es sich um eine Super-Macht handelt: Je weniger dort Straßen, Flughäfen, Eisenbahnen und andere Infrastrukturen aufrechterhalten werden, je mehr das allgemeine Erziehungssystem verkommt, je geringer der öffentliche Schutz des Eigentums wird und je stärker etwa die Außenwirtschafts- und Währungspolitik bei einer enormen Außenverschuldung die Form aggressiver Bettelei annimmt, je mehr also die Regierungen die Aufgaben des Staates der bürgerlichen Gesellschaft vernachlässigen, desto heftiger werden nationale Fähnchen geschwenkt und patriotische Lieder gesungen, wird ein ausgrenzendes Überlegenheits-Gefühl kultiviert, vor Fernsehkameras gebetet und die Gelegenheit, militärisch Flagge zu zeigen, ergriffen. Das bedeutet Unheil, belegt die Aktualität des Col di Lana und verdeutlicht gleichzeitig, wie unangemessen es ist, Staatsaufgaben in einer hochintegrierten und konkurrenzzerfressenen Welt territorial begrenzt und im Allgemeininteresse wahrzunehmen.
Ich muß häufig die Grenzen meines Fachs, der Rechtswissenschaft, überschreiten. Das ist eine Anmaßung, zu der der Gegenstand zwingt. Ich erlaube sie mir, nachdem ich mehr als sieben Jahre lang in der Zentralafrikanischen Republik gelebt und gearbeitet habe.

Ich widme das Buch Barbara, Judith und Caspar, nicht nur, weil ich auf diese Weise einmal meinen Freund Peppo imitieren kann (vgl. die Vorsätze von Peppo Gavazzi in *Wie weit ist der Himmel?* 1984), sondern auch, weil sie mit mir die Erfahrungen geteilt haben, die in diesem Buch verarbeitet sind.

Für die verschiedensten Hilfen danke ich Wilhelm Bittorf, Günter Frankenberg, Heinz Kostner, Helga Meierkord, Erika Segond, Jean-Eudes Teya, Gerd Winter. Gleichzeitig danke ich der Universität Bremen und dem Fachbereich Rechtswissenschaft für die Geduld, mit der sie mich über Jahre von meinen Lehrverpflichtungen entbunden haben, damit ich in Afrika arbeiten konnte.
Ich habe an dem Manuskript in Bangui, Bremen und Colfosco geschrieben. Da es dem Thema und meinen Auffassungen ohnehin entgegenkommt, also:
Bangui, Bremen, Colfosco 1990

Statt einer Vorrede:
Wie Tagebuchauszüge eines afrikanischen Planungs- und Finanzministers aussehen könnten und warum sie Fragen nach Kolonisation, (Neo-)Imperialismus und Souveränität der Nationen provozieren

14.2.1983
Heute bin ich zum erstenmal seit einer Woche wieder im Büro. Ich finde, wie üblich, Berge von Post und Dokumenten vor – vom Urlaubsgesuch des Nachtwächters über die Bewilligung von Kosten einer Reise von zwei Ministern und ihrem Stab an den Sitz der UNO bis zur Entscheidung darüber, ob das letzte Geld in der Staatskasse zur Bezahlung eines Teils der seit vier Monaten überfälligen Beamtengehälter oder der Zinsrückstände von Forderungen der mit uns befreundeten Staaten und Entwicklungsorganisationen verwandt werden soll.

Was für eine Alternative! Zahle ich die Beamten nicht, verschärft sich die soziale Spannung noch weiter, ganz abgesehen davon, daß noch mehr Verwandte zu mir kommen werden, um sich Geld zu leihen, das sie nicht zurückzahlen werden, um bei mir zu essen und mir zu wohnen. Zahle ich die Zinsen nicht, gefährden wir nicht nur die Fortführung der Entwicklungszusammenarbeit mit den befreundeten Staaten, sondern wir riskieren, daß die Amerikaner, Franzosen, Deutschen und Japaner unsere Programme mit IWF und Weltbank torpedieren. Was dann passierte... Nicht auszudenken, zumal die Einkünfte aus den Exporten von Baumwolle, Kaffee, Erdnüssen und tropischen Edelhölzern wieder gesunken sind. Ich lese, daß dafür die ungünstigen Weltmarktbedingungen und die Überbewertung der meisten afrikanischen Währungen verantwortlich seien. Seltsam, daß für die Verhältnisse die Verhältnisse verantwortlich sein sollen...

Es ist schon fast tröstlich, daß ich in der letzten Woche auf der Beerdigung Paul und Ruth getroffen habe (zur Erläuterung: es handelt sich um Verwandte des Ministers, die in zwei angrenzenden Nationalstaaten Regierungsposten bekleiden), die mir von ganz ähnlichen Problemen aus ihren Ländern erzählen. Wenn sie mir nur nicht immer mit dem Gerede von der Ungerechtigkeit der kolonialen Grenzen kämen und dann mit der Süd-Süd-Kooperation: Was sollen wir denn tauschen? Wir haben doch dieselbe Baumwolle, denselben Kaffee und dieselben Bäume! Und ungerechte Grenzen! Natürlich sind sie künstlich gezogen, und wir sind ver-

wandt und Minister in drei Staaten, und es ist bei aller Beschwerlichkeit in höchstem Maße versichernd, sich in der über drei Staaten verstreuten Familie zu sehen.
Wichtig aber ist, den Realitäten ins Auge zu sehen und mit dem Aufbau der Nation fortzufahren. Ethnische Querelen und Grenzstreitigkeiten sind das letzte, was wir gebrauchen können. Außerdem lachen sich die alten Kolonialmächte ins Fäustchen. Genau das wollten sie ja, als sie die Grenzen zogen: unsere Energien binden, uns verzetteln, anstatt in nationaler Einigkeit aus der Unterentwicklung herauszukommen.
Wir haben doch alle in Europa studiert und wissen, daß unsere Unabhängigkeit prekär bleibt, solange die Souveränität nicht über die politische hinausgeht und die wirtschaftliche umfaßt.
Doch ich gerate ins Träumen, kein Wunder bei der Alternative, vor der ich stehe: Beamtengehälter oder Zinsrückstände! Ich begreife die Politik unserer Geber nicht. Sie müssen doch einsehen, daß sie mich vor eine unsinnige Entscheidung stellen. Wie soll sich der Staat entwickeln, wie eine Nation sich bilden, wenn wir nicht über Beamtengehälter Geld in Zirkulation bringen und die Zahlungen nicht von Familienbindungen, sondern vom Beamtenstatus abhängig machen. Weil immer zuwenig da ist, muß das Wenige unter anderen als staatspolitischen Gesichtspunkten, nämlich über persönliche, familiäre, ethnische Verbindungen verteilt werden. Man kann doch nicht beides: uns bei unserer Entwicklung helfen und gleichzeitig Bedingungen aufrechterhalten, die uns in unsere vorstaatlichen Lebenssicherungen zurückstoßen.
Die Beamtengehälter sind für die Stabilität der Regierung, aber auch für das gesamte politische System wichtiger als der Zinsausgleich. Das müssen unsere Geber begreifen. Wir müssen ihnen zumuten, uns mit Geduld zu unterstützen. Ich werde sie daran erinnern, wie lange Europa gebraucht hat, um sich dahin zu entwickeln, wo es jetzt ist, und von ihnen verlangen, daß sie auch uns Zeit lassen. Also entscheide ich mich für die Beamtengehälter.

15.5.1983
Seit vorgestern haben wir eine Delegation von IWF und Weltbank in der Stadt. Sie sind gekommen, um eine erste Zwischenbilanz des Strukturanpassungsprogramms zu ziehen, das der IWF mit einer Strukturanpassungsfazilität und die Weltbank mit einem Kredit finanzieren. 14 Personen für drei Wochen! Ob sie ahnen, was es für uns schon rein organisatorisch bedeutet, so viele Leute mit klimatisierten Autos, Benzin, Chauffeuren, Konferenzräumen und Gesprächspartnern zu versorgen? Ich glaube nicht. Eine Episode, die mich halb belustigt, halb erschreckt hat,

spricht dagegen: Gestern bat einer der Herren, die populären Viertel der Stadt zu sehen, das Volk, die Marktfrauen, die Fischer, die Gelegenheitsjobber des sogenannten informellen Sektors. Als ihm die Brieftasche gestohlen wurde und sich rasch eine große Menschenmenge bildete, schrie er, wohl um Eindruck zu machen und so vielleicht die Brieftasche schneller wiederzubekommen, laut in die Menge: »Wißt Ihr eigentlich, wer ich bin?« Ohne die Antwort abzuwarten, klärte er sie stolz auf: »Ich bin von der Weltbank!« Sein Entsetzen scheint groß gewesen zu sein, als er merkte, daß kaum 10 km vom Regierungsviertel und vom Luxushotel entfernt kaum jemand von dieser Institution gehört hatte. Was für ein Selbstbewußtsein und welche Unkenntnis der Realität des Landes, für dessen Entwicklungspolitik er mit verantwortlich ist, über das er Berge von Zahlen, Statistiken im Kopf hat!
Hoffentlich hat dieses Erlebnis keine negativen Auswirkungen auf die Verhandlungen. Für mich hängt einiges davon ab: Sollte die Delegation befinden, daß wir das Programm nicht korrekt abwickeln, bekommen wir die zweite Tranche der Kredite nicht ausgezahlt, die ich als sichere Einnahme in den Haushalt eingeplant habe – die Kassen sind dann endgültig leer. Sie kennen alle Daten über unser Land und wissen, was das bedeutet: für die Gehälter, Renten, Sozialversicherung, Infrastrukturmaßnahmen, die (halb-)staatlichen Unternehmen, die Strom- und Wasserversorgung. Was bleibt noch dem Staat? Und daß meine Tage als Finanzminister gezählt sind, wenn die Ausgaben nicht einigermaßen pünktlich erfolgen, ist wohl klar.
Dabei sind wir dringend auf eine großmütige Beurteilung unserer Performance angewiesen: Selbst beim besten Willen konnten wir nicht alles durchführen, was von uns verlangt wurde. Mit fast 140 Einzelmaßnahmen sollen wir in 18 Monaten die gesamten Wirtschafts- und Verwaltungsstrukturen des Landes umkrempeln: Alle Preise sollen wir liberalisieren, das Steuer- und Zollsystem umstellen, ein neues Investitionsgesetz schaffen, Ex- und Importe von jeder Beschränkung befreien, alle Subventionen streichen, das Kindergeld kürzen, die Staatsunternehmen privatisieren (obwohl diese doch vor einem Jahrzehnt von der Weltbank mitgeschaffen worden waren), die Ministerien umstrukturieren, 10 Prozent der Beamten entlassen, die Zinsrückstände unserer Außenschuld begleichen, neue Kredite aufnehmen, eine tiefgreifende Reform des Erziehungssystems einleiten, den Regenwald schützen, laufende Infrastrukturmaßnahmen erneut auf ihre Rentabilität untersuchen und eventuell einstellen, die Wirtschaftsplanung umstellen.
Natürlich haben wir unser Wirtschafts-, Verwaltungs- und Erziehungssystem von der alten Kolonialmacht geerbt, obwohl man sagen muß, daß

die Entwicklungsorganisationen am heutigen Stand der Dinge ein gutes Maß an Mitverantwortung tragen. Natürlich muß sich vieles ändern – niemand bezweifelt das. Doch die Strukturanpassungsprogramme lösen unsere Zweifel nicht auf. Dabei denke ich nicht einmal an die unrealistischen Zeitvorstellungen, das ›Zu-viel-in-kurzer-Zeit‹, das die gesamte Entwicklungspolitik kennzeichnet: Welches Land könnte ohne Revolution in 18 Monaten die gesamte Wirtschaft und Staatsverwaltung umwandeln? Meine Zweifel setzen tiefer an: An was passen wir uns da an? An den Weltmarkt? An die Weltmarktpreise? Wo gäbe es denn die subventionslose Wahrheit des Marktpreises? Wo den freien Markt? Ist Privatisierung die richtige Strategie für mein Land? Schaffen wir jetzt einen modernen Staat und selbst wenn, was bedeutet das für die Gesellschaft, die Wirtschaftsstruktur, die Kultur? Stimmt die Richtung der Anpassungsprogramme oder gehen wir nicht in die alte falsche Richtung weiter, hinter den Industrieländern her, die wir doch nie erreichen können? Und ist nicht gerade das gewollt: diese Demonstration, daß wir es nicht schaffen, trotz aller guten Ratschläge und all dem Entwicklungsgeld, das wir bekommen?
Und dieses Geld: Es ist ja nicht so, daß Partner des Fortschritts ein interessantes, wenn auch risikoreiches Experiment gemeinsam finanzierten, sondern wir verschulden uns und unsere Kinder gegenüber IWF, Weltbank und anderen für die nächsten Jahrzehnte, und das Risiko des Scheiterns trägt wie bei den gescheiterten Entwicklungsprojekten vorher mein Staat – als Ausdruck der Souveränität!
Dabei benötigen wir das Geld so dringend, auch um die alten Schulden zu tilgen, daß wir schon aus Zeitgründen auf all diese Zweifel gar nicht eingehen konnten. Wir alle wissen, daß IWF und Weltbank die Programme im Grundsätzlichen bestimmt haben, bevor sie überhaupt mit einem Land in Berührung kommen. Sie enthalten die Rezepte, nach denen im Moment die herrschenden Wirtschaftspolitiker der Industrieländer kochen: Zurückdrängung des Staates und der öffentlichen Leistungen, Privatisierung, Liberalisierung, Dereglementierung.
Mir war mulmig und komisch zugleich zumute, als ich am Ende der ersten Verhandlungen vor der Delegation von IWF und Weltbank erklärte, das gemeinsam ausgearbeitete Programm sei Ausdruck des festen politischen Willens der Regierung und des Volkes, und wir wollten mit ganzer Kraft an seiner Implementierung arbeiten. Ich habe mir meine Situation nur dadurch erleichtert, daß ich an die Kollegen Finanzminister dachte, die in ähnlicher Situation ähnliche Versicherungen für ähnliche Programme abgeben müssen. Böse werde ich allerdings, wenn mir geraten wird, ich solle mich doch dem IWF- und Weltbank-Diktat entziehen! Wie denn das?

Was wäre denn die Alternative? Sollen wir kleinen Staaten stolze Gesten der Unabhängigkeit machen? Wir brauchen doch das Geld der Programme dringend, nachdem wir da angelangt sind, wo wir sind, und die erste Tranche ist immerhin ausgezahlt!
Doch vor die zweite Tranche haben IWF und Weltbank die Evaluation der Performance gesetzt. Und die beginnt morgen! Ich habe im Ministerrat nachdrücklich darauf hingewiesen, daß jeder Kollege seinen Sektor vor der Delegation verteidigen muß: Warum sind noch keine Beamten entlassen? Warum ist noch kein einziger Betrieb privatisiert? Maßnahme für Maßnahme werden wir durchgehen in den nächsten Wochen – die gesamten Anpassungsleistungen der Wirtschafts-, Sozial- und Kulturpolitik stehen auf dem Prüfstand.
Ich selbst werde zu erklären haben, warum die Staatseinnahmen geringer und die Staatsausgaben höher ausgefallen sind als nach den Prognosen des Programms erlaubt ist. Ich hoffe sehr, daß die ausgabensteigernde Wiedereinführung eines parlamentarischen Systems mit Sympathie registriert werden wird.

Natürlich ist mir klar, daß auch die Funktionäre der Entwicklungsorganisationen an der Auszahlung der zweiten Tranche interessiert sind. Das Zauberwort der Entwicklungspolitik – zügiger Mittelabfluß – gilt auch für die Finanzierung der Strukturanpassungsprogramme, und es ist für die Karriere eines Programm-Verantwortlichen keineswegs förderlich, Stockungen begründen zu müssen. Außerdem wissen wir alle, daß wir ohne das Geld keine Altschulden begleichen können. Umschuldung gehört aber gegen alle Beteuerungen zu den impliziten Zielen der Programme. So wird eine merkwürdige Allianz entstehen: Jeder wird sich bemühen, die durchgeführten Maßnahmen als Schritte in die richtige Richtung, als Zeichen der Seriosität und des politischen Willens zu interpretieren und für die nicht eingehaltenen Verpflichtungen gute Gründe zu finden.

6.6.1983
Die Verhandlungen mit dem IWF und der Weltbank sind rechtzeitig abgeschlossen worden, so daß ich an einer von der UNO organisierten Konferenz teilnehmen kann, auf der der Text einer Resolution über den Ausbau der nationalen politischen und wirtschaftlichen Souveränität aller Staaten, verbunden mit dem Recht auf Entwicklung, abgestimmt werden soll.
Die Verhandlungen sind glimpflich verlaufen. Trotz aller mit Ernst vorgetragenen Bedenken und Sorgen um die vollständige Erfüllung des Programms wird die zweite Tranche wohl ausgezahlt werden. Wir haben die

Bedenken akzeptiert, Begründungen für die Verspätungen gegeben und versichert, bis zur nächsten Zwischenbilanz in sechs Monaten eine noch größere Anstrengung zu machen, um das ehrgeizige Programm, das Programm der Regierung, nach Geist, Buchstaben und Zahlen zu verwirklichen. Sechs Monate sind eine lange Zeit für einen afrikanischen Finanzminister.

Heute sitzen wir alle entspannt in der 1. Klasse des Flugzeugs nach New York. Selbst der Bestohlene kann inzwischen über seinen Ausflug in die Welt der Diebe und Gefahren schmunzeln. Er hat etwas zu erzählen.

Eigentlich sollte ich zufrieden sein, denn die Arbeit der nächsten Tage wird in einer ungleich entspannteren Atmosphäre stattfinden als die Überprüfung unserer Politik, die überschattet war von der drohenden Zahlungsunfähigkeit des Staates bei Nichtauskehrung der Kredittranchen. Die Teilnehmer der UNO-Konferenz werden sich einig sein über die großen Prinzipien: das Recht jeden Staates auf nationale Souveränität, das Ungenügen der rein politischen Gleichberechtigung, die Notwendigkeit, diese zu ergänzen, das Selbstbestimmungsrecht der Völker, das Recht auf Entwicklung.

Kontroversen wird es um die Grenzen der Enteignungsentschädigungen geben, obwohl es kaum noch ein Land gibt, das private Investitionen nicht geradezu herbeifleht und langfristig zu garantieren bereit ist, sowie bei der Frage der Menschenrechte. Falls Konturen einer internationalen Streitschlichtung erörtert werden, könnten die Südamerikaner Schwierigkeiten machen. Doch alles wird vergleichsweise harmonisch verlaufen, die Hektik wird Tagungshektik sein.

Und doch fühle ich mich seltsam angespannt. Liegt es daran, daß die Verhandlungen der letzten Wochen mir wieder einmal gezeigt haben, wie begrenzt selbst unsere politische Souveränität ist, wie weit die internationalen Organisationen sich mit Erfolg in unsere inneren Angelegenheiten (bis hin zu Familiengröße und Erziehung) mischen, wie wir in der Schuldenfalle gar nicht anders können, als die in Washington entworfene Politik zu exekutieren? Liegt es an der Unverbindlichkeit der Resolutionen, der Realitätsferne, an der Künstlichkeit der Aktivitäten, der Konferenz-Wichtigtuerei, die meint, mit der Formulierung eines schönen Satzes ein reales Problem gelöst zu haben?

Das alles wäre zu bekannt, um diese Unruhe bei mir hervorzurufen. Ich denke, sie resultiert aus denselben Zweifeln, die ich bereits bei den Gesprächen um die Strukturanpassungsprogramme hatte: Es ist die ganze Richtung, die Denkvoraussetzungen, die realpolitischen Irrealitäten, die Basis all dieser Programme, Resolutionen, die uns immer weiter in eine gewaltsame Krise treiben können. Es ist das Zementieren der nationalen

Territorialstaatlichkeit, der Souveränität als Wert und Ziel, das mich beunruhigt. Die Werte der durch territoriale Grenzen zusammengefügten Nation, überhaupt der Grenzen, der staatlichen Souveränität, sind nicht unsere; das haben wir doch auf den Missionsschulen und europäischen Universitäten gelernt und kopiert. Das hätte ich Ruth und Paul vielleicht erzählen sollen, als wir auf der Beerdigung in der Familie, als Angehörige dreier »Nationen« zusammensaßen, anstatt von »nationbuilding« zu reden und so zu tun, als ob wir darin unsere kulturelle Identität aufheben könnten.

Statt von Dependenz erhaltender Souveränität zu sprechen, sollte man vielleicht die Interdependenz bewußt machen; statt 10 parallele Strukturanpassungsprogramme in 10 Nationalstaaten zu betreiben, sollte man auf ein globales drängen, das alle an der Weltwirtschaft Beteiligten einbezieht; statt von der Entwicklung der Dritten Welt sollte man von der Lösung regionaler Probleme der Einen Welt sprechen, schon um uns aus der erniedrigenden und falschen Rolle des Fordernden und Bittstellers zu befreien und Diskussionen und Entscheidungen um Regionalpolitik zuzulassen. Man sage mir nicht, daß dies typische Vorstellungen des Vertreters eines kleinen, armen Schuldnerlandes seien. Wo klappte denn die nationale Wirtschaftspolitik der Großen als autonome, selbstbestimmte, wo ist denn die unbezweifelte Selbstverständlichkeit der Souveränität sogar der Industrieländer, wo gibt es nicht die Zwänge einer hoch integrierten Weltwirtschaft?

Diese Überlegungen sind politisch brisant und entsprechen kaum den gesicherten Vorstellungen, auf die internationale Bürokratien wie jede Bürokratie Wert legen müssen. Weder IWF noch Weltbank, noch irgendeine andere der UNO-Organisationen kommen als Forum für sie in Betracht, da ihr Selbstverständnis auf der Entwicklung von Nationalstaaten beruht. Mich aber beunruhigt eben dies, nämlich ob der eingeschlagene und in den Programmen, Resolutionen, Entwicklungsplänen, Projekten vorgezeichnete Weg einer Entwicklung begehbar ist, die die Organisationsstruktur, Institutionen, Rechtssysteme Europas imitiert und eines Tages das allgemeine Niveau dieser Länder zu erreichen verspricht, oder ob wir nicht Chimären hinterherlaufen. Manchmal denke ich, es war ein phantastischer Trick, uns in der Dekolonisierung die Nation und die Souveränität als absolute Werte anzutragen, die von ihren Erfindern stets instrumentell eingesetzt worden waren, und uns so in einen Prozeß zu verwickeln, in dem wir nicht gewinnen können, wo die absehbare Niederlage auch noch als Unfähigkeit definiert werden kann und wo wir weiterhin fremden Interessen dienstbar bleiben. Dann wären Strukturanpassung und Konferenzen zur Souveränität weitere Schritte in die falsche

Richtung, für die wir nicht nur teures Geld, sondern auch mit der Preisgabe unserer Traditionen bezahlen.

15.9.1983
Es ist gekommen, wie es kommen mußte. Als ich hörte, daß unsere Frauenvereinigung an der Konzeptionserarbeitung eines Familienplanungsprojektes beteiligt sein wollte, das einer unserer bilateralen Geber durchführen und finanzieren will, schwante mir Böses. Die Frauen halten nicht nur die Probleme von Sexualerziehung und Familienplanung für ihre ureigene Domäne, sondern sie lehnen zunehmend die Übernahme der technischen Lösungen der modernen, in Europa und Nordamerika praktizierten Medizin ab, reden vom Scheitern, von der notwendigen Besinnung auf unsere eigene Tradition, vom Ernstnehmen soziokultureller Eigenarten. Nicht daß ich diese Meinungen nicht verstünde und teilte, aber sie passen nicht in das Konzept der Entwicklungszusammenarbeit.
Natürlich gibt es Seminare, Leitlinien, Richtsätze, Vorträge, in denen nachdrücklich darauf verwiesen wird, wie wichtig es sei, in der Konzeption von Entwicklungsprojekten die jeweiligen sozio-kulturellen Besonderheiten zu berücksichtigen; ich weiß, daß die Check-Listen zur Evaluation von Projekten neben allem anderen eine eigene Rubrik »sozio-kulturelle Komponenten« führen. Der ganze Sinn von Entwicklungshilfe aber ist doch gerade, Monetarisierung, soziale Differenzierung, abstrakte Wertmaßstäbe, Neues einzuführen, und das heißt, unsere Traditionen zu vernichten. Das haben gestern die Missionare getan, und das machen heute die Entwicklungsexperten.
Die Frauen haben die Broschüren mißverstanden, die gerade für Projekte im sozialen Bereich die »sozio-kulturellen Komponenten« in den Vordergrund stellen. Sie haben gedacht, man suche sie zu kennen, um sie zu respektieren und um sie möglichst zu bewahren. In Wirklichkeit sucht man sie zu kennen, um sie in den Griff zu bekommen. Während das bei den harten Infrastrukturprojekten wie Straßenbau, Hafenanlagen, selbst Schulbauten nur am Rande eine Rolle spielt – am liebsten sprechen die Afrika-Kenner aus Europa von den in der Bevölkerung abgelehnten Brunnen, die in der Nähe von Geisterorten gebohrt werden –, sind die »weichen« Projekte gerade dafür gedacht, die Menschen und ihre sozialen Beziehungen zu entwickeln.
Die egalitären Tendenzen in unserer Gesellschaft, das Schutzsystem der Großfamilie, die Überlegungen zur Nützlichkeit von Arbeitsvorgängen für Versorgung und Leben, der Wert der Kinder für die Familie – das alles sind Aspekte, die der fortschrittlichen Definition des »human capital«

entgegenstehen. Überhaupt ist die ganze Art, wie wir miteinander umgehen – die Jüngeren und Älteren, die Frauen und Männer, die Gesunden und Kranken und Toten, die Bekannten und Fremden und alle mit der Natur – viel zu komplex, viel zu differenziert, um den primitiven Effizienzkriterien der fortgeschrittenen Industriegesellschaften zu gehorchen. Da müssen wir verarmen, um reicher zu werden.
Das alles haben die Frauen nicht bedacht, als sie die beiden von der Entwicklungsorganisation geschickten Männer, die das Projekt-Konzept zur Familienplanung erstellen oder besser: erläutern sollten, bei ihrer Ankunft mit einem eigenen Konzept überraschten.
Das ist nun völlig gegen die Regeln der Entwicklungszusammenarbeit. Die Organisationen haben bewährte Modelle, die eine reibungslose Durchführung garantieren, die quantifizierbare Kontrollen enthalten, die den Vergleich mit demselben Projekttyp in anderen Ländern erlauben und damit Fortentwicklungen innerhalb der Organisation selbst. Schon um den Arbeitsaufwand in den Zentralen gering zu halten und die Art der Arbeit gleichförmig, ist für sie ein hohes Maß an Standardisierung notwendig. Das aber geht nur bei mehr oder weniger starker Uniformität der Projekt-Modelle; und so muß es einen Basis-Projekt-Typ ›Familienplanung‹ geben, der von Costa Rica über den Tschad bis nach Bangladesch gilt – in allen Ländern wird »human capital« benötigt.
Das alles wissen wir in den Planungsministerien, und deshalb bleiben die Regierungen die privilegierten Verhandlungspartner für die Entwicklungsorganisationen, trotz aller Kritik und Verachtung, die sie hinter vorgehaltener Hand immer wieder äußern. Im Grunde brauchen sie uns ebensosehr, wie sie uns kritisieren: Mißverständnisse wie mit der Frauenvereinigung passieren ihnen mit Regierungsstellen nicht.
Wenn ich über die sozialen Entwicklungsprojekte verhandele, dann wird mir der Preis deutlich, den wir für den Fortschritt zahlen. Um so unruhiger werde ich dann aber wieder bei der Frage, ob wir auch seine Vorteile, den Gegenwert für den Preis, erhalten können.

Wir unterbrechen an dieser Stelle die Lektüre des Tagebuchs des afrikanischen Planungs- und Finanzministers, das fiktiv, aber nicht unrealistisch ist. Es handelt sich um einen in Tagebuchform gefaßten Resumé-Ausschnitt aus gelebten Situationen und tatsächlichen Gesprächen, in die ich selbst verwickelt war und die mich dazu gedrängt haben, die gemeinsamen Fragen, Zweifel und Probleme – hoffentlich in freundschaftlicher Verbundenheit – weiter zu bedenken.
Freundschaftlich heißt für mich in erster Linie objektiv. Es ist meine Überzeugung (die ich zu belegen versuchen werde), daß es heute, nach

Kolonialzeit und Dekolonisierung, theoretisch unergiebig und praktisch unzuträglich ist, von einer Ersten und Dritten Welt zu sprechen (wahrscheinlich ebenso von einer Zweiten – aber das ist nicht unser Thema).
Diese geläufige Unterscheidung führt zu Zuordnungen, Zuweisungen, Trennungen und Gedankenspielen über prinzipiell mögliche politische Strategie-Alternativen, die auf den ersten Blick positiv, hilfreich und entlastend für die Dritte Welt zu sein scheinen, sich beim näheren Hinsehen aber als schwere Nachteile herausstellen. Das trifft zu für die nationalen Wirtschaftsrechnungen im Bruttosozialprodukt und in den Zahlungs- und Handelsbilanzen sowie den Terms of Trade, für die Konzeption der Entwicklungszusammenarbeit zwischen Norden und Süden sowie für die immer wieder auftauchenden Strategiemodelle eines (temporären) »eigenen Weges«, der bisweilen unter großen Kosten eingeschlagen und einige Zeit später wieder verlassen wird.
Im Selbstverständnis der Entwicklungszusammenarbeit bedeutet die Aufteilung in mehrere Welten, verschiedene *Systeme* feststellen und sie nach evolutionär mehr oder weniger fortgeschrittenen einordnen zu können. Entwicklung wird als Hilfe zu einer beschleunigten Annäherung der weniger an die weiter fortgeschrittenen Gesellschaften definiert. Dabei steht von vornherein fest, wer mehr und wer weniger fortgeschritten ist. Diese (Selbst-)Sicherheit wird auf die Objektivität der Kybernetik und Mikrobiologie, d. h. auf Naturbeobachtung gestützt. Die objektiven Beobachter der Natur haben nämlich herausgefunden, daß in der »kapitalistischen Kosmologie«, in der das »durch eine Koinzidenz« entstandene Geld wesentliches »Medium der Kommunikation« ist, ein ausdifferenziertes Gesellschaftssystem mit »kaum mehr reversiblen evolutionären Errungenschaften« vorliegt. Das System ist eines, »das die Elemente, aus denen es besteht, mit Hilfe der Elemente, aus denen es besteht, reproduziert und durch diesen Reproduktionsprozeß die Grenzen im Verhältnis zur Umwelt definiert«. Wer diese Definition für plausibel hält, für den ist eine entwickelte Gesellschaft dadurch gekennzeichnet, daß sie festhält »an dezentralisiertem Eigentum, an rechtsstaatlicher und demokratischer Verfassung der Politik und einem politisch nicht direkt manipulierbaren Bankensystem«. Dies wiederum hängt von der »Bildung einer territorial souveränen Organisation ab, die man seitdem ›Staat‹ nennt«, sowie von einer alternativenlosen »monetaristisch orientierten Zentralbankpolitik«, innerhalb derer die »Selbststeuerungseinrichtungen der Wirtschaft« funktionieren. In einem solchen Weltsystem, in dem sich die Elemente autopoietisch zueinander verhalten, geht es »bei Steuerung immer um Verringerung einer Differenz«.[1]
Bezogen auf die Systemelemente der Entwicklungspolitik versteht sich

nach solcher Auffassung von selbst, daß die Leistung der Differenzverringerung von den Staaten der Dritten Welt ausgehen muß. Sie müssen gemäß dem »neoklassischen Paradigma« auf freien Handel, Wahrheit der Preise und private Investitionen setzen[2]; sie müssen »mythische Weltbilder« aufgeben, zu einem »modernen Weltverständnis« gelangen und die »Institutionalisierung zweckrationalen Handelns«[3] beschleunigen, auf der die Möglichkeit der Ausdifferenzierung beruht. Um eine gedankenlose Metapher unserer Tage zu variieren: In der Gedankenkette müßten die Bevölkerungen der Dritten Welt in »innerer Kolonisierung«[4] die Zwänge der Zweck- und Systemrationalität der ausdifferenzierten Gesellschaften der Moderne sich selbst aufnötigen, nicht ohne gewisse charmante Aspekte ihrer ungezügelt-wilden ›Lebenswelt‹ zu bewahren, die ihnen von der äußeren Kolonisierung noch nicht nachhaltig genug ausgebleut worden waren. Wiederum: In solchen Welt-Sichten ist Entwicklungspolitik ein Vehikel zur Vermittlung der Zweckrationalität.
Da die Erste Welt die mächtigere ist und damit über die Definitionsgewalt verfügt, bleibt in der Logik der Unterscheidungen nur die Sisyphus-Arbeit der Anpassung an sie. Aber sie ist vergeblich, weil – in der Terminologie der Evolution – immer dann, wenn sie einen Punkt erreicht hat, die Erste Welt schon weiter ist, es sei denn, es gäbe ein Ende der Geschichte mit einer »finalen Regierungsform« und Wirtschaftsorganisation, an dem alle Staaten in ihrem langen Evolutionsmarsch früher oder später ankommen müssen[5]. »Alle politischen Gebilde sind Gewaltgebilde«[6] – seitdem dies so ist, ist versucht worden, die Gewalt aus der Natur zu legitimieren, sie als Ausdruck überlegener Rationalität zu kennzeichnen und sie damit im Endeffekt zu leugnen. Davon macht die kybernetisch-mikrobiologische Variante keine Ausnahme.
Ich will im folgenden versuchen zu belegen, daß die Differenzierung nach Erster und Dritter Welt mit den damit verbundenen Implikationen für Verschuldung und Entwicklungspolitik, Maßstäben für Zahlungsbilanz und nationaler Wertschöpfung keiner Zweckrationalität mehr folgt, sondern gewaltsam einen politisch für manche kommoden Zustand zementiert, daß an diesem Bild gegen ihre politische Intention selbst Kritiker des »(Neo-)Imperialismus« mitmalen und daß es an der Zeit ist, neue Gedanken zu fassen.
Wenn diese Überlegungen weg vom Konzept der territorial-staatlichen Souveränität und der Idee der Nation führen und hin zu einer Welt(-Rechts)-Ordnung sowie einer klareren Beachtung kollektiver Identität, dann sind sie zum Glück nicht ganz ohne Bezug zur Realität. Der Begriff der Weltrechtsordnung macht wohl hinreichend deutlich, daß nicht eine vielleicht liebenswürdige, aber unverbindliche Spekulation auf einen

friedlichen Gottesstaat auf Erden vorgeschlagen wird. Es kann allerdings keine Theorie der Souveränität und des Nationalstaates in der Dritten Welt erwartet werden, die auf eine neue Variante hinausläuft, wie »wir [...] Entwicklungswege in den Dritte-Welt-Ländern fördern«[7] können, oder gar Handlungsanweisungen für die Staaten/Völker/Menschen in der Dritten Welt selbst. Es geht hier um eine allgemeine Theorie – in praktischer Absicht – der Souveränität und des Nationalstaates in der Neuzeit.

Teil I: Warum Staat und Souveränität Grundlagen sowohl für die Dekolonisierung wie vorher schon für die Kolonisierung werden konnten

1. Wie die Dekolonisierung sich aus der Definition des Staates legitimiert und dieser durch Entwicklungshilfe konsolidiert werden soll

Die Geschichte der Dekolonisierung ist die Geschichte der Bildung neuer Staaten. Das gilt nicht nur für die juristische Konstruktion und politische Organisation der Kolonialgebiete, sondern auch für die Symbolik der Kämpfe und Verhandlungen. Selbst wenn Befreiungsbewegungen von Völkern, Minderheiten, religiösen Gruppen ausgingen, stets mündeten sie, wenn sie erfolgreich waren, in einen Staat, der Nationalstaat genannt wird, obwohl sich in seinen Grenzen eine Vielzahl von Völkern, Minderheiten, religiösen Gruppen mit den unterschiedlichsten Identifizierungswünschen zusammenfinden mögen. Aus solcher Zusammenfassung folgen neue Probleme. Gleichwohl werden die Begriffe Nation und Staat häufig synonym benutzt, und dies für die neuen ebenso wie für die alten Staaten.

Ihren juristischen Ausdruck findet diese Geschichte in der exakten territorialen Abgrenzung eines bestimmten Gebietes und dessen Anerkennung als Völkerrechtssubjekt. Der milde Spott, mit dem »die Zwergstaaten Andorra, Kiribati, Nauru, Tonga und Tuvalu« den Vereinigten Staaten oder der Sowjetunion gegenübergestellt werden, will ihnen nicht absprechen, daß sie »Mitglieder der Völkerrechtsgemeinschaft« sind. Ganz wie in den nationalen Rechtssystemen hängt die formelle Rechtsgleichheit nicht von wirtschaftlicher Macht oder physischmilitärischer Kraft ab, sondern von der Anerkennung als Rechtsperson. Souveränität und Unabhängigkeit der Staaten knüpfen an formale Kriterien an.[8]

Unlösbar mit der Dekolonisierung verbunden sind Entwicklungshilfe, -politik und -zusammenarbeit. Sie könnten als Geschichte der Konsolidierung und Fortentwicklung der neuen Staaten interpretiert werden, als Unterstützung bei der Erkenntnis, operationalen Definition und Begründung ihrer substantiellen Rechte und Pflichten. Ihre Form ist inzwischen außerordentlich vielgestaltig.

Das typische Entwicklungsprojekt der ersten Generation bestand in der

Finanzierung und Realisierung von physischen Infrastrukturmaßnahmen bei Straßen-, Brücken-, Häfen-, Staudamm-, Flughafen-, Schul- und Krankenhausbauten. Hinzu kamen Finanzierungen von nun nationalstaatlichen Aktivitäten der ehemaligen Kolonialverwaltung, die die Form von Budgethilfen, aber auch von Subventionierung (agro-)industrieller Produktion annehmen konnten. Diese Form der finanziellen und technischen Zusammenarbeit eröffnete Perspektiven auf die umfangreichen Engagements beim Aufbau jeweils ›nationaler‹ Industrien, auf den die neuen Staaten drängten.
Ohne daß diese Projekttypen als Konkretisierung von Entwicklungszusammenarbeit ganz in den Hintergrund gerückt wären, trat ihnen mit den wesentlich von der Weltbank und dem IWF entworfenen, von anderen bi- und multilateralen Organisationen inzwischen übernommenen Struktur- und Sektoranpassungsprogrammen seit Beginn der 80er Jahre eine neue Variante zur Seite, die eine erhebliche Akzentverschiebung bedeutete: Weit über den Industrie- und Institutionenaufbau hinaus enthalten solche Programme ganze Bündel von Maßnahmen. Sie entpuppen sich häufig als Kernstücke der jeweils nationalen Wirtschafts- und Sektorpolitiken in zentralen staatspolitischen Bereichen wie Erziehung, Gesundheit, Soziales, Transport und Verkehr.
Bereits diese knappe Liste konkreter Aufgaben macht deutlich, daß die Entwicklungszusammenarbeit an den Kernstücken traditionell staatlicher Aktivität ansetzt: Sie umfaßt Politiken, die tief in das Leben der in den jeweiligen Staaten ansässigen Menschen eingreifen, ebenso wie den Aufbau und die Erhaltung von Infrastrukturen, d. h. der allgemeinen Bedingungen von Warenproduktion bis hin zur partiellen staatlichen Organisierung dieser Warenproduktion selbst.
Die Ausgabenseite der Entwicklungshilfe verstärkt deren Orientierung am Staat. Die neuen Staaten wollen und müssen eben die Aufgaben erfüllen, die sich in der neueren Geschichte als genuin staatliche herauskristallisiert haben, ohne daß sie über die dazu notwendigen (Steuer-)Einkünfte verfügen. Die Entwicklungsfinanzierung ersetzt zunächst, wenigstens teilweise, das fehlende Geld. Steuer-Einnahmen und -Ausgaben bestimmen die materielle Existenz der Staaten wesentlich mit, ja, das auf diese Weise gestillte »finanzielle Bedürfnis« ist als der »unmittelbare Anlaß zur Schöpfung des modernen Staates« erklärt worden.[9] Daraus erhellt, wie zentral die Entwicklungszusammenarbeit für die Staatenkonsolidierung ist.
Gleichzeitig läßt sich bereits hier, aus der Zuordnung der Finanzierung zu den (fehlenden) Steuereinnahmen, das Risiko einer De-Konsolidierung erkennen: Sie erfolgt zum größten Teil in Form von (verzinslichen) Dar-

lehen, um für Leistungen und Werke zu bezahlen, die – in der klassischen Formulierung von A. Smith[10] – »wenn sie auch für eine große Gesellschaft höchst vorteilhaft sind, doch niemals einen solchen Profit abwerfen, daß sie einem einzelnen oder einer kleinen Anzahl von Personen die Kosten ersetzen, und deren Einrichtung und Unterhaltung daher von keinem einzelnen und keiner kleinen Anzahl von Personen erwartet werden darf«. Das ungefährliche Mittel zur Finanzierung derartiger nützlicher, aber unprofitabler Ausgaben sind die Steuern. Sie sind definiert als »Geldleistungen, die nicht eine Gegenleistung für eine besondere Leistung darstellen und von einem öffentlich-rechtlichen Gemeinwesen zur Erzielung von Einnahmen allen auferlegt werden« (so § 3 der Bundesdeutschen Abgabenordnung).

Der Rückgriff auf Kredite muß auf eine allgemeine Erhöhung der Wirtschaftskraft spekulieren. Diese Spekulation ist gerade dann sehr riskant, wenn eine nationale monetäre Wirtschaft in Analogie zu den bereits bestehenden Nationalökonomien erst aufgebaut werden soll und niemand vorhersagen kann, ob die Voraussetzungen dafür erfüllt sind. Erweist sie sich im nachhinein als unsinnig und wird dennoch auf Rückzahlung der Darlehen bestanden, so kommt es zu der heute zu beobachtenden Dekonsolidierung der Staaten durch Überschuldung.[11]

2. Wie das moderne Entwicklungsrecht sich der Probleme der neuen Staaten anzunehmen scheint

Die Problematik der Verschuldung wie der gesamten Entwicklungspolitik findet ihren juristischen Ausdruck in einer Vielzahl von Verträgen, Resolutionen und allgemeinen Grundsätzen, die allmählich zu einem Entwicklungsvölkerrecht oder Entwicklungsrecht zusammenzuwachsen scheinen.

Es sieht so aus, als wiederhole sich im internationalen Recht eine Tendenz, die sich in modernen nationalen Rechtssystemen unter Stichworten wie Minderheiten- oder Verbraucherschutz und Materialisierung durchgesetzt hat. Hier wie dort hielte dann das eher klassische Recht – als Bürgerliches Recht/Völkerrecht – an Kategorien wie formaler Rechtsgleichheit aller Personen fest, während materiell genannte Rechtsentwicklungen substantielle Ungleichheiten zu kompensieren suchten. Auf der Linie solcher Überlegungen wären dann US-Schwarze, bundesdeutsche Frauen und Zwergstaaten selbstverständlich als formale Rechtssubjekte anerkannt, während (zeitweise) privilegierter Zugang zu Ausbildungs- und Arbeitsplätzen oder Quotierung politischer Posten als positive Diskriminierung im nationalen Bereich einer Rohstoff-Exportpreissubventionierung oder einer Import-Präferenz zu Kompensationszwekken in der Entwicklungspolitik vergleichbar wäre. Entsprechend ließe sich das traditionelle Völkerrecht bewahren und neue Rechtsmaterien zum Entwicklungsrecht bündeln. Politisch-organisatorisch führte eine solche Unterscheidung beispielsweise zur Spaltung von – klassischem – Außenministerium und – modernem – Entwicklungsministerium. Derartige Grundkonstruktionen über Analogiebildung zu Bekanntem haben etwas Beruhigendes. Es erstaunt nicht, daß sie weithin diskutiert werden.[12]

Das Entwicklungsrecht schafft ein Forum, auf dem neue Fragestellungen wie das Recht auf Entwicklung, die Voraussetzungen der umfassenden Souveränität oder Lösungen der Verschuldungskrise ohne dogmatische Verengung und unter Einbeziehung sozialer Kriterien erörtert werden können. Wahrheit, so scheint es, kann im Diskurs gefunden, vertraute ›parteipolitische‹ Positionen können bezogen werden: Wer einer Entschuldung, einem Recht auf Entwicklung der armen Staaten – und damit offensichtlich armer Völker und Menschen –, einer Ausdehnung der Entwicklungshilfe bei strikter Respektierung der Souveränität das Wort redet, gilt als sozial und wird sich im nationalen Bereich wahrscheinlich auch für den kompensatorischen Schutz von Minderheiten einsetzen. Wer unter Hinweis auf die Härte des Weltmarktes und der Lebensbedingungen auf Schuldentilgung und auf der eigenen Entwicklungsanstrengung der Dritt-Welt-Staaten beharrt, gilt als konservativer Liberaler und Technokrat, und er/sie wird sich auch im nationalen Bereich wahrscheinlich gegen Kompensation aussprechen. Ist dieser Rahmen einmal gesetzt, kommt es auf ›Kräfteverhältnisse‹ an. Ergebnisse sind dann Folgen politischer Dezision. Als Ökonomismus kann abgetan werden, wenn juristische Lösungsversuche nach einer Strukturanalyse der Weltwirtschaft unternommen werden, wenn politische Folgerungen aus den Strukturen gezogen werden, ohne mit dem Pathos des Verteidigers des Guten, Gerechten und evolutionär Voranschreitenden ans Werk zu gehen.

Das klassische Völkerrecht bleibt von dieser rechtspolitischen Diskussion verschont. Es scheint seine traditionellen Denkformen und Lehrmeinungen bewahren und dem ruhigen Gang der Fachdisziplin anpassen zu können. Seine Schlüsselbegriffe sind entlastet von der dem Entwicklungsrecht zugeschobenen materiellen Ungleichheit. Die an formalen Kriterien festgemachte Völkerrechtssubjektivität der Staaten und die ihr natürlich zugeordnete Souveränität können unangetastet bestehen.

Nach den Weltkriegen in diesem Jahrhundert hat sich die Zahl dieser Rechtssubjekte jeweils drastisch erhöht. Nach dem Ersten Weltkrieg stieg die Zahl der selbständigen Staaten Europas von 22 auf 30 und nach der zweiten großen Dekolonisierungsbewegung in (Fern-)Wirkung des Zweiten Weltkrieges erhöhte sie sich weltweit auf über 160. Angesichts der Umbrüche und immer feineren nationalen Identifikationsbewegungen – Eritreer, Esten, Iren, Khmer, Quebeker, Mongolen, Balten, Sikhs – ist ein Ende dieses Prozesses nicht abzusehen.

3. Wie die Kolonisierung sich aus der Existenz und Definition des Staates legitimiert hatte

Daß bis zum ausgehenden 19. Jahrhundert der Kreis der Völkerrechtssubjekte auf die europäischen Staaten beschränkt war und sich erst in den letzten Jahrzehnten so stark ausgedehnt hat, ist keine selbstverständliche Folge der Faktizität der Staatenbildung. Sie ergibt sich aus der Definition des Staates, die sich erst in diesem Jahrhundert grundlegend geändert hat.

Diese Neudefinition ist die große Anpassungsleistung des Völkerrechts und der durch dieses bestimmten weltpolitischen Perspektiven des 20. Jahrhunderts. Um wieder eine vorläufige Analogie zu den nationalen Rechten zu benutzen: sie entfeudalisiert den Begriff der Völkerrechtssubjektivität, indem sie die inhaltlichen Kriterien fallenläßt, die den Staat vorher kennzeichneten. Die Hierarchie zwischen christlich-europäisch-zivilisierten Staaten, halbzivilisierten Staaten und von unzivilisierten Völkern bewohnten Territorien ist heute aufgegeben zugunsten des Prinzips einer Elementen-Trias, die Staatlichkeit nach der formalen Anwesenheit von Staatsgebiet, Staatsvolk und Staatsgewalt bestimmt.

Es hat harter theoretischer und praktischer Auseinandersetzungen bedurft, um zu diesem Ergebnis zu gelangen. Ich glaube, daß nur aus diesen Auseinandersetzungen bis hin zur Diskreditierung Europas im Faschismus und in zwei barbarischen Weltkriegen verständlich wird, warum die Souveränität als der »wertvollste Schatz«[13] der aus der Dekolonisierung hervorgegangenen neuen Staaten aufgefaßt wird und warum an Staatengründungen und »nation-building« Hoffnungen geknüpft werden, die allerdings enttäuscht werden müssen.

a) Warum der Staat als überlegene Institution gesellschaftlicher Ordnung gilt

»Staat« und »Nation« gehören zu den prägenden Ordnungsbegriffen der christlich-europäischen Neuzeit. Der Nationalstaat gilt als höchste Autorität, ausgedrückt in seiner Souveränität. Nur die Anerkennung als Staat sichert die Anerkennung der Macht über ein Territorium. Sollte es *Gesellschaften* geben, die unter Verzicht auf Staatenbildung auf einem Territorium leben wollten, wäre dieses Territorium dem Gebietshoheitsanspruch eines *Staates* preisgegeben. Auch die Möglichkeit und Berechtigung zum Verkehr mit anderen Völkerrechtssubjekten – in internationalen Beziehungen – ist davon abhängig, selbst als Völkerrechtssubjekt, das heißt im Prinzip immer noch: als Staat, anerkannt zu sein. Herrschaft nach innen und wirksame Abgrenzung nach außen sind nach traditionellem Völkerrechtsverständnis an die Staatseigenschaft geknüpft. Lange hat es gedauert, um angesichts dieses Selbstverständnisses eine geeignete juristische Konstruktion zu finden, die diesseits der Schwelle des Krieges Rechtsverbindlichkeit in internationale Beziehungen einführte.

Begriff, Programm und Selbstbild des Staates greifen weit über die politische Dimension hinaus. Er ist – oder sollte sein – der Monopolist, der für Gewaltanwendung, Gesetzgebung und Geldsetzung zuständig ist. Er versichert, mit seiner Gewalt die Freiheit, das Eigentum, die Schwachen und die nationale Einheit zu schützen. Er stellt soziale und physische Infrastrukturen zur Verfügung und stiftet den Ordnungsrahmen für die Wirtschaft. Schon durch das bloße Ausmaß seiner Mittel beeinflußt er die Wirtschaft aktiv, auch wo aus ideologischen Erwägungen wirtschaftliche Aktivität des Staates für unerwünscht erklärt wird. In der Realität und einer verbreiteten politischen Überzeugung entsprechend systematisiert der Staat diesen quantitativen Einfluß zu einer bewußten Organisierung der Wirtschaft. Mit seinen Familien-, Sozial-, Bevölkerungs- und Bildungspolitiken greift er tief in die täglichen Lebensbedingungen der Menschen ein, die Kulturpolitik ist mitbestimmend für den Geschmack.

Für unsere Zwecke ist es unnötig, hier alle Aktivitäten und Funktionen des Staates vorzustellen. Ebensowenig müssen wir uns auf den wesentlich von Philosophen geführten, alten Streit über die Bestimmung der ›Grenzen der Wirksamkeit des Staates‹ einlassen: Noch der wildeste Liberale, der jede Verantwortlichkeit des Staates für die soziale Sicherheit, für die Familie, die Erziehung, die Religion, die Kultur und den Konjunkturverlauf ablehnt, um die Rechte und Freiheiten des Individuums zu verteidigen und zu stärken, optiert damit ja nicht für Anarchie, sondern für einen Staat, der sich vernünftig zu beschränken und zu bescheiden weiß.[14]

Auch wer nicht in der Hegelianischen Tradition den Staat als »das an und für sich Vernünftige« und »die Wirklichkeit der konkreten Freiheit«[15] feiern mag, hält ihn doch für einen wichtigen Markstein in der Evolutionsgeschichte der Menschheit: »Deshalb gibts keinen Staat bei der primitiven Horde: Ihre soziale Organisation ist eine Einheit, die auch jene Funktionen erfüllt, die *später* dem Staat zufallen, aus der sich aber *noch* kein besonderer Staat herausentwickelt hat.«[16]
Das ist es. Die Autorität des Staates legitimiert sich durch seine System- und Zweckrationalität, die regelhafte Berechenbarkeit und Vernünftigkeit seines Handelns; er ist Ausdruck, Hort und Vollendung der Moderne. Das Andersartige ist das ›noch nicht‹ auf diesen Stand Gelangte. »Bei einem nomadischen Volk z. B., überhaupt bei einem solchen, das auf einer niederen Stufe der Kultur steht, tritt sogar die Frage auf, inwiefern es als ein Staat betrachtet werden könne.«[17] Solche Gesellschaften gelten als nicht ausdifferenziert, wenig komplex, magischem Denken verhaftet, bestenfalls in »dumpfer Unschuld« (Hegel) oder als »grausame Horde«[18] lebend.
Die Weste der Moderne und ihres Staates wird reingehalten. Die Grausamkeit, die der frühe neuzeitliche Staat mit den Hexenverbrennungen beging, werden in den Verantwortungsbereich des finsteren Mittelalters abgedrängt,[19] und die dumpfen Brutalitäten des Faschismus gelten selbst einem kritischen Philosophen als »Abweichung« vom »Entwicklungspfad des organisierten Kapitalismus«.[20]

b) Wie mit den Staats-Merkmalen »christlich« und »zivilisiert« die Beherrschung der Welt gerechtfertigt wird

Anstatt sich mit dieser selbstzufriedenen Behauptung der Überlegenheit der eigenen gesellschaftlich-politischen Organisationsform zu begnügen und fremde Gesellschaften wohlwollend ihr eigenes Leben führen zu lassen, ist die christlich-europäische Selbsteinschätzung dazu benutzt worden, alle nicht-europäischen Territorien zu unterwerfen und zu beherrschen.
Die Rechtsbegriffe Territorialstaat und Souveränität, die heute dazu dienen, in anti-eurozentrischer und anti-imperialistischer Absicht die – wie es die Präambel der *Charta der Vereinten Nationen* formuliert – »Gleichberechtigung von allen Nationen, ob groß oder klein, erneut zu bekräftigen« und die Dekolonisierung zu legitimieren, waren zuvor von den europäischen imperialistischen Mächten auch entwickelt worden, um Ungleichheit und Kolonisierung zu legitimieren. Tief und blutig ist über

Jahrhunderte in das Bewußtsein der Völker Lateinamerikas, Asiens und Afrikas eingeschnitten worden, was es bedeutet, nicht den Kriterien zu genügen, an denen das europäische Staats- und Völkerrecht die Existenz eines vollendeten Staates maß. Sie, die in ihren eigenen Gesellschaftsnormen, Zivilisationen, religiösen Vorstellungen lebten, wurden von den kolonisierenden Mächten mit Gewalt darüber belehrt, daß sie den Standards nicht entsprachen und deshalb unterworfen werden durften.
Die Gewichtung dieser Legitimationsstandards hat sich im Verlauf der europäischen Neuzeit, und das heißt auch: der Kolonialgeschichte, verschiedentlich verschoben. Doch stets mußten es Kriterien sein, die den Anspruch auf Weltherrschaft aus der moralischen, sittlichen und/oder vernunftmäßigen Überlegenheit des Kolonisators rechtfertigte, also universal galten. Faktisch aber mußten sie »sicherstellen, daß im Normalfall sich nur die Europäer ihrer bedienen, sich auf sie berufen konnten«.[21] Es ist inzwischen – post festum – ausführlich beschrieben worden, wie bis ins 17. Jahrhundert das naturrechtliche Hauptargument für Kolonisierung der christliche Weltherrschaftsanspruch war, der von Gott über Jesus auf den Papst und von diesem gegen Bezahlung zunächst auf die beiden katholischen Mächte Spanien und Portugal übertragen worden war. In dieser wettbewerbsverzerrenden Beschränkung auf nur zwei Mächte und im Verlust des katholischen Monopols lagen die Gründe, warum das Kriterium ›zivilisatorische Potenz‹ der europäischen Staaten das Christlichkeits-Argument verdrängte und bis ins 20. Jahrhundert bestimmend blieb. Der völkerrechtliche Erwerbstitel für die Landnahme bestand in der Okkupation herrenlosen Landes, freier Räume und leerer Gebiete. Da das Offensichtliche bekannt war oder rasch bekannt wurde, nämlich daß Amerika, Asien und Afrika nicht aus unbesiedelten Territorien bestanden, wurden mittels einer juristischen Fiktion die von nichtchristlichen und/oder unzivilisierten Völkern bewohnten Territorien den leeren Gebieten gleichgestellt.[22] Dabei war es eine Angelegenheit dogmatisch-juristischer Feinunterscheidungen, ob die Definition leeren Gebietes die dort lebenden unzivilisierten Nichtchristen zu Nicht-Menschen erklärte oder ob sie am Territorium ansetzte und befand, daß auch die von unzivilisierten Menschen bewohnten Gebiete als leere zu gelten hätten.
Der Kampfbegriff der Zivilisation in der kolonialen Eroberung hatte den Vorzug, außerordentlich vage zu sein. Er konnte mit Vernunft, Rationalität, Sittlichkeit umschrieben werden, bisweilen erweitert um den Aspekt der Entwicklung der Produktivkräfte. Als etwa während der Französischen Revolution die »einfachen und großzügigen Ideen« der Menschenrechte mit der Tatsache des französischen Kolonialbesitzes

konfrontiert wurden, gelang es, den Fortbestand der Kolonialherrschaft dadurch zu legitimieren, daß sie als zivilisatorische Tat zur allmählichen Befreiung der Kolonisierten aus ihrem Zustand der Unmündigkeit gefeiert wurde. Wer den Universalismus der Menschenrechte zu ernst nahm und für Abschaffung des Sklavenhandels, der Sklaverei und für die Unabhängigkeit der Kolonien plädierte, hatte gute Chancen, als Verräter gerade auch an den noch unreifen Unterdrückten auf dem Schafott zu landen.[23]

Der Kunstgriff der französischen Revolutionäre, die universalen Menschenrechte als Ausdruck des zivilisatorischen Fortschritts einerseits nicht ausdrücklich auf französische Männer[24] beschränken zu müssen und andererseits sich im Erziehungsauftrag wenigstens eine Atempause für die zivilisatorische Legitimation des Kolonialbesitzes zu verschaffen, hat mindestens bis 1960 völkerrechtlichen Bestand gehabt. Faktisch geistert er immer noch durch die Argumente zur Verteidigung kolonialer Reste und durch manchen entwicklungspolitischen Politikdialog. Ich erwähne das Jahr 1960, weil mit der UN-Resolution Nr. 1514 (XV) vom 15.12.1960 die wohl ohnehin bereits weltweit geläufige Rechtsüberzeugung bestätigt wurde,[25] daß »der Mangel an politischer, wirtschaftlicher, sozialer oder erzieherischer Vorbereitung niemals als Vorwand dienen darf, um die Unabhängigkeit hinauszuzögern«.

Bis dahin hatten sich die Kolonialmächte in dem theoretischen Provisorium der selbstauferlegten Erziehung zur Zivilisation praktisch auf Dauer eingerichtet. In keinem Vertrag fehlte die Verpflichtung der Kolonisatoren, »die Erhaltung der eingeborenen Bevölkerung und die Verbesserung ihrer sittlichen und materiellen Lebenslage zu überwachen; [...]; sie werden ohne Unterschied der Nationalität oder der Kultur alle religiösen, wissenschaftlichen und wohltätigen Einrichtungen und Unternehmungen schützen und begünstigen, welche zu jenem Zweck geschaffen und organisiert sind, oder dahin zielen, die Eingeborenen zu unterrichten und ihnen die Vortheile der Civilisation verständlich und werth zu machen. Christliche Missionare, Gelehrte, Forscher [...] bilden den Gegenstand eines besonderen Schutzes«.[26] Der für sein zivilisatorisches Raffinement wenig bekannte damalige belgische König Leopold, dessen koloniale Eroberungen als besonders unbarmherzig geschildert wurden, begeisterte sich im Jahre 1876 wie folgt: »Den einzigen Teil der Erdkugel der Zivilisation öffnen, den sie noch nicht durchdrungen hat, die Finsternis durchstoßen, die ganze Bevölkerungen umhüllt, das ist, ich wage es zu sagen, ein diesem Jahrhundert des Fortschritts würdiger Kreuzzug. Ich wäre glücklich, wenn Brüssel in gewisser Weise das Hauptquartier dieser zivilisatorischen Bewegung würde.«[27]

Derartige Dokumente sind keine verwehten Spuren eines fortschrittstrunkenen Eurozentrismus des 19. Jahrhunderts: Art. 22 der Satzung des Völkerbundes bekräftigt die »Vormundschaft« der »fortgeschrittenen Nationen« über die Völker, »die noch nicht imstande sind, sich unter den besonders schwierigen Bedingungen der heutigen Welt selbst zu leiten«. Noch die *Charta der Vereinten Nationen* von 1945 erkennt in Art. 73 das Recht der Verwaltung von Gebieten an, »deren Völker noch nicht die volle Selbstverwaltung erreicht haben«; er verpflichtet die verwaltenden Staaten, den »politischen, wirtschaftlichen, sozialen und erzieherischen Fortschritt« der Unterentwickelten zu gewährleisten und sie beim Aufbau von Selbstregierungen zu unterstützen, unter Berücksichtigung ihrer »jeweiligen Entwicklungsstufe«. Es ist nicht ohne Ironie, daß diese Appelle von 1919 und 1945 der Sicherung des Weltfriedens dienen sollten und sich an Staaten richteten, die gerade vor den Augen der ›Unzivilisierten‹ die barbarischsten Blutbäder angerichtet hatten. Einem der Kronjuristen des deutschen Faschismus, der von 1933 bis 1945 hingebungsvoll der zivilisatorischen Mission der überlegenen arischen Rasse gedient hatte (und der inzwischen wieder mit der charakterlosen Ehrerbietung des akademischen Souvenirwesens als Großtheoretiker gefeiert wird), blieb es vorbehalten, die »zivilisatorische Weltanschauung dieser Gründerjahre« als »ideologische Fassade« zu enttarnen.[28] Diese wenige Jahre nach der militärischen Niederlage der auserwählten Rasse formulierten Bekenntnisse sollten wohl den Siegermächten am Zeuge flicken. Sie verdanken sich keiner antirassistischen Einsicht, denn der »Fassade« werden die »heroischen Zeiten des 16. und 17. Jahrhunderts« entgegengehalten, als der europäische Herrenmensch noch »geistig und geschichtlich überlegen ist und seine Beute besser kennt als sie sich selbst und sie sich aus dieser Überlegenheit der Bildung und des Wissens zu unterwerfen vermag«. Die Legalität solcher Landnahme als »Ur-Typus eines konstituierenden Rechtsvorganges« ist in solcher Logik durch die »Berufung auf eine geschichtlich höhere Position des Entdeckers gegenüber dem Entdeckten« erfüllt, die sich im »neuerwachten occidentalen Rationalismus« und dem »souveränen Flächenstaat« ausdrücken sollen. Befreit von der Verpackung des Zivilisatorischen, reduziert sich die geschichtlich höhere Position auf die Überlegenheit der Waffentechnik und die Bereitschaft zu Brutalität, auf die Hypothese »einer vom Recht ausgenommenen Sphäre der Gewaltanwendung« innerhalb eines »von rechtlichen Hemmungen befreiten Aktionsraumes«.[29]

Für einen ganz anderen Zusammenhang haben wir gezeigt, wie im Namen des europäischen Rationalismus der Neuzeit in rücksichtsloser Zweckrationalität und -verfolgung Millionen Frauen als Hexen verbrannt wurden, um ein staatlich-bevölkerungspolitisches Kalkül durchzusetzen.[30] Dieser Rationalismus ist an die innere und äußere Souveränität gebunden. In der Souveränität gründen die entscheidenden Kriterien für die Annahme vollendeter *Staatlichkeit*, die sich der *kirchlichen* Dienste in der Hexenverfolgung ebenso wie bei der Kolonisierung instrumentell bedient hat. Souveränität nach innen heißt Gewaltmonopol mit dem Anspruch auf hierarchisch geordnete Verwaltung; Souveränität nach außen heißt »umfassende Handlungsfreiheit«,[31] um die eigenen »Interessen konsequent, rücksichtslos und ausdauernd zu verteidigen und zu verfolgen«.[32] Bodin hat in seinem Lebenswerk die furchtbaren okzidentalen Rationalitäten der gewaltsamen Bevölkerungspolitik und der Gewalt legitimierenden Souveränität begründet.[33] Für Hegel ist die äußere Souveränität der absolute Endzweck des Staates, und das gebildete Volk zeichnet sich dadurch aus, sich für diese Souveränität freiwillig im Krieg aufzuopfern.[34]

Das Absolut-Setzen des Territorialstaates in seiner äußeren Souveränität läßt den Rest der Welt als nach freiem Belieben zu Unterwerfendes erscheinen. Nur die Anerkennung eines anderen Territoriums als souveräner Staat begrenzt diese Freiheit. Insofern ist in der Tat der Imperialismus der »Zwillingsbruder« der Souveränität.[35] Gemeinsam legitimieren sie die gewaltsame Okkupation aller Territorien, die nicht als souverän anerkannt werden. In dem Zitat vom Jäger, der die Beute besser kenne als diese sich selbst, bekundet sich die arrogante Ignoranz dessen, der militärische Macht und Skrupellosigkeit für Überlegenheit hält und der nicht versteht, daß die »Beute« lediglich einer anderen Form der Fremd- und Selbsterkenntnis folgt, wenn sie den okzidentalen Rationalismus nicht für sich in Anspruch nimmt. In Kategorien von Über- und Unterlegenheit lassen sich solche Unterschiede nicht fassen.

4. Wie die Dekolonisierung sich vollzieht

a) Warum die Dekolonisierung eine Form gewaltsamer Abhängigkeit zerstört, nicht aber einen Zivilisationsprozeß unterbricht

Wer zu verstehen sucht, warum die damals kolonisierten Länder ihrer politischen Souveränität eine absolute Priorität beimessen, sie »immer noch als eines der letzten Ziele des staatlichen Handelns«[36] begreifen, muß sich die Gewaltsamkeit der Kolonisierung vergegenwärtigen. Daß die Eroberungen, die sich in »langwierigen, harten und erbarmungslosen Kämpfen«[37] aufdrängten, daß sich die Zwangsarbeit, die Sklavenhatz, die

Strafexpeditionen der europäischen Schutztruppen mit ihren summarischen Exekutionen ganzer Dörfer (wie sie noch im Vietnam-Krieg exerziert wurden), die schweren körperlichen Züchtigungen und Verstümmelungen, die blutig niedergeschlagenen Notwehrversuche, die Zerstörung der traditionellen Zivilisationen tief in die kollektive Erinnerung der ehemals Kolonisierten eingegraben haben und in Erzählungen, Liedern, Legenden fortleben, ist ein Schlüssel zum Verständnis dieses Beharrens.
Die schon im 18. Jahrhundert bestenfalls in defensiver Ignoranz formulierte Auffassung, »daß die Eingeborenen den neuen Ansiedlern gern Platz machen«, da sie ahnten, daß die Kolonisten »aus zivilisierten Völkern größere Kenntnis des Ackerbaues und anderer nützlicher Künste, die Gewohnheit der Unterordnung, einen Begriff von regelmäßiger Regierung, von Gesetzgebung und eine regelmäßige Rechtspflege« mitbrächten, die ihnen nützlich und zu deren Entwicklung sie nicht fähig seien,[38] hat sich in der Realität in keiner Hinsicht bestätigt. Der um 1920 unternommene Versuch einer Gewichtung von pazifistischen, auf Gütertausch und Produktivitätsentwicklung setzenden Kolonisierungstypen einerseits und aggressiven, auf gewaltsame Ausbeutung drängenden Interessen andererseits kommt zu dem klaren Ergebnis, daß die »Interessen von Steuerpächtern, Staatsgläubigern, Staatslieferanten, staatlich privilegierten Außenhandelskapitalisten und Kolonialkapitalisten, deren Profitchancen durchweg auf der direkten Ausbeutung politischer Zwangsgewalten, und zwar expansiv gerichteter Zwangsgewalt« ruhten, im Vordergrund standen. Die Erträgnisse aus den Kolonien hatten tributartigen Charakter, die »unter der heutigen Wirtschaftsordnung in der Form der Abführung von ausländischen Schuldzinsen oder Kapitalgewinnen an die besitzenden Schichten des Gläubigervolkes« erfolgen, die wiederum auf der »zwangsweisen Beitreibung« beharrten.[39] Die Parallele zur ›heutigen‹ Diskussion der Schuldenkrise liegt nahe.
Diese Erfahrungen sind durch die Ergebnisse der Dekolonisierungen bestätigt worden, als sich herausstellte, daß alle Kolonialmächte vermieden hatten, den flamboyanten eigenen Anspruch der zivilisatorischen Mission als »white man's burden« (Kipling), die in der Völkerbundsatzung gewährte »Vormundschaft« tatsächlich auszuüben. Sie hinterließen halb zerstörte traditionelle Strukturen, Missionsschüler, Soldaten und Unteroffiziere, die sie in den innereuropäischen Kriegen benutzt hatten, und mit Gewalt zu dürftig entlohnter Arbeit Gedrängte, nicht aber Ärzte, Ingenieure oder in die Kunst des Verwaltens und Wirtschaftens in einer monetären Weltökonomie Eingewiesene.
Wenn heute bisweilen unter vorgehaltener Hand angedeutet wird, die Entlassung in die Unabhängigkeit sei für einige Staaten zu früh gekom-

men und die UNO-Resolution Nr. 1514 sei unrealistisch gewesen, und wenn die moderne Soziologie, wahrscheinlich aus Gedankenlosigkeit, den Begriff der »inneren Kolonialisierung« (Habermas) verwendet, um damit die »Gewohnheit der Unterordnung« (A. Smith) unter die Zwänge der Systemwelt plastisch auszudrücken,[40] dann belegt dies, wie kompakt Mißverständnisse und Unwissenheit angesichts der Realgeschichte der Kolonisation sind. Da werden die verbalen Versicherungen etwa der Kongo-Konferenz-Akte, die Unterwerfung verfolge den Zweck, den »Eingeborenen die Vortheile der Civilisation verständlich und werth zu machen«, sie an die Zweck- und Systemrationalität der Moderne heranzuführen, für bare Münze genommen; da wird unterschlagen, daß es wesentlich um die »gewaltsame Aneignung« (Max Weber) von Reichtümern ging.

Ich halte deshalb auch die Auffassung für unrealistisch, die Gewaltanwendung sei eine planmäßige Strategie der Kolonialmächte gewesen, um die Bevölkerungen an die Disziplin der Lohnarbeit zu gewöhnen und auf diese Weise für nachrückendes Kapital »reif« zu machen.[41] Sicherlich hat es Überlegungen gegeben, wie »der Eingeborene dazu veranlaßt werden könnte, sich einer ihm gänzlich unbekannten Kultur zu widmen«.[42] Es mag auch sein, daß die Zwangsarbeit einen disziplinierenden Langzeiteffekt gehabt hat. Die ›pazifistischen‹ Absichten existierten, aber sie waren theoretisch und praktisch in der realen Kolonialgeschichte nicht dominierend: eine langfristige, planvolle Kolonialpolitik in der Absicht der Gewöhnung an kapitalistische Produktionsverhältnisse und der Vorbereitung auf spätere Unabhängigkeit läßt sich meines Erachtens nicht nachweisen.

Angesichts dieser Situation ist es nur zu verständlich, daß die Bevölkerung der Kolonien den Status von Territorialstaatlichkeit, das heißt innerer und äußerer Souveränität, also die europäische Form gesellschaftlicher Organisation erstrebte und bis heute auf ihr beharrt. Auch mußte sie sich gegen Klassifizierungen wehren, die den (europäischen) Großmächten den ersten Rang einräumten und etwa Hessen, Mecklenburg, Parma, China, Mexiko und Peru auf eine Stufe und Argentinien, Brasilien, Japan, Bayern und Sachsen auf eine tiefere ›Stufe‹ stellten.[43] Die Präambel der *Charta der Vereinten Nationen*, die das Prinzip der »Gleichberechtigung von Mann und Frau sowie von allen Nationen, ob groß oder klein« bekräftigte, weist solche Ansichten mit Gründen zurück.

Souveränität in Gleichberechtigung ist in erster Linie, nach den beim universalistischen Wort genommenen Doktrinen des eurozentrischen Völkerrechts, ein Abwehrrecht gegenüber Annexion und Okkupation. Sie gewährt juristischen Schutz und entzieht der Hypothese einer vom Recht ausgenommenen Sphäre der Gewaltanwendung den Boden. Dies ist der reale Kern der Anpassung an ein ehemals eurozentrisches Konzept. Er ist real und nicht psychologisierend umzudeuten in ein Motiv der Identifikation mit dem (ehemaligen) Unterdrücker, in den Wunsch nach (Über-) Identifikation mit den von außen übernommenen und äußerlich bleibenden Verwaltungsstrukturen der alten Herren.

b) Wie die Dekolonisierung dazu führt, daß die Erde in Territorialstaaten aufgeteilt wird

Insgesamt hat sich die Überwindung des Kolonialismus in einer kaum voraussehbaren Weise vollzogen. Ausgehend von der Analyse, daß Souveränität und Imperialismus Zwillingsbrüder seien und einander bedingten, war ja die Aufhebung beider gefordert worden. Sie sollten in einer Weltrechtsordnung, einer neuen »civitas maxima«, einem Weltstaat aufgehen.[44] Diese Voraussage und diese Hoffnung scheinen dadurch nachhaltig enttäuscht zu sein, daß im Gegenteil die Souveränität in den Mittelpunkt der antikolonialistischen Bewegung gerückt wurde, sich globalisiert und vom Zwillingsbruder zum Todfeind des Imperialismus entwikkelt zu haben scheint. Auf diese Entwicklung und die Wahrscheinlichkeit ihrer Fortsetzung werde ich nach einigen Zwischenbemerkungen zurückkommen. Schon hier aber ist festzuhalten, daß, obschon dem Begriff die offen imperialistische Aggressivität genommen zu sein scheint, das in der Ausgrenzung liegende allgemeine Aggressionspotential nicht verschwunden ist. Davon zeugt erstens die Vielzahl von Kriegen auch kleiner und armer Staaten untereinander, zweitens die Tendenz, den Begriff der Souveränität vollständig, aber auf mörderische Weise zu banalisieren. Er wird als Antwort auf soziale Konflikte benutzt und dazu, Menschengruppen nach religiösen, sprachlichen, ethnischen oder anderen Merkmalen zusammenzufassen und in sogenannten nationalen Befreiungskriegen aufeinanderzuhetzen, da auch die jeweiligen Inhaber der Staatsgewalt den sozialen Konflikt gern religiös, sprachlich oder ethnisch interpretieren. Alle Parteien in solchen Kämpfen werden in der Regel von außen finanziert sowie mit Waffen und Legitimationsparolen ausgestattet.
Von zwei Seiten ist die Bewegung zur Globalisierung der Souveränität kritisiert worden. Zum einen ist der europäischen Völkerrechtslehre Ahnungslosigkeit, Naivität und mangelhaftes Unterscheidungsvermögen vorgeworfen worden, da sie im Akzeptieren des Universalisierungsprozesses leichtfertig die europäisch dominierte Raumordnung der Welt aufgegeben habe.[45] Zum anderen wird im Gegenteil beklagt, daß die Souve-

ränitäts- und Unabhängigkeitsbewegungen nicht weit genug gegangen seien und die alten Dependenzbeziehungen in (leicht) veränderter Form fortbestünden.[46] Die erste Kritik ist erwähnenswert, weil sie an der völkerrechtlichen Legitimation der gewaltsamen Okkupation durch den wahren, sich seiner Überlegenheit bewußten Europäer und der Möglichkeit ihrer Verewigung festhält und weil diese These bereits zu mehr als einem (selbst-)mörderischen Abenteuer verleitet hat. Sie ist aus mehreren Gründen falsch. Zunächst setzt sie voraus, in den kolonisierenden Ländern gebe es eine über Gewalt oder Konsens erzeugte Einigkeit darüber, daß Gewaltherrschaft über fremde Territorien (völkerrechtlich) legitimiert und auf Dauer aufrechtzuerhalten sei. Wir hatten aber gesehen, daß schon in der Französischen Revolution eine demokratisch-kritische Öffentlichkeit gegen die gewaltsame Kolonisierung entstanden war, die nur durch den Kunstgriff der Erziehungskolonisierung in zivilisatorischer Absicht für eine Weile beruhigt werden konnte. Diese Legitimierung enthält mit Notwendigkeit das Moment der Zeitbegrenzung. Mit der Demokratisierung Europas und dem politischen Erstarken der im Staat Unterprivilegierten seit dem 19. Jahrhundert mußte sich die Auffassung von der Unzulässigkeit der gewaltsamen Okkupation verbreitern, so daß eines Tages die offene Repressivität der Kolonialherrschaft nur noch von auch nach innen offen repressiven Systemen aufrechterhalten werden konnte. Nicht die Naivität der Völkerrechtslehrer gab eine Raumordnung auf, sondern die Gewaltsamkeit dieser Ordnung ließ sich nicht verewigen. Hinzu kommt, daß die europäischen Kolonialmächte selbst sich immer wieder in ihrer zivilisatorischen Mission unglaubwürdig machten. Als Beispiele lassen sich nennen

- das Kuriosum des unabhängigen Kongostaates, dessen Souveränität sich der König der Belgier persönlich zuordnen ließ, um sie dann als eine Art Immaterialgüterrecht unter Einräumung eines Vorkaufsrechts an Frankreich an den belgischen Staat gegen Barzahlung zu veräußern;[47]
- die Diskreditierung der europäisch-christlich-zivilisatorischen Mission durch die Brutalitäten der beiden Weltkriege, in die die kolonisierten Bevölkerungen einbezogen wurden;
- die vergeblichen Versuche der selbsternannten »blonden Bestien« aus Braunau und anderswo, die grausam-naiven Träume von neuen heroischen Landnahmen, von einem neuen Nomos der Erde im »Land-Großraum im Osten Europas«[48] zu verwirklichen.

Das gegenteilige Argument von der Unvollständigkeit der Souveränitätsbewegung verweist auf die wirtschaftliche Abhängigkeit der Dritten Welt, auf die andauernden Einflußmöglichkeiten der damaligen Kolonialmächte, auf die Unkontrollierbarkeit der Investitionen durch transnationale Unternehmen, auf die ungenügende Macht internationaler Organisationen, auf die destabilisierenden Wirkungen künstlich gezogener Grenzen.

Daß diese Schwächen und Abhängigkeiten bestehen, läßt sich nicht bestreiten. Sie sind bisweilen völkerrechtlich festgeschrieben, in anderen Fällen entstehen sie aus der bloßen Macht des Faktischen, häufig liegt eine Kumulation beider Elemente vor.

Gern wird in diesem Zusammenhang auf die Modalitäten der Dekolonisierung Afrikas hingewiesen.[49] Es überwog – bei allen Unterschieden und Konflikten im einzelnen – die Beachtung eines einvernehmlich geregelten Verfahrens. Der Prozeß vollzog sich in Etappen, wie um der linear-evolutionistischen Vorstellung der »Entwicklungsstufen« recht zu geben, von denen Art. 73 der UN-Charta ausgeht. Für die Kolonien Frankreichs in Afrika sahen die Etappen wie folgt aus. Ein Gesetz von 1956[50] – bekannt unter dem Namen »Loi-Cadre-Deferre« und mitunterzeichnet vom späteren sozialistischen Staatspräsidenten Mitterand – autorisierte die französische Regierung, Reformen einzuleiten, um die Evolution der Kolonien zu sichern. Das Gesetz verfolgte die Absicht, die überseeischen Völker stärker an der Verwaltung ihrer Belange zu beteiligen, die Rolle der Überseeverwaltung zu verändern sowie territoriale Versammlungen und Regierungsräte zu bilden (Art. 1). Es sah zu diesem Zweck vor, die Territorien beim Aufbau der Verwaltung, des öffentlichen Dienstes, der Landwirtschaft, des Katasters, des Personenstands, des Kredit- und des Sparwesens zu unterstützen sowie bei der Einführung einer Privatinvestitionen erleichternden Gesetzgebung behilflich zu sein (Art. 3/4). Die Verfassung der V. Republik vom 4. 10. 1958 schuf die französische Communauté, in der die »Republik und die Völker der überseeischen Gebiete, die diese Verfassung in freier Entscheidung annehmen« (Art. 1), in Anwendung der »Grundsätze der freien Selbstbestimmung der Völker und der Ideale Freiheit, Gleichheit und Brüderlichkeit« (Präambel) zusammengefaßt wurden; die Kolonien wurden nun »Staaten« genannt, sie genossen Autonomie (Art. 77 der Verfassung). Eine Verordnung mit Gesetzeskraft vom 6. 10. 1958[51] errichtete ein provisorisches System der öffentlichen Verwaltung in drei Übersee-Territorien. Im Jahre 1960 erlangten die Kolonien die internationale Souveränität und Unabhängigkeit. Dies geschah in Form eines Abkommens zwischen Frankreich und den jeweiligen neuen Staaten[52] sowie einer zusätzlichen feierlichen Proklamation.[53]

In unmittelbarem zeitlichen Zusammenhang mit der Unabhängigkeit schloß Frankreich mit den neuen Staaten Abkommen zur Verteidigung, über (strategische) Rohstoffe, Ausbildung, Kultur, Bodenrecht, Niederlassungsfreiheit, Entwicklungshilfe sowie monetäre, wirtschaftliche und finanzielle Zusammenarbeit.[54] Diese Texte fixierten privilegierte Beziehungen, gewährten besondere Vorteile und sicherten Frankreich einen entscheidenden Einfluß bei der Ausbildung der Beamten. Die Mehrzahl der Abkommen hat mit einer Reihe von Anpassungen auch heute noch Bestand. Sie lassen sich interpretieren als Fortschreibung der Abhängigkeit oder als Beginn einer gleichberechtigten Zusammenarbeit, als Ausdruck von Neo-Imperialismus oder partnerschaftlicher Hilfe auf dem Wege zur Modernisierung.

Diesseits dieser Globalwertungen ergibt sich aus den Texten, daß sich die Kolonialmacht erst kurz vor der Unabhängigkeit zu konkreter Ausformulierung der lange von ihr selbst propagierten ›zivilisatorischen Mission‹ verpflichtet hat. Diese Verpflichtung nimmt die Bezeichnung und Form der Entwicklungszusammenarbeit an: die Ziele des Gesetzes von 1956 unterscheiden sich wenig von zentralen Bestimmungen der Strukturanpassungsprogramme der Weltbank der 80er Jahre. Wenn es richtig ist, daß die Geld- und Währungspolitik essentieller Bestandteil der nationalen Souveränität ist,[55] dann liegt im fortbestehenden Währungsverbund der Franken-Zone und seinem geldlichen Ausdruck, dem Franc-CFA,[56] ein vertraglicher Verzicht auf einen Teil dieser Souveränität begründet.

Die Beispiele weisen weit über die Abhängigkeiten im Gefolge des Kolonialverhältnisses hinaus. Sicherlich spielt in der Entwicklungszusammenarbeit die ehemalige Kolonialmacht in der Regel eine besondere Rolle, die sich jedoch mehr und mehr vermindert. Die Währungsunion ist offensichtlich eine Emanation des Kolonialverhältnisses; Souveränitätsbeschränkungen in der Geld- und Währungspolitik sind aber keineswegs ein ausschließlich nachkoloniales Phänomen, sondern gelten auch für die ehemaligen Kolonialherren selbst. Ebensowenig lassen sich die Abhängigkeiten von Investitionsentscheidungen transnationaler Unternehmen den Fernfolgen der Kolonisierung zurechnen.

Es wäre deshalb oberflächlich, die realen Abhängigkeiten als unvollendete Dekolonisierung zu begreifen. In Analysen, Forderungen und Programmen wird auch immer weniger auf diese Vergangenheit Wert gelegt. Der Aktionsplan von Lagos aus dem Jahre 1980, mit dem die afrikanischen Staats- und Regierungschefs ein Programm für die afrikanische Wirtschaftsentwicklung bis zum Jahre 2000 vorlegten und der noch die koloniale und neokoloniale Ausbeutung des Kontinents zum Ausgangspunkt nimmt,[57] gehört deshalb heute eher zu den Ausnahmen im Kreis der feierlichen Erklärungen. In den Vordergrund ist, insbesonderen unter dem Einfluß der ›Gruppe der 77‹, das Beharren auf nationaler Einigkeit sowie die Anmahnung der Entfaltung der Unabhängigkeit getreten. Bei aller Anerkennung der weltwirtschaftlichen Interdependenz dominiert nun die Orientierung an der jeweils nationalen Souveränität, die nicht mehr rein politisch verstanden wird, sondern wirtschaftliche, kulturelle und soziale Dimensionen mit einschließt. In den großen Resolutionen der Vereinten Nationen von der »Deklaration und Aktionsprogramm über die Errichtung einer neuen Internationalen Wirtschaftsordnung« vom 1.5.1974 über die »Charta der wirtschaftlichen Rechte und Pflichten der Staaten« vom 12.12.1974[58] bis zur »Erklärung zum Recht auf Entwicklung« vom 4.12.1986[59] markieren nationale Einheit und Souveränität Angelpunkte der Entwicklungspolitik und -zusammenarbeit. Die leitenden Vorstellungen sind, daß es weltweite Interdependenz gibt, daß eine Verpflichtung aller Staaten besteht, Vor- und Nachteile der Weltwirtschaft gleich zu verteilen und daß die Entwicklungsniveaus aller Staaten einander angenähert werden müssen. Für viele Staaten, besonders in Afrika, ist nach diesem Konzept umfassender nationaler Souveränität die erste »Aufgabe, die häufig genug durch koloniale Willkür zusammengewürfelten, oft nur durch Gewalt zusammengehaltenen Teilgesellschaften administrativ zusammenzufügen«,[60] also überhaupt nationale Integration durchzusetzen.

c) Wie mit der Aufteilung der Erde in Staaten Vergleiche zwischen mehr und weniger entwickelten Gesellschaften entstehen

Alle Resolutionen unterstreichen die Richtigkeit und Rechtsbeständigkeit der weitverbreiteten Überzeugung von der Wichtigkeit und Notwendigkeit nationaler Einheit und Territorialstaatlichkeit als Grundmuster der Weltorganisation. Entwicklung verstehen sie als Entwicklung in den Staaten und der Staaten selbst. Jeder neue Staat, wie immer entstanden, wird in der Gemeinschaft der Nationen willkommen geheißen und als Staat für entwicklungswürdig und -fähig erklärt.
In der Tradition der metaphorischen Personifikation des Staates ergibt sich ein bewegtes Bild, in dem sich alle auf dem Weg des Fortschritts befinden, der von jedem Neuen frisch betreten werden kann. In der Konsequenz solcher evolutionärer Ideen erstaunt es nicht, daß bisweilen ein Philosoph sich vernehmen läßt, der – etwa für sein Land – das Ende der Evolutionsgeschichte, den Gipfel des möglichen menschlichen Fortschritts erreicht sieht. »Der Gedanke, daß die Menschheitsentwicklung bis heute eine Reihe niedriger Bewußtseinsstufen durchlaufen habe und

diese Stufen konkreten Gesellschaftsformen entsprächen, wie Stammesgesellschaft, Sklavengesellschaft, über die theokratischen Gesellschaften bis schließlich zu unseren demokratisch-egalitären Gesellschaften, ist vom modernen Verständnis nicht zu trennen«, behauptet, unter Berufung auf Hegel, ein Berater des derzeitigen US-amerikanischen Präsidenten in einem weltweit beachteten Aufsatz: Bewegen müssen sich nur die noch nicht Angekommenen.[61] Die Richtung von der Primitivität zur Moderne, ja zur Postmoderne ist damit angegeben, und die noch nicht angekommenen Staaten mögen sich darüber streiten, wer als nächster am Ziel anschlägt oder – wem die Endzeitvorstellung nicht behagt – die Vereinigten Staaten ›überholt‹: Ist es Japan, die Europäische Gemeinschaft, die Sowjetunion (wie es noch Chruschtschow voraussagte) oder ein Außenseiter? Da die Staaten der Dritten Welt weit abgeschlagen im Rennen liegen, haben sie nach den Resolutionen der UNO Anspruch auf Entwicklungshilfe, auf den »push«, der nötig ist, um das Feld näher zusammenzubringen.

Im Jahre 1984 warnte die Weltbank, daß die langfristigen Probleme Afrikas – Bevölkerungswachstum, Ausbildung und Auszehrung der natürlichen Ressourcen – ein bedrohliches Ausmaß erreicht hätten und daß ohne energische Lösungen der »Kontinent bis zum Ende des Jahrhunderts ein politisches, wirtschaftliches und soziales Desaster« erleben werde.[62] Diese Aussage schockiert, weil sie belegt, daß die feierlichen Appelle zu Entwicklungsanstrengungen offensichtlich nicht nur die »Entwicklungsniveaus« nicht angeglichen, sondern daß sich im Gegenteil die Ungleichheiten vertieft haben. Da sich seit der Veröffentlichung dieser Warnung die gemessenen Zustände weiter verschlechtert haben, und dies nicht nur in Afrika, sondern auch in weiten Teilen Südamerikas und Asiens, sind Fragen über die bisher unbefragten Grundannahmen der Entwicklung überfällig.

Es ist bekannt, daß die Ungleichheiten auf mehreren Ebenen wachsen, das heißt zwischen reichen und armen Staaten ebenso wie zwischen Reichen und Armen in den Staaten, und daß die Armen in den armen Ländern von tödlicher Verelendung verfolgt sind; es ist bekannt, daß die Schulden der Entwicklungsstaaten diesen Zustand noch verschlimmern und daß das Geld für die zurückzuzahlenden Kredite von Menschen eingetrieben wird, die nichts mit den Ausgaben zu tun haben; es ist bekannt, daß die an den Nationalstaat geknüpften Konzepte der Gewinnerzielung aus der Produktion von Rohstoffen und von Fertigwaren (»terms of trade«), der Verzerrung des Preisniveaus durch ungleiche Subventionierung von Staatsangehörigen, der Orientierung von Forschung und Nutzung der Technologie die Strukturen der Weltwirtschaft zementieren, kurz, daß die Kluft zwischen Reichen und Armen weiter aufreißt. Angesichts dieser Kenntnisse ist es gelinde gesagt gedankenlos, deutlicher gesagt schamlos, wenn Generalversammlungen der UNO unverändert über die »weitere Förderung [...] der Zusammenarbeit zwischen Staaten«, die »stetige Steigerung des Wohls der Bevölkerung« reden, wenn sie den »fortschreitenden Ausbau des Rechts auf Entwicklung« beschließen[63] und wenn vor dem drohenden, für Millionen Menschen bereits eingetretenen Desaster nach zwei »Entwicklungsdekaden« nun schlicht eine »Dritte Entwicklungsdekade« eingeläutet wird.[64]

Die dynamische Dramatik von Verelendung und Hoffnungslosigkeit verletzt intuitive Vorstellungen von Gerechtigkeit und Fairneß, und sie bedroht Effizienz, Koordination und Stabilität[65] der (Welt-)Gesellschaft. Das weltweite Wohlstandsgefälle ist ebenso außer Kontrolle geraten wie weltweite spekulative Kapitalbewegungen oder Umweltzerstörungen. Alle diese Symptome belegen, daß kurzfristige partikulare Interessen die Szene beherrschen, auch um den Preis der Zerstörung der Gesellschaft.

Es kann keine Gesellschaft überleben, die nicht ein allgemeines, ein kollektives Interesse formuliert und es gegen partikulare Interessen durchsetzt. Diese fundamentale Notwendigkeit nimmt historisch und regional die verschiedensten Formen an. Sie kann in der unmittelbar kollektiven Auseinandersetzung mit der Natur und konsensualer Verteilung und sozialer Kontrolle ebenso liegen wie in der Etablierung einer staatlich-politischen Sphäre, in der das Allgemeininteresse in Klassengesellschaften formuliert wird. Dabei ist es kein Widerspruch, wenn dieses Allgemeininteresse den Interessen einer herrschenden Klasse dadurch dient, daß die sie privilegierende Grundstruktur der Gesellschaft erhalten wird.

Die endogenen gesellschaftlichen Mechanismen zur Formulierung und Durchsetzung des Allgemeininteresses – die gern animistisch oder primitiv genannt werden – sind in den ehemals kolonisierten Regionen der Welt teilweise zerstört, teilweise sind sie wirkungslos gegenüber der Integration in eine moderne, kapitalistische Weltökonomie. Die Frage ist, ob sie durch den Territorialstaat, die Souveränität und die nationale Einheit ersetzt werden können, ob also die eurozentrischen Konzepte, die in und für spezifische ökonomische, politische und soziale Bedingungen einer spezifischen Zeit entwickelt worden sind, transferierbar sind. Diese Frage bezweifelt nicht den Wert des Kampfes um die ›äußere Souveränität‹. Er war den Kolonisierten aufgezwungen, da sie die europäisch-völkerrechtliche Legitimation für die gewaltsame ›Raumordnung‹ des Imperialismus gebildet hatte und kaum andere Konstruktionen zur Hand waren, um diese Legitimation zu zerstören. Zu prüfen ist, ob dieser unverkennbar defensive Charakter des übernommenen Souveränitätskonzeptes nun offensiv gewendet werden kann. Die nachkoloniale Geschichte zeigt, daß die Schöpfung nationaler Einheit oder nationaler Souveränität nach innen andere Identitäten verletzt und einen hohen Preis fordert. Wird dieser Preis dadurch kompensiert, daß die Vorteile, wie sie in den ›alten‹ Territorialstaaten vorliegen, auf diesem Weg erreichbar sind?

Die Frage weist über die Probleme der neuen Staaten hinaus. Indem sich die Souveränität des Territorialstaates als historisches Phänomen ausweist, ist sie als zeitlich begrenzt charakterisiert; sie muß sich also daraufhin befragen lassen, ob sie noch realitätsformende Kraft hat oder ob sie nur noch als basislose, unter Umständen blind gewaltsame ideologische Hülse fortlebt. Es mag ja sein, daß die zum Abschütteln der Kolonialherrschaft notwendige und nützliche Universalisierung des Souveränitätsbegriffs seine generelle Überholtheit verdeckt und zu seiner kostspieligen Lebensverlängerung geführt hat, anstatt der fälligen »Weltrechtsordnung«[66] Platz zu machen – dies nicht im Sinne einer weiteren Etappe auf dem Wege des Fortschritts der Menschheit, sondern im Sinne einer neuen, gesellschaftliches Überleben für eine Weile sichernden Formel des Welt-Gemeininteresses unter historisch spezifischen Bedingungen.

Erste Voraussetzung für solche Überlegungen ist, dem Staatsbegriff historische Konturen zu geben. Nicht überall, wo Herrschaft ist, läßt sich das Etikett »Staat« aufkleben in der womöglich wohlmeinenden Absicht, etwas Positives zu sagen in der selbstverständlich gewordenen hegelianischen Tradition, nach der Gesellschaften mit Staat Fortschritt verkörpern. Anstatt also den Staat des Hohen Mittelalters und der Athener, der Khmer und der Ife, der Azteken, der Inkas und der Wikinger zu mischen, anstatt zu versichern, daß es auch in Afrika Staaten gebe, muß von dem Spezifikum des Territorialstaates, der Souveränität und der Nation die Rede sein.

Teil II:
Wie sich der in Krise, Abwehr und Schrecken geborene Territorialstaat zum Nationalstaat und Heros mausert und wie die Bewunderer dieses Helden nicht nur seine Geburt idealisieren, seine Geburtshelfer mißverstehen und seine zunehmende Gebrechlichkeit übersehen, sondern auch Identität und Herrschaft durcheinanderbringen

1. Wie nicht nur die Grenzen der neuen, sondern auch die Territorien der alten Staaten nichts mit dem zu tun haben, was ohnehin nicht zu definieren ist, nämlich der Nation, und warum dies die Begründung von Herrschaft nicht behindert

a) Wie die koloniale Grenzziehung die Territorien der neuen Staaten bestimmt, auf denen über Nacht Nationen entstehen

Daß Kolonialmächte im Laufe ihrer Eroberungen die Grenzen der von ihnen okkupierten Gebiete willkürlich, ohne Rücksicht etwa auf natürliche Schranken wie Flüsse und Gebirge, ohne Beachtung ethnischer Zusammengehörigkeit oder wirtschaftlich überlebensfähige Räume gezogen haben, ist Allgemeingut. Streitig ist eher, welchen Ursachen sich diese Grenzziehung verdankt. Eine verbreitete These besagt, daß die Eroberer nach einem perfiden Kalkül des »Divide et impera« gehandelt haben, also zusammengehörige Ethnien getrennt und einander feindliche zusammengepfercht haben, um die Grundlage für dauernden Streit zu legen und auf diese Weise leichter herrschen zu können.

Ich schließe nicht aus, daß es solche Überlegungen gegeben hat; insbesondere die Aufteilungen kurz vor der Erlangung der Unabhängigkeit lassen derartige Absichten vermuten. Ein Indiz dafür ist, daß Führer im antikolonialen Befreiungskampf, die größere Wirtschaftsräume zu wenigen neuen Staaten zusammenfassen wollten, bisweilen unter mysteriösen Umständen starben, so etwa der erste Präsident der Zentralafrikanischen Republik, B. Boganda; er wollte den Staat, dessen Präsident er dann wurde, gar nicht schaffen, ihm schwebte vielmehr ein großes Lateinafrika vor. Bei einem Flugzeugabsturz, dessen Ursachen nie geklärt wurden, kam er ums Leben.

Im allgemeinen jedoch unterstellt die These von einer absichtlich künstlichen Grenzziehung einen Grad planvollen Vorgehens, auf den die Geschichte der Eroberungen kaum schließen läßt. Zugleich setzt sie eine Detail-Kenntnis von der Zusammensetzung der Bevölkerung voraus, die jedenfalls zu Beginn der Kolonisierung weder vorhanden noch gesucht war, als ohne jede Einsicht in die Notwendigkeit, es besser wissen zu müssen, die Überzeugung von ungeordnet dahinlebenden Wilden herrschte. Die Ahnungslosigkeit kam im übrigen der Absicht entgegen, zu christianisieren und zivilisieren und die Ausbeutung nebenbei zu betreiben. Und schließlich hätten die Kolonisatoren mit Begriffen wie ethnischer Einheit und lebensfähigem Wirtschaftsraum Vorstellungen im Kopf haben müssen, die bei ihnen zu Hause auch nicht existierten. Darauf komme ich zurück.

Ich halte es daher für wahrscheinlich, daß die heutigen Grenzen sich überwiegend den Zufällen der Erschöpfungen, Krankheiten, logistischen Schwierigkeiten, des Ankommens, Steckenbleibens und Aufeinandertreffens von in nationalem Auftrag tätigen Abenteurern, Forschern, Missionaren und/oder Militäreinheiten verdanken. Diese Expeditionen waren in der Regel klein, kaum zu geländearrondierenden Auseinandersetzungen fähig, und die zu besetzenden Landgebiete erschienen unendlich groß. So zogen sie die Grenzen, wie und wo sie einander trafen – die Engländer, Franzosen, Belgier, Holländer, Spanier, Portugiesen, Deutsche, und dies in Afrika, Asien und Südamerika. Sicherlich gab es bisweilen auch Tauschaktionen nach dem Motto: »Läßt du – Deutschland – mir – Frankreich – freie Hand in Marokko, gebe ich dir dafür ein schönes Stück Kongo«; auch räumte Belgien Frankreich ein Vorkaufsrecht an dem heutigen Zaire ein – dies aber könnte eher als Beleg *für* Denken in wirtschaftlich sinnvollen Räumen als *gegen* es interpretiert werden, obwohl ich bei beiden Interpretationen eher skeptisch bin.

Wie immer die kolonialpolitischen Rationalitäten aussahen, fest steht, daß die Dekolonisierung nicht zur Neufestsetzung von Grenzen geführt hat. Selbst da, wo – wie in Afrika – die Befreiungsbewegungen sich als kontinentale und keineswegs als nationale verstanden, wo sich der Kampf um Befreiung zunächst auch als Kampf gegen aufoktroyierte Grenzen organisierte, sind am Ende die kolonialen Grenzen anerkannt worden. Paradoxerweise enthalten die Statuten der »Organisation der afrikanischen *Einheit*« die feierliche Anerkennung dieser Grenzen. Sie haben nur wenige Jahre nach den in panafrikanischer Vision geführten Befreiungskriegen die Existenz von knapp sechzig Territorialstaaten bestätigt und damit aus Afrika den »zerstückeltsten und uneinigsten Kontinent« gemacht und zu seiner »extremen politischen Schwäche« geführt.[67]

Ein Ende dieser Entwicklung oder gar eine Umkehr ist nicht abzusehen. Mit Verzweiflung und bisweilen nicht ohne postkoloniale Häme wird beobachtet, wie um die kolonialen Grenzen blutig gefochten wird und wie immer neue Bewegungen ethnischer, religiöser oder anders (selbst-)defi-

nierter Minderheiten entstehen, um sich für die Befreiung aus einer kolonial geschaffenen Zwangseinheit töten zu lassen und zu töten. Die Sikhs in Indien, die Tamilen in Sri Lanka, die Indianer in Brasilien bezeugen, daß es sich hierbei keineswegs um ein afrikanisches Phänomen handelt.
Wenn im Oktober 1989 ein katholischer Papst aus Rom zu einer Pilger- und Missionsreise nach Ost-Timor aufbricht, um die dort zu Katholiken zusammengefaßte Bevölkerung, die sich in einem hohen Blutzoll fordernden Befreiungskampf befindet, in ihrem Glauben zu bestärken, dann scheint ein Stück der alteuropäischen Christianisierungs-Mission auf, die als liebenswürdige Ungleichzeitigkeit bewundert werden könnte, wenn sie nicht so mörderisch wäre. Die Portugiesen hatten im 17. Jahrhundert das Ursprungswerk dieser Christianisierung vollbracht, und wer die altportugiesischen Zivilisierungsmethoden kennt, kann erahnen, wie viele Bewohner Ost-Timors, die damals trotz guten Zuredens nicht zivilisiert und christlich sein wollten, umgebracht worden sind.
Wer – obwohl vielleicht irritiert durch die Anschauung der Papst-Mission – als Europäer Unverständnis und Empörung äußert und sich vielleicht im Hinterkopf Gedanken über die nicht vollendete zivilisatorische Mission erlaubt, wenn er schlecht ernährte Soldaten aus Burkina Faso und schlecht ernährte Soldaten aus Mali mit sowjetischen, deutschen, israelischen, französischen, schwedischen und amerikanischen Waffen um ein Stück Wüste in der südlichen Sahara kämpfen sieht, dem könnte ein Anwalt der Kriegführenden folgendes entgegenhalten: Wie oben ausgeführt, haben die europäischen Staaten ihre Kolonien gezwungen, sich als Territorialstaaten und damit nach europäischem Rechtsverständnis als Völkerrechtssubjekt zu etablieren. Dies war die einzige Möglichkeit, dem Imperialismus die Legitimation zu nehmen. Die so entstandenen Staaten waren und sind fragile Gebilde ohne nationale Kohärenz und daher ständig vom Zerfall bedroht. Europäische Staatsdenker aber äußern die Überzeugung und europäische politische Praxis belegt, daß nichts der politischen Gemeinschaft besser die »dauernden Gefühlsgrundlagen« stifte als das im »Ernst des Todes« liegende »Pathos«: »Gemeinsame politische Schicksale, d. h. in erster Linie gemeinsame politische Kämpfe auf Leben und Tod knüpfen Erinnerungsgemeinschaften, welche oft stärker werden als Bande der Kultur-, Sprach- und Abstammungsgemeinschaft. Sie sind es, die [...] dem Nationalitätsbewußtsein erst die letzte entscheidende Note geben.«[68] Das »Bereitsein zur Aufopferung im Dienste des Staates« gehöre geradezu zum Kennzeichen »gebildeter Völker«, und Nationen gewönnen »durch Kriege nach außen Ruhe im Innern«.[69] Ganz im Sinne dieser Tradition wird denn auch argumentiert, wenn es heißt, daß die langsame Herausbildung eines afrikanischen Nationalbewußtseins an den

bewaffneten Kampf für die staatliche Souveränität geknüpft sei.[70] Mit dieser Logik ließe sich jedem Grenzkrieg die Botschaft ablisten, daß er der Stärkung des Nationalbewußtseins diene.
Dieser Argumentation ließe sich entgegenhalten, daß einer der hier zitierten Zeugen das Zusammengehörigkeitsgefühl nicht auf politische Gemeinschaften beschränkte: »Auch die Blutrachepflicht der Sippe, die Märtyrerpflicht religiöser Gemeinschaften, ständische Gemeinschaften mit einem ›Ehrenkodex‹, viele Sportgemeinschaften, Gemeinschaften wie die Camorra und vor allem jede zum Zweck von gewaltsamer Aneignung fremder wirtschaftlicher Güter geschaffene Gemeinschaft überhaupt schließen die gleichen äußersten Konsequenzen ein. Von solchen Gemeinschaften unterscheidet sich für die soziologische Betrachtung die politische Gemeinschaft zunächst nur durch die Tatsache ihres besonders nachhaltigen und dabei offenkundigen Bestandes.«[71] Um beim Beispiel der Sportgemeinschaften zu bleiben: Allein im letzten Jahrzehnt haben mehrere Schlachten anläßlich von Fußballspielen stattgefunden,[72] deren Todesrate an die der Schlacht um die Befreiung Belgiens im Jahre 1830 heranreicht. Wer würde aus diesem Blutzoll das Maß der Intensität der Gefühle für Belgien oder für einen Fußballverein bestimmen wollen?

b) Warum die Grenzen der Staaten Europas nicht als Vorbild zur rationalen Planung angemessener Wirtschaftsräume oder einer Selbstbestimmung taugen

Wenn nun aber das Kriterium für die Unterscheidung nicht die Menge von Toten, sondern die Dauerhaftigkeit des Bestandes ist, dann ließe sich theoretisch bei neuen Staaten noch mit den Schlachten als Form des »nation-building« einhalten, um zunächst Gebiete zusammenzulegen, die eine Nation ernähren können. Spontan kommen da Überlegungen in den Sinn, die Fichte vor knapp 200 Jahren vorgetragen hat. Aus seiner Überzeugung, es sei »Bedingung der Fortdauer des Staates, daß eine hinreichende Menge von Nahrungsmitteln vorhanden sey«, da bei ihrem Fehlen »die Menschen ihre Verbindung aufgeben und sich zerstreuen müssen«,[73] hat er den Schluß gezogen, es entspreche der Vernunft, geschlossene Handelsstaaten zu bilden. Ich will mich hier nicht grundsätzlich mit den Vorschlägen Fichtes auseinandersetzen, obwohl es für manche heute existierende Staaten nicht ohne Interesse wäre, nachzulesen, daß nur ein Bündel von Politiken – nämlich Selbstgenügsamkeit *und* Devisenverkehrsverbote *und* weitestgehende Reisebeschränkungen – die Effizienz eines solchen Systems gewährleistet und es nicht nur freiheitsbeschränkend, sondern auch ineffizient ist, nur *einige* solcher Maßnahmen zu ergreifen. Ich verweise hier nur auf einen Punkt, der in territorialen (Neu-) Ordnungsvorstellungen immer wieder auftaucht, nämlich daß der Nationalstaat die Wirtschaft organisiere und über ein Territorium verfügen müsse, das »produktive Selbständigkeit« erlaube.[74] Nach einer klassischen Definition, deren drei Elemente nach wie vor Gültigkeit beanspruchen, ist der Staat »eine auf einem abgegrenzten Teil der Erdoberfläche seßhafte, mit einer herrschenden Gewalt versehene und durch sie zu einer Einheit zusammengefaßte Vielheit von Menschen«.[75] Arme Nomaden – seit Hegel müssen sie sich immer wieder sagen lassen, daß sie auf einer »niederen Stufe der Kultur«[76] stehen und damit zur Staatenbildung erst erzogen werden müssen, was noch in den Programmen der Weltbank von heute seinen Niederschlag findet. Die heute selbstverständliche, obwohl erst »in neuester Zeit erkannte«[77] Annahme, daß ein abgegrenztes Gebiet konstitutiv für Staat und Nation sei, wird inzwischen wieder zum Problem. Anders ausgedrückt: Ist es richtig, daß der Satz: »Jeder liebt seine Landschaften« synonym steht für die Identifikation der territorial gefaßten Nation mit ihrem Staat?[78]

Vor einer systematischen Erörterung dieser Probleme möchte ich für einen Moment und um der Argumentation willen annehmen, die Vereinten Nationen stellten angesichts der tiefen und dauerhaften Krise der Staaten der Dritten Welt und überwältigt von der Brüchigkeit der Entwicklungspolitiken eine interdisziplinäre Forschergruppe zusammen mit dem Auftrag, Vorschläge für eine territoriale Neuordnung zu erarbeiten und sich dabei von Begriffen und Anschauungen inspirieren zu lassen, wie sie in den hochentwickelten Staaten herrschen. Die Aufgabe wäre nicht, eine Verfassung mehr oder weniger zu kopieren, sondern die Elemente der evolutionären Dynamik und der Systemstabilität zu erkennen und wo möglich – nach notwendigen Anpassungen – zu übertragen. Gemäß weitverbreiteten entwicklungspolitischen Vorstellungen oder evolutionären Gesellschaftstheorien wäre es konsequent, wenn die Gruppe die Entstehung der modernen Staaten nachzuzeichnen versuchte, um die Etappen zu markieren, die von den neuen Staaten durchlaufen werden müßten, um auf den Stand der Industriestaaten zu gelangen. Jeder müßte einer solchen Studie zustimmen können, der im Hinblick auf Entwicklungsländer mit Begriffen wie ›noch nicht‹, ›zu früh‹, ›hin zu‹, ›Anpassung, Annäherung und Erreichen‹ operiert. Dies aber geschieht selbst bei Autoren, welche die »staatliche Gewaltsamkeit der entwickelten kapitalistischen Staaten« denunzieren: In der Annahme, daß der »Staat nicht ohne die Nation«, diese nicht ohne Territorium gedacht werden könne und daß der Nationalstaat aufgerufen sei, durch Industrialisierung aus dem »Stigma der Unterentwicklung« herauszuführen, empfehlen sie am Ende doch, daß die Entwicklungsstaaten sich »dem annähern müssen, was in den entwickelten kapitalistischen Staaten existiert«.[79] Und wer »meint, es sei heute für arme Nationen schwieriger zu wachsen als im 18. oder 19. Jahrhundert«, muß sich belehren lassen, daß er »die Tatsache übersieht, daß die armen Nationen heute die Technologien der entwickelten Nationen mieten können«, ohne auf eigene Entwicklungen warten zu müssen.[80]

Trotz der Übernahme solcher Vor-Urteile hätte die Gruppe eine delikate Aufgabe. Denn sie würde feststellen, daß die alten und fraglos ehrwürdig scheinenden Begriffe des Territorialstaates, der Souveränität und der Nation bei den damaligen Kolonialmächten keineswegs eindeutig, ja nicht einmal sonderlich alt oder ehrwürdig sind. Die Anschauung belehrte sie, daß die bei den Staaten der Dritten Welt leichthin kritisierten Phänomene wie Grenzstreitereien, Minderheitenrevolten, Tribalismus, ethnische Diskriminierung innerhalb eines Staates auch in den fortgeschritten und reif genannten Staaten vorkommen.

Was die dauerhaften Grenzen des Territorialstaates angeht, so könnten die Mitglieder der Gruppe hören, wie Politiker und andere, deren Köpfe auf morschen Knochen zittern, die Wiederherstellung von deutschen Grenzen des Jahres 1937 fordern, und sie wüßten vielleicht nicht, warum nicht die von 1806 oder 1871. Sie könnten spüren, daß viele Polen angesichts solcher Reden in Erinnerung an einen mörderischen Überfall zusammenzucken, würden sich jedoch wundern, daß nicht wenige der Täter Deutsche polnischer Abstammung waren, Nachkömmlinge der im 19. Jahrhundert Ausgewanderten. In einer – inzwischen überholten – Entscheidung des Bundesverfassungsgerichts könnten sie nachlesen, daß ein umfassender Staat namens Gesamtdeutschland zwar handlungsunfähig sei, daß aber innerhalb seiner Grenzen, die »genauer zu bestimmen hier nicht nötig ist«, noch zwei weitere Staaten, nämlich die BRD und die DDR, als Völkerrechtssubjekte existieren, und sie läsen den schwierigen Satz: »Die Bundesrepublik umfaßt also, was ihr Staatsvolk und ihr Staatsgebiet anlangt, nicht das ganze Deutschland, unbeschadet dessen, daß sie ein einheitliches Staatsvolk des Völkerrechtssubjektes ›Deutschland‹ (Deutsches Reich), zu dem die eigene Bevölkerung als untrennbarer Teil gehört, und ein einheitliches Staatsgebiet ›Deutschland‹ (Deutsches Reich), zu dem ihr eigenes Staatsgebiet als ebenfalls nicht abtrennbarer Teil gehört, anerkennt.«[81] Während sie noch versuchten, diese Auffassung mit der Meinung zu versöhnen, zum Begriff eines bestimmten Staates gehöre ein einheitliches, bestimmtes und fest begrenztes Staatsgebiet, könnten sie aus einer früheren Entscheidung des Bundesverfassungsgerichts erfahren, daß im Gebiet der Bundesrepublik mehrere Völker, darunter »ein badisches Staatsvolk«, siedelten und daß die inneren Landesgrenzen von den Besatzungsmächten willkürlich gezogen worden seien, daß indes das durchaus anerkannte »Selbstbestimmungsrecht des Landesvolkes« durch den höherrangigen Grundsatz der Einheit des Bundesstaates eingeschränkt sei, der eine territoriale Neugliederung des Bundes »ohne Rücksicht auf den Willen der Bevölkerung eines Landes« durchführen könne.[82]

Was die Nation angeht, so könnten sie erleben, wie die politischen Zentralgewalten deren Existenz in ihren Territorialgrenzen versicherten, daß aber Basken und Iren, Südtiroler und Korsen, Flamen und Wallonen, Serben und Kroaten, Esten und Letten sich unter Hinweis auf sprachliche, kulturelle, religiöse, rassische Besonderheiten als unterdrückte Nationen in fremden Staaten definieren und in mehr oder weniger (selbst-)mörderischer Weise die Loslösung von dem aktuellen Staatsverband verlangen. Und sie könnten feststellen, daß etwa in Italien – aber keineswegs nur dort – innerhalb derselben Nation eine durchaus bedrohliche, kollektive Verachtung der Bewohner des Nordens gegenüber denen des Südens herrscht. Sie würden von Sowjetbürgern deutscher Nation hören, und in Frankreich könnten sie weit auseinanderklaffende Daten der Entstehung der Nation kennenlernen: Vercingetorix, also das Jahr 50 v. C., oder Johanna von Orléans, also um 1420, oder die Französische Revolution, also 1789. Andere Staaten haben ähnliche mehr oder weniger mythische Fixpunkte und -personen, und die Juristen der Gruppe könnten darüber Auskunft geben, daß gern auf unvordenkliche Verjährung, auf die Würde der Tradition und des Mythos verwiesen wird, wenn Rechtspositionen, Legitimationen und wohlerworbene Rechte aufgebaut werden sollen, für die sich kein positiver Titel finden läßt, und daß es angebracht sei, den Mythos nicht genauer zu analysieren. Charlemagne bzw. Karl der Große tritt ins Gesichtsfeld, der für Franzosen und Deutsche in gleicher Weise als Nationalitätsstifter reklamiert wird, zwei Nationen, die sich über Jahrhunderte wechselseitig über das Pathos des Todes auf dem Schlachtfeld nachhaltige Nationalitätsgefühle eingepflanzt haben. Der Franzose, der den Kap-Verdischen Inseln eine schwierige Nationenbildung prophezeit, da die Bevölkerung »total gemischtrassisch« sei,[83] weiß womöglich gar nicht, daß er selbst eine Mischung aus »Römern, Galliern, Briten, Germanen« verkörpert,[84] und ähnlich wird es allen denen gehen, die das irische, baskische, germanische Blut besingen. Das angesichts des Paarungsverhaltens von Menschen kaum herstellbare »ungemischte Blut« (Jellinek) ist denn auch nicht als biologische, sondern als gesellschaftliche Kategorie eingeführt worden und soll – wie die unvordenkliche Dauer der

Besiedlung – Herrschafts- und Ausschlußrechte über den Boden legitimieren. Diese Legitimation wird schwächer, je offensichtlicher Bevölkerungen in Blut und auf Boden sich mischen, und sie wird in dem Maße überflüssig, wie Herrschaft sich nicht länger über den Zugriff auf Boden definiert. So können sich die immer schon schwachen, aber mit Vehemenz reklamierten mythischen Rechtfertigungen langsam auflösen und die gleichwohl an ihnen Festhaltenden »ewig Gestrige« genannt werden.
Die Gruppe käme also nicht umhin festzustellen, daß der Begriff der Nation bei näherer Anschauung zu einem »Wahnbild«[85] zerfließt und es kaum möglich ist, über das Pathos des Todes hinaus Elemente zu benennen, die als für das »nation-building« wesentlich gelten könnten. Sie fände theoretische Übereinstimmung und praktische Belege dafür, daß weder die Sprache, die Rasse, die Konfession, die Sitten noch die soziale Struktur objektive Kriterien zur Nationenbestimmung sind, ja, daß sie überhaupt nicht nach »empirischen gemeinsamen Qualitäten der ihr Zugerechneten definiert werden kann«.[86] Das subjektive kollektive Empfinden, die gefühlte gemeinsame geschichtliche Vergangenheit, das Bewußtsein hoher Kulturleistungen füllen den Begriff blumig, bis er sich zum spirituellen Prinzip, zur Seele, zum heiß schlagenden Herzen verflüchtigt.[87] Wenn sie allerdings mich fragten, der ich vom Rande des Ruhrgebiets stamme, ob ich derartiges Empfinden mit einem katholischen Bauern aus der Nähe von Passau teile, der wahrscheinlich nie etwas von Schalke 04 gehört hat, müßte ich das verneinen.
Die Kriterien bleiben vage; wer versucht, sie zu begreifen, steht am Ende mit leeren Händen da. Es heißt, daß zu einem starken Nationalgefühl nur reiche Individuen fähig seien, die ein Gefühl, eine »großartige Erweiterung der Einzelpersönlichkeit und ihres Lebenskreises« verspüren könnten, daß die Nation zur »Gemeinschaft« wird, diese gleichzeitig aber »das weltbürgerliche Ideal einer übernationalen Humanität mit einschließe«,[88] daß der »Geist der Nationen« im universellen menschlichen »Instinkt« zur Gesellschaftsbildung aufzuspüren, ja anthropologisch begründet sei.[89] Diese Zitate großer Theoretiker offenbaren, daß es nicht gelingt, zwischen den »Prinzipien des menschlichen Universalismus«, der Gesellschaft, der Nation und dem Individuum klare Grenzen zu ziehen. Die große Vielfalt von »Rassen, Gewohnheiten, Sprachen, Geschichten, Klima, Religionen und Regierung« (Voltaire) begründet keinen Zusammenhalt. Falls solche Merkmale positive kollektive Identitäten zu bilden vermögen, fallen sie jedenfalls nicht mit den territorialen Grenzen zusammen und taugen schon deshalb nicht zu ihrer Legitimation. Angesichts der dünnen Decke erführen die Experten, daß es bei der Definition des Staates gar nicht auf die Nation ankomme, denn die Bürger bildeten »trotz aller Verschieden-

heit von Sprache, Gesetz, Brauchtum, Religion und Abstammung dann einen Staat, wenn sie einem oder mehreren mit souveräner Gewalt ausgestatteten Herren unterstehen«.[90] »Die Nation ist eine juristische Person, zusammengesetzt von der Gesamtheit der Individuen, die einen Staat bilden.«[91]

Obwohl diese brüsken Versicherungen die Aufgabe erleichtern, ergeben sich gleich wieder neue Ungewißheiten. Dies gilt insbesondere für die Frage, ob nicht Entwicklung nur über den Aufbau einer *National*-Ökonomie gelingen kann, wie es behauptet wird und praktiziert worden zu sein scheint. Darauf ist zurückzukommen.

Zunächst aber müßte sich die Gruppe dem dritten Begriff zuwenden, nämlich dem der Souveränität, diesem als »absoluten Endzweck« (Hegel) des Staates gefeierten Konzept, das auch in der entwicklungspolitischen Debatte eine große Rolle spielt.

Wären sie nach Paris gereist, um das große, trikolorenstarrende *nationale* Fest zur zweihundertsten Wiederkehr des französischen Nationalfeiertages und den gleichzeitig tagenden *Welt*wirtschaftsgipfel mitzuerleben, so könnten sie wenige Tage später die in einem international verbreiteten offiziellen Interview gegebene Versicherung des französischen Staatspräsidenten hören und lesen, Frankreich sei entschlossen, sich für die Erhaltung der Souveränität des Libanon einzusetzen, und es sei willens, ein Gutteil seiner eigenen Souveränität an die Europäische Gemeinschaft abzutreten.[92] Wenige Tage vorher hatte ein deutscher Philosoph bemerkt, daß die »gemeine Hervorbringung der Französischen Revolution [...] jener Nationalstaat« sei, der auf Patriotismus setzen könne.[93]

Sie wüßten, daß seit der Zeit, als Marx und Engels aus der strukturellen Internationalität des Kapitals und des mit ihm gesetzten gesellschaftlichen Verhältnisses den Schluß gezogen hatten, die Proletarier aller Länder müßten sich vereinigen,[94] Sozialisten in vielen Staaten als vaterlandslose Gesellen beschimpft und verfolgt werden, obwohl historisch gerade die europäischen »Arbeiterklassen [!] national waren und die Souveränität verteidigt haben«.[95]

Sie müßten sich mit dem Phänomen auseinandersetzen, daß in den 20er Jahren dieses Jahrhunderts eine Tendenz bestand, die Souveränität zum »Dogma« zu erklären, das »hinfällig«,[96] jedenfalls zur »Überwindung« bestimmt sei,[97] und daß 1989 diese Urteile als den Staat unterschätzend korrigiert wurden, ja, daß die »jungen Staaten der Dritten Welt« »die Souveränität – das Wort und den Begriff – keineswegs fallen gelassen« haben.[98] Auch hier also Widersprüche, Glaubensbekenntnisse, starke Worte und enttäuschte Hoffnungen.

Insgesamt könnte die Gruppe nach ihren Feststellungen den Entwicklungsländern den (schwachen) Trost spenden, daß nicht nur bei ihnen Grenzkonflikte, Tribalismus und irrationale ethnische Feindschaften vorkommen, sondern daß sie auch in den entwickelten Staaten, trotz aller Zeit, die sie zum »nation-building« gehabt haben, der Fall sind. Sie würde wahrscheinlich einigermaßen resigniert bemerken, daß es zu Territorialstaat, Nation und Souveränität keine Alternative gebe und daß sie einen nach Kriterien der wirtschaftlichen Lebensfähigkeit zugeschnittenen Staat nicht entdeckt hätte. Sie würde also nur dazu raten können, auf dem eingeschlagenen Weg fortzufahren, da die Dritte Welt nicht in der Lage sei, das System von Grund auf zu ändern. Sie würde wohl nicht empfehlen, Kriege vom Zaun zu brechen, obwohl dies das klassische europäische Mittel zur Herstellung eines starken Nationalitätsgefühls gewesen ist. Es müsse daher bei der formalisierten Anwendung der Drei-Elemente-Lehre bleiben, die ohnehin der Praxis der Staaten und der UNO entspreche und derzufolge Gebiet, Volk und Gewalt den Staat hinreichend definierten,[99] ihm den Schutz der Souveränität verliehen und ihm den Zutritt zu dem exklusiven Kreis der Völkerrechtssubjekte öffneten.

Bei dem letzten Punkt beginnt jedoch eine neue Unsicherheit: Die eherne Maxime des klassischen Völkerrechts, mit Ausnahme des Heiligen Stuhls und des Malteser Ordens nur Staaten als Völkerrechtssubjekte anzuerkennen, ist mehr oder weniger zeitgleich mit der Dekolonisierung aufgegeben worden. Inzwischen werden nicht-territoriale Einheiten als Völkerrechtssubjekte anerkannt. Es hat damit seine auf Land (und Meer) orientierte Wirkung verloren. Nachdem diese Maxime preisgegeben ist, gibt es keinen Grund mehr, die Rechtsfähigkeit, und sei sie auch funktional eingeschränkt, nicht auf internationale Organisationen, transnationale Unternehmen, Völker, Menschengruppen und Personen auszudehnen.[100] Die Frage drängt sich auf, ob es noch Sinn macht, vom Völkerrecht als einem besonderen Gegenstand zu sprechen.

Das liegt nun freilich weder an der Dekolonisierung noch an der fehlenden Prinzipientreue der »fähigsten Völkerrechtler der verschiedenen Nationen« (Art. 38 IGH-Statut), sondern hängt mit der Veränderung der (Produktions-)Verhältnisse zusammen, die die Begriffe des Territoriums, der Nation, der Souveränität und auch des Völkerrechts ihres traditionellen Gehalts beraubt haben, ohne daß dies sich bisher anders äußerte als in Widersprüchlichkeit, Inkonsistenz und Konsequenzenlosigkeit bei ihrem fortgesetzten Gebrauch. Hinzu kommt ein merkwürdiger Stolz auf die Politik des Dezisionismus, die doch im Grunde das Eingeständnis des Scheiterns von Einsicht ist. Ich halte es für ein vorschnelles Urteil, denjenigen ein vorschnelles Urteil vorzuwerfen, die das Dogma der Souveränität für überholt hielten, und werde zu begründen versuchen, warum das folgende Bild nicht nur schön, sondern auch korrekt ist: »Dieses Prinzip [der Souveränität], auf das während vier Jahrhunderten das gesamte internationale Leben hin orientiert war, ist den seit langem erloschenen Sternen vergleichbar, die trotzdem noch unsere Blicke bannen«[101] und, so ließe sich hinzufügen, verwirren können.

2. Warum der Begriff des Absolutismus zu Fehlinterpretationen der Geschichte einer vermeintlich vom Gesetz gelösten Staatsgewalt und des Werks von J. Bodin geführt hat

a) Wie die alten Staaten im 15./16. Jahrhundert als Teil eines neuen gesellschaftlichen Verhältnisses entstehen

Wir dürfen der Geschichtswissenschaft vertrauen, wenn sie uns darüber aufklärt, daß sich im späten 15. und beginnenden 16. Jahrhundert in Europa eine tiefgreifende Neugestaltung vollzieht, die ebenso die Ökonomie wie die Kultur, die Politik wie die Kunst, die sozialen Beziehungen wie die spirituellen Gewohnheiten, die Konzeption des Rechts wie die der Moral ergreift. Die Neuerungen geschehen abrupt, in wenigen Jahrzehnten wird hinweggefegt, was vorher über Jahrhunderte stabil war oder schien. Die Gesellschaftstheoretiker rannten den Ereignissen hinterher, um die neuen Gegebenheiten zu systematisieren, zu analysieren, zu legitimieren und in neue normative Theorien zu fassen: Es dauerte bis 1576, bis Bodin die Theorie der Souveränität popularisiert und dem Territorialstaat das ideologische Korsett geschneidert hatte, und 1646 systematisierte H. Grotius mit dem neuen Völkerrecht die Grundlagen und Modalitäten des Umgangs dieser Territorialstaaten miteinander. Beiden Autoren ist gemeinsam, daß sie in sehr kurzer Zeit einen erheblichen internationalen Erfolg hatten, der auch jetzt noch wirkt, daß sie als Begründer neuer juristischer Disziplinen gefeiert werden und daß ihnen gleichzeitig die Vaterschaft bestritten wurde – bis heute wird ihnen immer wieder vorgehalten, Ideen, die längst im Schwange waren, lediglich publik gemacht zu haben. Diese Kritik geht offensichtlich von der wenig einleuchtenden, jedoch verbreiteten Vorstellung aus, der Gesellschaftswissenschaftler erfinde eine Theorie, die die Gesellschaft umgestalte, so als wäre es nicht genial genug, das noch nicht voll Entfaltete korrekt zu erfassen, präzise zu bestimmen und ihm damit eine Richtung zu geben.
Nicht nur Theoretikern werden Vorläufer entgegengehalten, auch von den realen gesellschaftlichen Entwicklungen heißt es, sie reichten ins 12., ja 11. Jahrhundert zurück und hätten sich langsam angekündigt.[102] Doch

was bei näherem Zusehen als Vorbereitung erscheint, ist nicht das Neue, sondern das Zerbröckeln des Alten,[103] in unserem Zusammenhang: der feudalen Produktions-, Herrschafts- und Lebensverhältnisse. In der Tat: Das Neue, das sich ab dem Ende des 15. Jahrhunderts etabliert und von den genannten Autoren in gesellschaftswissenschaftliche Einsichten gefaßt wird, ist die endliche Antwort auf eine fast zwei Jahrhunderte dauernde Krise und Agonie, die ebenso viele Symptome hatte wie sie Neues hervorbrachte. Große und kleine Kriege, Aufstände, die Pest, Hungersnöte, dramatischer Bevölkerungsrückgang – diese Stichworte mögen hier genügen, um die Krise zu kennzeichnen.
Anders als frühere Krisen, deren Befriedung innerhalb feudaler Strukturen gelang, war nach der langen Krise des 14. und 15. Jahrhunderts die Gesellschaft vollständig umgewälzt. Die Universalkirche und das Universalreich waren als Einheit ebenso zerbrochen (auch wenn beide es nicht recht wahrhaben wollten) wie die komplexen Systeme personaler sozialer Beziehungen und Herrschaft.
Immer wieder wird darauf hingewiesen, daß der Zusammenbruch begann, als die Entlohnung in Geld an die Stelle der über das Bodeneigentum vermittelten Treue-, Legalitäts-, Handlungs- und Arbeitspflichten trat, und daß dadurch die für die Unterdrückung der Bauernschaft notwendige politische und ökonomische Einheit geschwächt und die Macht der Feudalherren direkt bedroht war.[104] Diese Erklärung ist unvollständig. Sie macht nicht einsichtig, warum Herren – denn die Herren sind es ja, die zu bezahlen beginnen – die Auflösung ihrer traditionellen Herrschaftsform betreiben sollten. Auflösungen dieser Art, welche die gesamte Lebensart, überkommene Werte, Überzeugungen, Routinen in Frage stellten, müssen gravierende Verunsicherung und Unsicherheit bedeutet haben. Dies ist reichlich belegt, nicht zuletzt dadurch, daß die Verallgemeinerung der Geldbenutzung von den Zeitgenossen keineswegs als Befreiung und Fortschritt gefeiert, sondern als versklavendes Werk des Bösen und als Zerstörung der Kultur beargwöhnt wurde. An anderer Stelle haben wir deshalb die Erklärung vervollständigt oder vielmehr umgekehrt: Das unerträgliche und weder durch Gott noch durch die natürliche Ordnung legitimierbare Elend hat die Bauernrevolten provoziert, und diese hatten den Zerfall der Dienstbarkeitsverhältnisse, nicht aber die Umverteilung des Bodeneigentums zugunsten von Bauern zum Ergebnis. Damit war eine »Pattsituation entstanden, die den Feudalherrn schließlich dazu zwang, den Bauern für geleistete Arbeit zu entlohnen, während der Bauer nur die Wahl zwischen abgeschüttelter Leibeigenschaft und Geldlohn, nicht aber die der auf sein Eigentum gegründeten Produktion hatte«.[105]

Dieses fundamental neue gesellschaftliche Verhältnis, in dem für die Leistung von Arbeit Geld gegeben wird, ist auf dem Land (»Agrarkapitalismus«) entstanden. Es wurde von Personen etabliert, die noch die adligen Namen der Feudalherren trugen und die noch für eine Weile an die Scholle gebunden blieben. Es ging wesentlich um die Produktion landwirtschaftlicher Erzeugnisse. Wenn Kaufleute aus den Städten sich an diesem Verhältnis beteiligten, so entweder als Geldgeber gegenüber dem ›Adel‹ oder um zu diesem gesellschaftlich ›aufzurücken‹, nicht aber durch Ausdehnung ihrer geldbringenden Aktivitäten als Händler.[106] Das Geld der Händler, oft Handelskapital genannt (wie ja auch ungenau vom Kapitalismus im Römischen Reich gesprochen wird), entwickelte sich nicht zum Industriekapital, vielmehr ersetzte die Beziehung von Kapital und Arbeit unspektakulär die zerstörte Beziehung der Treue- und Dienstpflichten, die ebenfalls wesentlich um Landwirtschaftserzeugnisse gestaffelt waren.

Die Tatsache, daß Träger adligen Namens die ersten Kapitalisten waren, d.h. solche, die Eigentum an Produktionsmitteln und Geld als Kapital hatten, um Arbeitsleistungen zu kaufen, verleitet Historiker dazu, auch nach der Aufhebung der Leibeigenschaft von »Adelsherrschaft« zu sprechen, von einem Austausch der Instrumente, mit Hilfe derer die Adelsmacht über die ländlichen Massen aufrechterhalten worden sei.[107] Diese Interpretation verkennt, daß die Träger adliger Namen von Trägern personaler Herrschaft und feudaler Beziehungen zu Eignern von Kapital geworden waren. Die Erfolgreichen hatten den Übergang vom Feudalismus zum Kapitalismus geschafft, doch die alten Verhältnisse waren zerstört. Die Fortdauer der aristokratischen Lebensformen, des kulturellen Ideals des Landlebens und des Wappentragens[108] konnte den Bruch nicht kitten. Und daß an das Führen des Namens noch für eine Weile (bis zur Französischen Revolution? bis 1918? bis heute?) gewisse politische und gesellschaftliche Privilegien geknüpft (gewesen) sind, sollte über die grundsätzliche Neuordnung nicht hinwegtäuschen. Die Tatsache, daß der das Land Bearbeitende dies auch zunächst weiter tat, bis er andere, gegen Geld entlohnte Arbeit in Fabriken und Büros fand, verleitet dazu, den Bauern als unverändert dominiert zu sehen.[109] Dabei macht es einen fundamentalen Unterschied, ob er produziert und ein Teil des Arbeitsertrages für den Herrn, der andere Teil seine Lebensmittel im weiten Sinne sind, die Produktionsmotive Zwang und Eigeninteresse also untrennbar verwoben sind, oder ob er Arbeit gegen einen Geldlohn leistet, mit dem er seine Lebensmittel kauft. Dieser Unterschied zeigt sich bei der Analyse seiner Stellung gegenüber Ehe und Fortpflanzung.[110]

b) Wie das Kapital an die Stelle des Bodens tritt

Daß das neue Verhältnis sich auf dem Land etabliert, erschwert für lange Zeit das korrekte Verständnis der Terra, des Territoriums für das kapitalistische Produktionsverhältnis, das ja regelmäßig und ab dem 18. Jahrhundert auch empirisch als Manufaktur- und Fabrikverhältnis, als an industrielle Produktion geknüpft verstanden wird. Vorkapitalistische Produktionsverhältnisse hatten den Boden zur Basis und zum Zentrum. Das gilt für Jäger und Sammler, die sich Bodenprodukte unbearbeitet aneignen, für Nomadenvölker, die entweder die Landprodukte anderer plündern oder ihr Vieh von Weideland zu Weideland treiben, für die Sklavenökonomien Griechenlands und Roms,[111] und das gilt für die dem Kapitalismus vorangehende Feudalgesellschaft. Die personalen Herrschaftsverhältnisse sind um den als gestaffeltes Lehen gegebenen Boden gruppiert; aus ihm ziehen Treue- und Dienstpflichten letztlich ihre Kraft; die Existenz des Leibeigenen ebenso wie die des Kaisers hängt vom Boden ab. Herrschaft heißt Verfügung über und Zugriff auf Boden. Wer mehr Herrschaft will, muß mehr Land unter seine Kontrolle bringen. Die Verfügungsgewalt ist jedoch nicht im Sinne des heutigen Eigentumsbegriffs eine umfassende Nutzungs- und Veräußerungsgewalt; sie ist vielmehr geteilt und gebunden in einem komplexen personenrechtlichen Geflecht von mannigfachen Über- und Unterberechtigungen und -pflichten, die Anderson in dem treffenden Ausdruck der parzellierten Souveränität zusammengefaßt hat. Dieser Ausdruck leugnet nicht die Unterschiede von Macht und Herrschaft in der Lehenshierarchie, doch charakterisiert er eine Situation, in der jedermann ein eigenes vitales Interesse am Boden hat, in der die Sicherung des Lebens horizontal vom Zusammenhalt der Familie und vertikal vom hierarchischen Kollektiv der Feudalordnung abhängig ist.

Was so lange den Mittelpunkt der materiellen Existenz der Menschen gebildet hatte, mußte auch zum Mittelpunkt zahlloser Mythen, Verehrungen, Personalisierungen werden. Da Herrschaft und Unterordnung das Leben bestimmten, ist es nicht verwunderlich, daß deren Legitimation sich an die Mythen knüpfte. Ebensowenig ist verwunderlich, daß die Mythen noch lange lebendig blieben, nachdem das gesellschaftliche Verhältnis längst erloschen war; Denkkategorien und Handlungsimpulse waren noch lange, wenn auch schwächer werdend, von der Gewißheit der Wichtigkeit des Bodens geprägt, auch als Herrschaft und Unterworfenheit sich nicht mehr über den Zugriff auf den Boden, sondern über die Verfügungsgewalt über Kapital bestimmten.

Noch im 17. Jahrhundert versuchten Quesnay und seine physiokratische

Schule, die Würde des Bodens durch die Theorie zu bewahren, dieser sei die einzige produktive Kraft – sie werden noch im selben Jahrhundert widerlegt, und die Theorie gilt heute als frühes Beispiel von Agrar-Lobbyismus. Bis ins 20. Jahrhundert hinein geht der Streit um Charakter, Rechtfertigung und Maß der Grundrente, und es scheint, als sei der Boden auf diese Weise als gleichberechtigter Produktionsfaktor neben Kapital und Arbeit zu etablieren. Eine bis ebenfalls ins 20. Jahrhundert prominent gebliebene Auffassung teilte die Evolution der Menschheit nach den wirtschaftlichen Perioden »wilder Zustand, Hirtenstand, Agrikulturstand, Agrikulturmanifakturstand, Agrikulturmanifakturhandelsstand«[112] ein – eine nicht um die Bodenbearbeitung zentrierte Wirtschaft schien undenkbar.

Heute läßt sich feststellen, daß die berechnende Ökonomie sich des Mythos entledigt hat. Der Boden wird im Kreis der schlichten Produktionsmittel kaum anders behandelt als eine Maschine, ein Gebäude, ein Patent, als langlebiges Wirtschaftsgut. Er wird geleast oder gekauft und verkauft, und insbesondere wird er bis zur Zerstörung abgenutzt. Wenn es eines physischen Beweises bedürfte, wie gleichgültig das Land für das moderne Produktionsverhältnis ist, so könnte er nicht klarer geführt werden als mit der gedankenlosen Bodenzerstörung durch Zubetonierung, Erosion, Vergiftung, und dies nicht mittels kriegerischer Unterwerfung und Brandschatzung oder als Ausdruck der Dominanz der Stadt über das Land, sondern in vollständiger Gleichgültigkeit. Das Wissen der praktischen und theoretischen Ökonomie vom Privilegienverlust des Bodens und von seinem Eintritt in den unendlichen Kreis der Normal-Waren wurde von Juristen und Politologen, Gesetzgebern und Politikern lange nicht geteilt. Bis heute gilt der in der Praxis allerdings inzwischen erschütterte Grundsatz des Bürgerlichen Rechts, daß das Eigentum am Boden stärker ist als das Eigentum an den auf dem Boden errichteten Gebäuden, noch immer ist die Übertragung von Bodeneigentum schwieriger als die von Eigentum an anderen Sachen. Und unverkennbar hat sich lange die Auffassung gehalten, daß Eigentum von Land identisch mit Herrschaft sei, daß insbesondere die Vergrößerung des Staatsgebietes Vergrößerung der Macht bedeute und daß die Identität des Staates und der Nation sich über das Territorium herstelle.

Wären solche Auffassungen nur unzeitgemäß, überholt, falsch, ein Widerspruch zu den aktuellen gesellschaftlichen Strukturen und äußerten sie sich lediglich in liebenswürdig-altmodischer Lebensart, könnte es damit sein Bewenden haben. In Wirklichkeit freilich sind sie immer wieder von Landnehmern, Rassendiskriminierern und Einflußsphären-Strategen mit Aggressivität vorgetragen worden. Sie wurden um so schriller, je weniger die mit ihnen verbundenen Herrschaftsansprüche den kapitalistischen Rationalitäts- und Herrschaftsstrukturen entsprachen, je mehr der den Produktionsverhältnissen angemessenen Herrschaft eine zusätzliche, rein politische Herrschaft übergestülpt werden sollte. Und da sie sich vertrauten Sprachgebrauchs, bekannter Symbole, unordentlicher Wahrheiten und Mythen (etwa vom germanischen, keltischen, gallischen, baskischen, arabischen Land im Osten, Westen, Süden oder Norden) bedienten, fanden sie lange und finden sie bisweilen heute noch Anhänger. Von der mörderischen Gründung des Freistaates Kongo über die mörderische Landnahme im Osten durch den von Völkerrechtlern beratenen Hitler bis zum mörderischen Vietnam-Krieg der USA hinterließ das falsche Bewußtsein von Blut und Boden seine Elendsspur.

Dabei kommen die Mythen von Blut und Boden nicht umhin, eine unheilige Allianz mit dem Territorialstaat einzugehen, dem es ja durchaus zupaß kommt, sich zum Zweck der Legitimation ein bißchen mit Rasse und Geschlechterfolgen zu schmücken, der indes derartige Kriterien nicht ganz ernst nehmen darf, da sonst kaum ein Territorium zusammenbliebe. Wenn die aus der Dekolonisierung entstandenen Staaten aber das Konzept von umfassender politischer, wirtschaftlicher und kultureller territorialstaatlicher Souveränität übernehmen und politisch durchzusetzen versuchen, werden sie im »nation-building« nicht Identität schaffen, sondern vorhandene kulturelle Identität zerstören, ohne dafür mit einer Entwicklung zu kapitalistisch-freien Produktionsverhältnissen belohnt zu werden. Es gibt keinen Reichtum der Nationen mehr.

Diese Annahme widerspricht in vielem den herrschenden entwicklungstheoretischen und -praktischen Überzeugungen. Sie mag Erstaunen auslösen, ja sogar als besonders perfide Variante des Neo-Imperialismus gedeutet werden. Um jenseits von guten oder bösen Absichten eine begründete Aussage über die *Möglichkeit* und die Nützlichkeit der imitierenden Wiederholung von Geschichte machen, um die herrschenden Denkschulen testen zu können, die der Globalisierung einer umfassenden Souveränität der vielen Territorialstaaten das Wort reden, ist es unumgänglich, sich der Geschichtlichkeit dieses Konzepts der Organisation von Gesellschaft zu vergewissern. Sein Anfang ist zu bestimmen, seine Einbettung in die besonderen gesellschaftlichen Verhältnisse, innerhalb derer es sich gebildet hat. Nur so scheinen mir Prognosen über ein mögliches Ende oder die Endgültigkeit der evolutionären Errungenschaften möglich.

c) Wie der Territorialstaat begründet wird

Die erste Benutzung des Wortes Staat – »stato« – zur Kennzeichnung der politischen Herrschaft seiner Zeit und nicht nur im Sinne von Zustand (was es im Italienischen auch heute noch heißt) wird N. Machiavelli zugeschrieben. Sie ist damit auf das Jahr 1513 fixiert. Das muß alle überraschen, die wissen, daß Aristoteles über den Staat der Athener und Cicero über den Staat der Römer geschrieben haben. Das Mißverständnis klärt sich auf, denn die beiden letzten haben nicht über den Staat geschrieben; sie haben über die »aus mehreren Dörfern bestehende vollkommene Gemeinschaft« geschrieben, die um das Eigentum an Land gruppiert war, das von Sklaven bebaut wurde, die aus höchstens 10000 Personen bestehen sollte und die »Polis« genannt[113] wurde, sowie über die »res publica«, d. h. »die Ansammlung einer Menge, die in der Anerkennung des Rechts und der Gemeinsamkeit des Nutzens vereinigt ist«.[114] Machiavelli hat bewußt mit Aristoteles und Cicero gebrochen, wohl um den fundamentalen Unterschied der neuen Herrschaftsform zu kennzeichnen.

Bodin hat die bis zu seiner Zeit herausgebildeten neuen Strukturen analysiert, systematisiert, mit seiner normativen Theorie klarere Inhalte und Konturen und auf diese Weise Orientierungen gegeben. Sicherlich gehört zu den Schwerpunkten seines Werkes der Begriff der Souveränität. Aber auch der des Absolutismus läßt sich auf ihn zurückführen, ebenso eine Politik der Kontrolle der Leidenschaften, ein umfassender Katalog von Staatsaufgaben, eine Geldtheorie und die – unvollendete – Trennung des Privaten vom Öffentlichen. Bis heute ist sein Werk umstritten, werden seine Klarheit und Genialität bewundert, seine dunklen, dem Mittelalter zugeschlagenen Seiten kritisiert und seine Widersprüche herausgestellt. Wer sich mit (territorial-)staatlicher Souveränität beschäftigen will, kommt an ihm nicht vorbei.

Die seit 1586 ständig wiederholte knappe Definition im 8. Kapitel des Buches der *Sechs Bücher über den Staat* lautet: »Die Souveränität ist die absolute und ewige Gewalt eines Staates.«[115] Die lateinische Fassung präzisiert noch: »legibusque soluta potestas«, also von Gesetzen gelöste Macht. Was absolute Gewalt bedeutet, erläutert Bodin im 8. Kapitel: Sie erlaubt, »vom gewöhnlichen Recht, nicht auch von den Gesetzen Gottes oder dem Naturrecht abzuweichen« (I/214). Sie führt zu dem »Grundsatz, daß der Fürst nicht an seine eigenen Gesetze oder die seiner Vorgänger gebunden ist« (I/215). »Gesetz und Vertrag müssen daher auseinandergehalten werden« (I/216) und »der souveräne Fürst kann von Gesetzen abweichen, sie aufheben und sie für nichtig erklären, wenn sie aufhören, gerecht zu sein« (I/217), während er die »von ihm geschlossenen

Verträge einzuhalten hat, gleichgültig, ob er sie mit Untertanen oder Fremden geschlossen hat« (I/232). Ist er »nicht befugt, die Grenzen der Naturgesetze und der Gesetze Gottes, dessen Ebenbild er ist, zu überschreiten, so hat er auch nicht die Befugnis, fremdes Eigentum ohne vernünftigen, rechtfertigenden Grund zu entziehen. Solche Gründe sind etwa Kauf, Tausch, legale Konfiskationen, [...] die im Widerstreit öffentlicher und privater Interessen« (I/235) möglich sind.

Generationen von Juristen sind in die Falle dieser Formulierungen gelaufen, die erst kürzlich von einem Fachfremden[116] ein Stück geöffnet worden ist: Noch im Vorwort der hier zitierten Neuübersetzung heißt es: »Das war es also – die über den Gesetzen stehende Regierungsgewalt. Damit war der Stoff gefunden, aus dem die [Staats-]Träume sind«,[117] und bis heute wird über die Dichotomie von Gesetz und Souveränität raisoniert.[118] Jellinek hat ausgeführt, die Souveränität sei seit Bodin ein »polemischer Begriff«, ein Kampfmittel.[119] Das ist teilweise richtig, teilweise nicht. Betrachten wir, warum es nicht richtig ist: Wenn man die Formulierungen Bodins umstellt, so ergibt sich, daß er zunächst eine Auffassung entwickelt, die für den Juristen unserer Tage eine Trivialität bedeutet. Er sagt nichts weiter, als daß der Inhaber der Souveränität die im Staat bestehenden Gesetze durch neue ersetzen kann, nach dem für die bürgerliche Gesellschaft selbstverständlichen Grundsatz, daß das jeweils neuere Gesetz das ältere im Falle eines Widerspruchs aufhebt. Nach Gerechtigkeitskriterien wird dabei nicht gefragt. Von einer über den Gesetzen stehenden Regierungsgewalt gibt es keine Spur. Ebensowenig ist es nötig, vom absolutistischen Staat zu sprechen, wenn es um die Gesetzesänderungs- und -aufhebungskompetenz geht. Bodin selbst bindet die Kompetenz keineswegs an einen Fürsten, obschon er bisweilen diesen Ausdruck benutzt und eine klare Präferenz für die Monarchie bekundet. In seiner systematischen Darlegung der Staatsformen stellt er Monarchie, Demokratie und Aristokratie als in gleicher Weise legitime »Inhaber der Souveränität in den Staaten (Républiques)« (II/1) nebeneinander.

In dieser Sicht der Dinge löst sich der oft feudalen Denkresten zugeschriebene Widerspruch auf, Bodin habe die Merkmale der Souveränität präzise umschrieben und sie damit begrenzt, obwohl er gleichzeitig ihre Absolutheit, ihre Unbegrenztheit diesseits einer göttlichen Ordnung begründet haben soll. Die Begrenzungen und Merkmale lesen sich mit wenigen, zeitbedingten Ausnahmen wie modernes Verfassungsrecht; sie liegen in der Macht, »Gesetze vorschreiben zu können« (I/292), das heißt auch, »mit Gesetzesrecht Gewohnheitsrecht zu brechen« (I/293), »über Krieg und Frieden zu entscheiden« (I/294), im »Recht zur Ernennung der wichtigsten Beamten« (I/298), im »Recht der höchstrichterlichen Entscheidungsgewalt« (I/301), im Recht, »Gnade zu gewähren« (I/306), das »Geldwesen gesetzlich zu regeln« (I/310) und die »Untertanen zur Annahme einer neuen Sprache zwingen zu können« (I/317). In der Art eines Rechtsberaters warnt er davor, Gesetze zu häufig zu ändern, da, weil »die Ehrfurcht vor dem Alter eines Gesetzes groß« ist, nichts schwieriger sei als »die Einführung neuer Gesetze« (IV/83). Hier wird verständlich, warum Jellinek von einem polemischen Begriff spricht. Tatsächlich argumentiert Bodin in für seine Zeit unerhörter Weise und deshalb unter Ermahnung zur Vorsicht für einen weitestgehenden Rechtspositivismus. Dies war nach Andersons Worten notwendig, um »mittelalterliche Privilegien zu überspielen, traditionelle Rechte zu ignorieren und private Freiheiten unterzuordnen«. Bodin beschränkte sich allerdings nicht auf diesen einmaligen Akt des juristisch nachvollzogenen Bruchs mit der alten Gesellschaft, sondern sah im Rechtspositivismus ein dauerhaftes Merkmal der Politik.

Insgesamt verstehe ich das »legibus solutus« einerseits als Polemik gegen die traditionelle Rechtsauffassung, die dem älteren, überkommenen Recht größere Würde und stärkere Geltung einräumte als dem neuen, und damit als Polemik gegen die Vielzahl solcher Gesetze und Rechte. Andererseits wird ein Rechtsprinzip zum erstenmal eingeführt, nach dem sich heute völlig unpolemisch die tägliche Gesetzesproduktion vollzieht. Das für Bodins Zeit Ungeheuerliche ist das heute Triviale. In der Argumentation gegen das traditionelle Recht war ein Kampfmittel gegen die Repräsentanten der alten, feudalen Gesellschaft formuliert, nämlich gegen den Kaiser und den Papst.[120] Von ihnen mußte die neue Ordnung unabhängig werden. Die seit dem 14. Jahrhundert währende Krise mit endlosen kleinen und großen Kriegen, Hungersnöten, dramatischem Bevölkerungsrückgang, Währungswirren, wechselnden Bündnissen hatte hinreichend offenbart, daß die alten (Produktions-)Verhältnisse nicht mehr funktionierten, daß der Kaiser kein realer, Schutz gewährender Oberlehensherr mehr und das Papsttum »mit seinen Kreaturen und Stützpunkten gerade noch stark war, jede künftige Einheit zu verhindern, ohne doch selbst eine schaffen zu können«.[121]

Ich bin überzeugt, daß die rasche, bis heute andauernde und ungewöhnlich intensive, »keinem anderen Staatstheoretiker je vergleichbare Rezeption« des Werkes von Bodin[122] sich der kalten Rationalität verdankt, mit der er den Zusammenbruch der alten sowie das Aufkeimen neuer Verhältnisse analysiert und die Instrumente, Mittel, Organisationsformen benannt hat, die nötig waren, um die neue Ordnung, die neuen Herrschaftsverhältnisse zu schützen und zu befestigen. Das internationale und anhaltende Interesse wäre ganz unverständlich, wenn es lediglich um die

Legitimation der »französischen Verhältnisse« gegangen wäre.[123] Ohnehin spielt die Absicht der Legitimation insgesamt eine geringe Rolle, wohl auch deshalb, weil die im Bewußtsein gegenwärtige Krise und die daraus resultierenden Leiden Lösungen mit Macht akzeptabel erscheinen ließen. Unverhohlen wird gesagt, daß der Staat nicht dazu da sei, »Glückseligkeit und Lebenssinn« (I/100f.) zu organisieren, daß »Macht und Gewalt«, »Räuberei und Diebstahl« (I/159) Ursprung und Grundlage des Staates seien, daß »Herrscher launisch und leidenschaftlich seien« (I/1012) und daß »den Tyrannen Schrecken eingeflößt, Könige und Kaiser zur Vernunft gebracht, ihnen nicht selten die Krone vom Kopf und das Szepter aus der Hand geschlagen und sie zu Krieg und Frieden und dazu gezwungen [werden müssen], ihr ausschweifendes Leben zu ändern, Gerechtigkeit zu üben und die Gesetze zu reformieren« (VI/321).
Die komplexen Herrschafts- und Interessenstrukturen des Feudalismus waren zusammengebrochen. Ihre parzellierten Souveränitäten vermochten sich nicht länger wechselseitig in Schach zu halten und das gesellschaftliche Leben insgesamt zu ordnen. Eine neue, eindeutige, öffentliche Souveränität mußte geschaffen werden, um die neuen Verhältnisse, um die neuen Formen von Herrschaft und Interesse zu gewährleisten. Es wäre daher völlig unzureichend und unangemessen gewesen, den alten machtlosen Oberlehensherren durch einen neuen zu ersetzen. Vielmehr mußte das Prinzip von Herrschaft neu definiert werden. Es war bereits erkennbar, daß die neuen (Produktions-)Verhältnisse auf ungleich verteiltem, privatem Eigentum und auf der Verwendung von Verträgen und Geld gründeten. Entsprechend mußte der Staat privates Eigentum (I/221 + 236f.), den Respekt vor Verträgen (I/232) und die Geldwertstabilität (VI/374) schützen. Die lange Krise hatte zum Verfall der Sitten, zur Entfesselung der (weiblichen) Leidenschaften und zur Abnahme der Bereitschaft geführt, Kinder zu gebären und zu erziehen. Der Staat mußte die Sitten wiederherstellen, die Leidenschaften unterdrücken und Verantwortung für das Gebären von Kindern und ihre Aufzucht übernehmen (I/117ff.; VI/315ff.). Nach dem Zerfall der politischen Ökonomie des Feudalismus fehlte der gesellschaftliche Kitt, »Straßen auszubessern, Brükken zu bauen, Seeschiffe auszurüsten, öffentliche Gebäude zu errichten und Kollegien zur Pflege von Ehre, Tugend und Wissenschaft zu gründen« (VI/361). Deshalb mußte der Staat »mildtätig« werden und öffentliche Güter errichten, und der »allerwichtigste Nutzen dieses Vorgehens liegt darin, daß dadurch die beiden schlimmsten Übel in einem Staat, nämlich Beschäftigungslosigkeit und Armut, ausgemerzt werden« (VI/362) – die Kombination der Staatsaufgaben Infrastrukturpolitik und Beschäftigungspolitik sind klar beschrieben.

Es wäre widersinnig gewesen, diese Staatsbestimmungen in der Absicht zu entwickeln, einem Herrscher unbeschränkte, freie, absolute Macht zuzusprechen. Die Souveränität ist ein Element des Staates, das neben anderen Elementen, nämlich der Orientierung am Recht (I/98), wozu auch das Währungswesen gehört (I/310f.), sowie der Existenz öffentlicher Einrichtungen und privaten Eigentums besteht (I/110f.). Die Macht kann nur von Personen ausgeübt werden, deren natürliche Freiheit darin besteht, »sich selbst zu beherrschen und dazu der Vernunft die Aufgabe des Befehlens, den Trieben die des Gehorchens überlassen« (I/115). In den Respekt vor dieser Ordnung ist der Inhaber der absoluten Souveränität ebenso eingebunden wie in die Gebote des Natur-, Gottes- und Völkerrechts, zu denen wiederum die Existenz privaten Eigentums, der Familie und das heißt der Fortpflanzung zählen.
Nur wer in diese Grundsätze einen modernistischen Toleranzgedanken hineinliest, wird sich wundern, daß Bodin die Hexenverfolgungen glühend verteidigt hat: Jeder, Souverän und Untertan, der sich den Strukturanforderungen der vernünftigen Ordnung widersetzt, hat mit dem grausamsten Tod zu rechnen. Mit detallierten Ausschmückungen und immer wieder neu schildert Bodin in seinen Büchern, wie Herrscher gesiedet, gevierteilt, vergiftet, verbrannt und erstochen wurden, die den Zwängen der neuen Ordnung nicht gehorchten und ihnen nicht zur Beachtung verhalfen. Der in Inquisition und Folter bewährten Kirche blieb da eine wichtige Aufgabe: sie wurde zum Sittenwächter instrumentalisiert.
Damit sind die Funktionsvoraussetzungen und -modalitäten der neuen (Produktions-)Verhältnisse und gesellschaftlichen Ordnung im Kern beschrieben und normiert. Der von Herrschaft zusammengehaltene, aber kollektiv organisierte Verbund von Interessen (an der Bodenbebauung) im Feudalismus ist nach seinem ökonomischen Niedergang politisch überwunden. Die Einheit des Rechts als Ausdruck der parzellierten Souveränität ist dem Prinzip der Spaltung in die *private* Verfügungsbefugnis über ungleich verteiltes Eigentum und in die *öffentliche* Souveränität, d. h. der Trennung von Ökonomie und Politik, also der Spaltung in privates und öffentliches Recht gewichen. Gewiß, die Institutionen sind noch wenig entwickelt. Das geschieht über die Zeit nach diesem Muster.[124] Die Staatsaufgaben jedoch – Schutz des Eigentums und der Geldwertstabilität, Organisierung der Fortpflanzung und Erziehung, Einrichtung von Infrastrukturen – sind eindeutig benannt. Der Staat hat einzuspringen und Gesellschaftlichkeit herzustellen, wo sie sich nicht spontan, in Verfolgung individueller Interessen herstellt. Es ist deshalb keineswegs erstaunlich, wenn im 16. Jahrhundert Kinderaufzucht, Eherecht und gute Sitten dem öffentlichen Recht zugeschlagen worden sind.[125]

Die Vorzüge der Darstellung der Systemnotwendigkeiten auf der Grundlage des Werkes von Bodin liegen für mich in zwei Sachverhalten begründet. Als Vergangenheit konstruierte er nicht einen ominösen Naturzustand, den die bürgerliche Gesellschaft überwindet, wie es im folgenden Jahrhundert bei Hobbes und Locke geschah; der historische Gegner war klar im Visier: die unnütz gewordenen Repräsentanten der feudalen Ordnung. Für seine Gegenwart aber waren die vergangene Krise und der Zusammenbruch noch so gegenwärtig und das neue Verhältnis noch so wenig selbstverständlich, daß er sich noch nicht in den legitimationsstiftenden Fiktionen der Gesellschaftsvertrags-Theorie ergehen mußte.[126] Im übrigen konnte er sich noch nicht mit der selbstverständlichen Stabilität des Systems beruhigen. Die Beschwörungen seiner natürlichen Ordnung, seiner kybernetisch-mikrobiologischen Selbstreflexion und -steuerung[127] und damit eines selbstreferentiellen Dauerzustandes, des Endes der Geschichte, sind einer späteren Epoche vorbehalten. Er wußte von der Notwendigkeit des Gewaltgebrauchs zur Durchsetzung, Erhaltung und Entwicklung der neuen Verhältnisse und proklamierte sie offensiv, in normativer Absicht.

Auf die nachfolgenden staatstheoretischen Diskussionen über die Gewalteilung und den Prozeß des Politischen einerseits sowie die Entwicklung zum Sozial- und Interventionsstaat andererseits will ich an dieser Stelle noch nicht eingehen. Ich halte diese Fragen für sehr wichtig, doch ihre Beantwortung in dieser oder anderer Weise haben an der Grundstruktur der Trennung von Ökonomie und Politik als zwei Sphären von Souveränität im kapitalistischen Produktionsverhältnis nichts geändert. Sie werden mich erst in einem anderen Zusammenhang interessieren, nämlich dann, wenn ich der Frage nachgehen muß, ob diese Strukturen, Prozesse und Politiken notwendig in einen territorial- und/oder nationalstaatlichen Rahmen gehören. Daß sie staatlich organisiert werden müssen, bezweifle ich nicht.

Die Beschäftigung mit Bodin hat noch einen anderen Gewinn. Wenn heute die Theoretiker der Moderne die individuelle oder kollektive Vernunft, das Leben in Zweckrationalität als selbstverständliche Komponente in ihre gesellschaftstheoretischen Modelle einbauen, dann können sie (noch) in aller Unschuld mit dem Pfund der Triebregulierung zu dieser Vernunft und der »Selbstdisziplinierung als Selbstbestimmung«[128] wuchern, das durch die von Bodin mitinspirierte politische Praxis der gewaltsamen Triebregulierung mitgeformt worden, das also vergänglich ist.

Mit dieser Formung und der Versachlichung des Reichtums im allein Sicherheit gewährenden Geld entstehen zwei Dauerthemen der bürgerlichen Gesellschaft: erstens die Zurichtung des Menschen zur vernunftgeleiteten Freiheit und Triebdämpfung, die, von der Mitte des 18. Jahrhunderts an »Zivilisation« genannt, dem Wilden entgegengesetzt wird[129] und zu seiner Unterdrückung berechtigt; zweitens das Thema des autonomen Individuums, das in den Legenden von Robinson oder der einfachen Warenproduktion sein (Über-)Leben in Auseinandersetzung mit der Natur in Einsamkeit und Freiheit zu organisieren vermag. Die Legenden ändern sich. In einer anderen Gesellschaft war der, der »nicht in Gemeinschaft leben konnte oder in seiner Autarkie ihrer nicht bedarf [...], ein wildes Tier oder Gott«,[130] und entsprechend galt der Einsame als gefährlicher Verrückter oder als auf dem Weg in den Kreis der Götter befindlich. Nun wird das Individuum die Grundlage der ökonomischen Theorie. Die letzte Spielart scheint die autopoietische Selbstproduktion der neuen Monaden zu sein oder der Zwang zum individuellen Lebensentwurf, der angesichts einer hochkollektivierten Produktion meist über die Gestaltung der Freizeitkleidung nicht hinausgeht.

d) Warum sich Völkerrecht als Familienrecht kennzeichnen läßt

Angesichts der zentralen Stellung des Souveränitätsbegriffs im Werk Bodins scheint erstaunlich, wie lapidar er mit der Souveränität des Staates nach außen umgeht. Was zum Völkerrecht zählt, bindet den Fürsten (I/194) ebenso wie die von ihm und seinen dynastischen Vorgängern geschlossenen Verträge. Dabei ist es gleichgültig, ob die Verträge mit Untertanen oder Fremden geschlossen, also dem staatlichen oder Völkerrecht zuzurechnen sind (I/232): »Verträge, die der souveräne Fürst in seiner Eigenschaft als Souverän über Gegenstände geschlossen hat, die den Staat und seine Interessen angehen, binden also den Nachfolger« (I/238).
Die Orientierung an der innerstaatlichen Souveränität könnte faktisch darin begründet sein, daß es zu Beginn der bürgerlichen Gesellschaft wesentlich darum ging, die Strukturen des Staates zu analysieren und aufzubauen. Sie könnte aus überkommenen Anschauungen einer holistischen Weltordnung und damit einem einheitlichen Weltrecht im europäisch-christlichen Rahmen resultieren. Diese Einheit wäre diesem Gedanken zufolge zunächst nur insoweit aufgebrochen worden als nötig war, um die Sphären des Politischen und Wirtschaftlichen im privaten und öffentlichen Recht zu scheiden. Die zweite große Trennungslinie, nämlich die nach nationalem und internationalem Recht, wäre (noch) nicht eingezogen. Tatsächlich hat Kennedy diese Argumentation für die »primitive Rechtswissenschaft«[131] vorgetragen. Er hat die Einheitsvorstellungen zu-

rückgeführt auf die Annahme eines überpositiven Natur- und Gottesrechts in einer einzigen christlichen Welt.

Diese Einschätzungen sind für unsere Überlegungen aus mehreren Gründen und auf mehreren Argumentationsebenen von Interesse. Dabei geht es weniger darum, ob die analysierten Autoren korrekt eingeordnet sind, als vielmehr darum, daß bis heute – anders als Kennedy meint – Kontinuität festzustellen ist. Zumindest im Völkergewohnheitsrecht ist der Rückgriff auf überpositive, naturrechtliche Erwägungen gang und gäbe. Dabei ist die inhaltliche Ausfüllung des Naturrechts durch Prinzipien der Vernunft, durch die Rechtsüberzeugung aller zivilisierten Völker (die heute bisweilen verschämt Kulturvölker genannt werden, da am Namen der Zivilisation zu viel Blut klebt) bereits beim letzten der »primitiven Rechtslehrer«, H. Grotius, angelegt.[132] Anders als in allen nationalen Rechten hätte also ein Grundlagenwechsel vom mittelalterlich-holistischen zum modernen bürgerlichen Weltbild der Trennungen, in gewisser Weise also eine bürgerliche Revolution, nicht stattgefunden. Dies erklärte zum Teil, warum Völkergewohnheitsrecht und das kaum mehr zu übersehende Völkervertragsrecht sich häufig so schroff gegenüberstehen. Ja, es erklärte die Masse dieses Vertragsrechtes und auch, warum sich mit dem Entwicklungs-, dem Wirtschafts- und anderen Sonder-»Völkerrechten« immer neue Doktrinen bildeten: um der ›feudalen‹ Verhaftung des Völkergewohnheitsrechts zu entgehen.

Mit einer leichten Perspektivenverschiebung läßt sich im Rahmen dieser Argumentation auch ein Beitrag zum alten und immer noch diskutierten Problem des Rechtscharakters und der Geltung des Völkerrechts leisten. Dabei kommt ironischerweise der zugunsten der Rechtsgeltung sprechende Hinweis vom großen Leugner des Völkerrechts, Hegel. In seinen gegen Kant gerichteten Ausführungen behauptet Hegel, daß die Staaten wegen des Prinzips der Souveränität »im Naturzustande gegeneinander« stünden und daß deshalb ihr Streit »nur durch Krieg entschieden werden« könne.[133] An anderer Stelle meint er, die »europäischen Nationen bilden eine Familie nach dem allgemeinen Prinzip ihrer Gesetzgebung, ihrer Sitten, ihrer Bildung«.[134] Was hier – und später – übersehen wird, ist, daß die europäischen Monarchien bis weit ins 19. Jahrhundert – und nur auf diese kommt es bei Krieg und Kolonisierung an – nicht nur eine Familie im sittlichen Sinne waren, sondern höchst reale Verwandte, zwischen denen es, wie in Familien üblich, häufig Streit gab: Onkel Wilhelm gönnte Tante Elisabeth das Land, die Kolonie, eine Erbschaft nicht. Bei allem Neid aber waren die Verwandten doch von gemeinsamen Grundüberzeugungen der Schicklichkeit, der Courtoisie geleitet, die gerade auch dann wirkten, wenn zwei Familienmitglieder im Zwist lagen. Die Homogenität der Grundüberzeugungen wurde dadurch verstärkt, daß alle HerrscherInnen von juristischen Beratern umgeben waren. Diese unterstützten im Konflikt ihre jeweiligen Parteien, gehörten gleichzeitig jedoch demselben »internationalen Korps«[135] an, schöpften aus denselben Quellen, standen in Korrespondenz miteinander, teilten dieselben Grundüberzeugungen von Recht, Sitte und Anstand und berieten insofern ihre Auftraggeber in paralleler Weise. Vernunft hieß in diesem Zusammenhang nichts weiter als herrschende Meinung. Dies ist keineswegs anekdotisch zu verstehen, wie sich daraus ergibt, daß noch heute die von den »zivilisierten Staaten [oder ›Kulturvölkern‹] anerkannten allgemeinen Rechtsgrundsätze« sowie »die Lehrmeinung der fähigsten Völkerrechtler« vom Internationalen Gerichtshof als Rechtsquelle anerkannt sind (Art. 38). Diese Bestimmung verkennt allerdings, daß der Grundkonsens sich inzwischen in der Konkurrenz verloren hat; sie wirkt deshalb auf uns wie ein anrührendes Relikt der verlorenen Zeit.

Zu Recht wird festgestellt: »Das Völkerrecht war damals und ist auch heute noch nicht das Recht der Völker.«[136] Für die Vergangenheit, d. h. bis zum Zerfall der Monarchien und der Kolonialreiche, ließe sich sagen: Völkerrecht war das Erb- und Familienrecht der Territorialherren, nach dessen Regeln der Streit um Land in Europa und Übersee entschieden wurde. Zu diesen Regeln gehörte auch der Krieg, der jedoch nicht das grundsätzlich courtoise Verhältnis der kriegführenden HerrscherInnen zueinander störte, da dem Oberhaupt »ohne daß er sich eben selbst in Gefahr setzen darf, viele Tausende zu Gebote stehen, sich für eine Sache, die sie nichts angeht, aufopfern zu lassen«.[137] Die Tatsache, daß zur Verhinderung und Regulierung des Krieges keine überstaatliche Gewaltinstanz etabliert war, nahm diesen Regeln den Rechtscharakter ebensowenig wie dem Sonderrecht, das bis ins 19. Jahrhundert für adlige Erbfolgen am Land galt, die ebenfalls nicht von staatlichen Gerichten entschieden wurden und sich dennoch regelten. Hier wie dort zielte die Regelung im Kern auf die Schlichtung von Streit um Land, nachdem seit dem 17. Jahrhundert für das Völkerrecht entschieden war, daß die Hohe See wegen ihrer Unbebaubarkeit durch Seßhafte und als Vehikel des Welthandels nicht okkupierbar war.[138] Der Krieg der Souveräne hatte – nicht unähnlich dem Erb- und Familienrecht sowie zentralen Zielen von Revolutionen und Bauernbefreiungen – die Neuverteilung von Land zum Zweck, die Vergrößerung des Territoriums, die im jeweils nachfolgenden Frieden legalisiert wurde. Erst im 20. Jahrhundert ist der Grundsatz des generellen Verbots von Krieg und Gewalt schrittweise in das Völkerrecht eingeführt worden. Dabei ist aufschlußreich, daß gerade dieser alte Kern des an die territoriale Souveränität geknüpften Völkerrechts als überwindbar gilt »durch eine förderationsähnliche Ordnung, die von einer Weltregierung mit ausschließlicher Friedenssicherungskompetenz ausgeht«, während für die globalen Probleme des Umwelt- und Wirtschaftsrechts die Hoffnungen auf eine Weltordnung heute für »unwirklicher denn je« erachtet werden.[139]

Ist dieser Bruch, der gar nicht dramatisch genug beschrieben werden kann, da er das gesamte System des klassischen Völkerrechts als Kriegs- und Friedensrecht aus den Angeln hebt, besserer Einsicht, leidvoller Erfahrung, einem evolutionären Sprung zuzuschreiben? Ich meine, daß es weder um Besseres noch um Leid geht, sondern daß die Kriegsächtung das internationale Recht endlich auf den Stand der bürgerlichen Gesellschaft bringt, auf dem es bislang noch nicht war. Sie tut einen Schritt zur Überwindung der Vorstellung von den Territorialherren als feindlichen Brüdern. Endlich führt sie auf der allgemeinen (Rechts-)Ebene die Trennung von Ökonomie und Politik ein, die für das nationale Recht praktisch seit dem 16. Jahrhundert anerkannt ist. In der Kriegsächtung setzt sich die Einsicht durch, daß das bestimmende Element der (Außen-)Politik nicht mehr der Zugriff auf ein Territorium ist, der notfalls kriegerisch durchgesetzt werden muß. Der Boden steht nun auch im Völkerrecht nicht mehr im Zentrum des Interesses. Wir hatten gesehen, daß der Druck der neuen Produktionsverhältnisse nach dem Zusammenbruch des Feudalismus die Anerkennung der nicht in personaler Herrschaft gebundenen unbeschränkten Verfügungsgewalt über Eigentum im ›Privatrecht‹ erreicht hatte. Gleichzeitig war der moderne Staat gegründet worden, die mit Gewaltmitteln ausgerüstete ›öffentliche‹ Instanz zum Schutz des ihm fremden Eigentums und zur Herstellung allgemeiner Produktionsbedingungen bis hin zur Bereitstellung von Menschen. Diese neuen Produktionsverhältnisse haben sich historisch in den neuen Territorialstaaten entwickelt und mit ihnen das jeweils territoriale, inhaltlich aber von Land zu Land nicht grundverschiedene private und öffentliche Recht. Um die parzellierte Souveränität über den Boden ging es dort schon lange nicht mehr und geht es nun auch im Völkerrecht immer weniger.

3. Warum die Verdrängung des Bodens durch das Kapital die Rolle des Staates festlegt

Über die Territorialstaaten hinweg berührten einander die in verschiedenen Staaten lebenden Privatrechtssubjekte im Handel, im Austausch von produzierten Gütern, nicht in den Verhältnissen der Produktion selbst. Aufgrund dieser besonderen Bedingungen der Aufteilung in Territorialstaaten und der scheinbaren Zusammenfassung zu nationalen Produktionen konnte sich über Jahrhunderte, d. h. solange Weltwirtschaft mit Welthandel identisch war, der irrige Eindruck halten, daß ein Völkerrecht existierte, für das noch alles »beim alten« war, daß es um die Landnahme durch einen nun territorial begrenzten Souverän ging, der das eroberte Territorium in der Manier eines Oberlehensherrn an seine Untertanen weitergab.

Kehren wir, um das Argument zu entwickeln, zu Bodin zurück. Er war der Meinung, »daß ein Staat über ausreichendes Territorium und genügend Raum für seine Bewohner, einigermaßen fruchtbaren, ackerbaren Boden und einen ausreichenden Viehbestand verfügen muß, um die Ernährung und Bekleidung seiner Untertanen zu gewährleisten« (I/102). Diese Meinung verdichtete sich, wie wir oben gesehen haben, bei Fichte zu der Idee des geschlossenen Handelsstaates. Sie fungierte als Legitimation für territoriale Eroberungen und für die Siedlungskolonisation. Seit Bodin galt, und daran hat sich auch mit der Entwicklung zum Nationalstaat nichts geändert, daß es um Land und nicht um die Zusammenfassung einer Sprachengruppe, einer Ethnie, einer Religionsgemeinschaft ging: »Viele Bürger [...] bilden trotz aller Verschiedenheit von Sprache, Gesetz, Brauchtum, Religion und Abstammung dann einen Staat, wenn sie einem oder mehreren mit souveräner Gewalt ausgestatteten Herren unterstehen« (I/162). Hier wird erkennbar, warum der Nationenbegriff flexibel und weich gehalten worden ist: er durfte nicht zur Hemmschranke von Gebietseroberung werden. Im Gegenteil, um sich zu behaupten, mußte der souveräne Herr das Recht haben, Identifizierungsmerkmale, beispielsweise eine besondere Sprache, zu tilgen (I/317).

Die gesamte Argumentation paßt nicht recht ins Werk Bodins, da das Land schon zu seiner Zeit im Prinzip bis auf die Staatsdomäne und öffentliche Anlagen *privates* Eigentum (u. U. auch des Fürsten) war. Die Sorge für ausreichenden Boden der Untertanen erinnert eher an die überkommenen Vorstellungen der Zuteilung von Land. Bodin selbst hatte ja bereits erkannt, daß der Staat Sozial- und Beschäftigungspolitik als (Geld-) Ausgabenpolitik betreiben müsse, über deren Verallgemeinerung heute niemand mehr ein Wort verliert. Schon der bloße Gedanke, Bedürftigen Vieh und Ackerland statt Geld zur Verfügung zu stellen, zeigt die Absurdität dieser Vorstellungen heute (was nicht heißt, daß sie nicht in irgendeiner Zukunft wieder fortschrittlich sein können). Die agroindustriellen Eigner von Vieh und Land kalkulieren Rendite und Amortisierung des verwüsteten Wirtschaftsguts Boden und beziehen ihn in ihren Postfolio-Mix ein. Der Reichsnährstand aber ist wohl zum letztenmal 1933 über Fahnen, Wimpel und Sprüche an die Scholle gefesselt worden. Er bemüht

sich seit Jahren erfolgreich, sie zu verlassen und sie an Wochenenden wie jeder Bezieher von Geldeinkommen als »schöne Landschaft« zu betrachten. Anders als Ziegler noch 1980 meinte (s. o. S. 52), formt sich auf diese Weise nationale Identität nicht.
Die allgemeine Staatsrechtslehre hat diesen Zusammenhang spätestens seit dem 19. Jahrhundert erkannt und die Trennung von Politik und Ökonomie in den Begriffen der Trennung von »Imperium und Dominium« vollzogen. Die Vermischung dieser Begriffe, so heißt es, gehe auf die »feudalrechtliche Idee des Obereigentums [...], der königlichen Oberherrschaft über allen Grund und Boden« zurück.[140] Es wird angemahnt, auch im Völkerrecht die »Rudimente der ehemaligen patrimonialen Staatslehre« aufzugeben und es von »privatrechtlichen Schlacken« zu befreien.[141] Diese juristische Charakterisierung taugt nichts. Sie verkennt, daß noch immer das Konzept der im Inhaber der politischen Macht symbolisierten universalen Rechtseinheit als hochexplosives Gepäck mitgeschleppt wird. Was man als ›Naturzustand‹ in den internationalen Beziehungen, als die dort waltende Dichotomie von Recht und Souveränität bezeichnet, war nichts anderes als das blinde Beharren auf dem Fortbestehen der parzellierten Souveränität über Boden, die im Feudalismus Ausdruck einer nicht territorial begrenzten gesellschaftlichen (Re-)Produktion war. Die neuen Verhältnisse bauten auf den Trümmern der alten auf. Die Trennung von Ökonomie und Politik durch Einführung der privaten Verfügungsfreiheit über Eigentum einerseits und des staatlichen Monopols über Gewalt, Gesetzgebung und Währung andererseits geschah in territorial begrenzten Staaten. Da sich in dieser Abgegrenztheit das gesellschaftliche Leben überall neu bildete, konnten paradoxerweise die Träume von Machtentfaltung im unbegrenzten Raum lebendig bleiben.

a) Wie die Konzeption der Landeroberung brüchig wird

In der letzten großen Kolonisierungsbewegung – der Afrikas im 19. Jahrhundert – wird die Brüchigkeit solcher Vorstellungen deutlich. Das Selbstverständnis der Landnahme ist diffus, die Rollenverteilung von Siedlern, Gesellschaften und Staat, ja der gesamte Zweck der Unternehmungen wird unter Zweifeln diskutiert. Das juristische Schicksal des Kongo ist dafür das pittoreskeste, allerdings für die Kolonisierten überaus leidvolle Beispiel: Der Souverän über die Belgier, König Leopold, dehnte seine Souveränität nicht einfach über neues Gebiet aus, sondern er gründete 1876 eine Gesellschaft, die 1882 zuerst von den USA wie ein territoriumsloser Staat oder eine gebietshoheitliche Gesellschaft anerkannt wurde; die auf der Berliner Afrika-Konferenz versammelten imperialen Staaten folgten den USA, allerdings in der Erwartung der Umwandlung der Gesellschaft in einen Staat;[142] der unabhängige Kongo-Staat unter dem souveränen König Leopold wurde gegründet und mit allen »an die Souveränität geknüpften Gütern, Rechten und Vorteilen« in einem Testament, allerdings gegen hohe Bezahlung, auf den Staat Belgien übertragen; dieser wiederum verwandelte den unabhängigen Staat in eine Kolonie, nicht ohne Frankreich zuvor ein Vorkaufsrecht über die »kongolesischen Besitzungen« eingeräumt zu haben.[143] Gesellschaft oder Staat, Eigentum oder Souveränität, Nation, Siedler oder Indigene – alles geht in diesen von den großen Völkerrechtlern ihrer Zeit ausgearbeiteten Texten durcheinander; es kam in der Substanz nicht (mehr) darauf an.

Daß es sich nicht um Episoden im Busch handelte, beweisen die Resultate der beiden Weltkriege dieses Jahrhunderts. In ihrer Folge haben sich ständig neue Staaten gebildet, wobei zum erstenmal – in völliger Verkennung dessen, was den Territorialstaat gekennzeichnet hatte – blutiger Ernst gemacht wurde mit der Idee der Grenzziehungsversuche nach Merkmalen kollektiver Identität. Zuvor war dem Zufall der Heirat der Monarchentochter oder dem Kriegsgewinn überlassen, ob ein Mensch der französischen oder deutschen Nation und Rasse angehörte und die entsprechende Religion, später nur noch die Sprache zu lernen hatte. Dem Zufall der Kriterienwahl folgte, ob ein katholischer, evangelischer oder mohammedanischer Staat, einer mit der Sprache X oder der Ethnie (statt Rasse) Y entstand. Ein sicheres Kriterium für die nationale Identität hatte es eben nie gegeben; sie war auch ohne Belang.

Die moderne Verknüpfung des Selbstbestimmungsrechtes der Völker mit dem Recht auf Staatenbildung führt indes dazu, daß die Bildung des Staates durch *ein* Volk notwendig die Verletzung des Selbstbestimmungsrechts eines *anderen* zur Folge hat, von den Nomaden ganz zu schweigen, so daß der Zwillingsbruder des Selbstbestimmungsrechts das Minderheitenproblem ist. Verläßliche Kriterien für kollektive Identifikation aber gibt es auch heute noch nicht, genauer: es gibt unendlich viele, die kaum wertend gegeneinander ausgespielt werden können. Warum sollte das Lebensgefühl einer Großstadt, etwa des Freistaates Bockenheim,[144] eine pazifistische Überzeugung im Quäker-Land, die Liebe zu einem Fußball-Verein weniger wertvoll sein als die Liebe zu einem bestimmten Gott, zu einer Landschaft, zu einer Sprache, zu blonden Haaren und schwarzen Augen? Dies kann nicht ironisch gemeint sein angesichts der Tatsache, daß für das eine oder andere Identität stiftende Merkmal gelitten, gestorben (auch für den Fußball-Verein) und getötet wird. Ich will mich der

Wertung enthalten. Es kommt mir darauf an zu zeigen, daß (die Gründungsmotive für die Bildung von) Territorialstaaten von kollektiver Identität strikt zu unterscheiden sind und daß im Territorialstaat Identität sich nicht entfalten kann, sondern eher unterdrückt werden muß.

Besonders für den Zweiten Weltkrieg ist das Durcheinander über Ziele – Wiedergutmachung von Unrecht, der Osten, die Freiheit – ebenso total wie der Krieg, was sich auch an dem anhaltenden Erstaunen über den ›ungerechten‹ wirtschaftlichen Nachkriegsaufschwung der Verlierer zeigt; es sei denn, man betrachtete ihn als gigantisches Opferfest zur Verausgabung überschüssiger Energien und Waren.[145] Im stillen oder offenen Händereiben von Kaufhauseignern, Ärzten, Rechtsanwälten, Kapitaleignern über die Deportation und Ermordung von zu Juden religiös und zu Sozialisten politisch zusammengefaßten Minderheiten, die Inhaber von Praxen, Kaufhäusern und Kapital waren, drückt sich aus, daß die Gewalttätigkeit der Rechtgläubigen, Rechtrassischen und Rechten im Faschismus die Fortsetzung der Konkurrenz mit anderen Mitteln war. Folgerichtig wird immer wieder das Wortarsenal des Krieges benutzt, wenn eine imaginäre ›deutsche‹ Industrie zum Kampf gegen die ›Japaner‹ rüstet. Daß in solchem wie in anderem Krieg auch Nicht-Betroffene leiden, liegt in der Natur der Sache. Die Parallele aber zum »Nationalitäten«-Konflikt zwischen Senegal und Mauretanien aus dem Jahre 1989 liegt zutage – es ging wesentlich darum, lästige Handelskonkurrenz abzuschieben oder loszuwerden.

Insgesamt war spätestens 1945 klar, daß der Territorialkrieg, der Krieg der Nationen um räumliche Ausdehnung, nicht für seine Gewaltsamkeit diskreditiert wird: Wegen seines Ursprungs in längst verschwundenen Produktionsverhältnissen, in denen die Herrschaft Herrschaft über Gebiet war, gab es schlicht keinen Anlaß mehr für ihn. Er war längst durch den Kampf um Verfügung über Kapital ersetzt worden. Um einem Mißverständnis zu begegnen: Selbstverständlich behaupte ich damit nicht, daß die Produktion von Weizen oder Maschinen sich vom Boden löst, sondern nur, daß die gesellschaftlichen Verhältnisse nicht durch das besondere Verhältnis zum Boden, über politisch-ökonomische Herrschaft und Verfügungsbefugnis über ihn bestimmt sind, sondern durch politische Herrschaft im Staat und ökonomische Verfügungsbefugnis über Kapital. Kapital aber ist tatsächlich behende, flüchtig, scheu, es weicht Belastungen aus, sucht Rendite überall, überspringt Grenzen wirklich. Man sehe nur, wie schwer es heute ist, privates Kapital für große Rohstoffabbauprojekte zu finden – vielleicht deshalb, weil eine längere Bodenbindung unerläßlich ist. Von dieser Bindung abgesehen: Was spielt es für eine Rolle, ob ein Einwohner von Straßburg als Franzose oder als Deut-

scher LKWs von Daimler Benz diesseits oder jenseits des Schicksalsstroms der Deutschen, dem Rhein, zusammenbaut?
Wenn heute besonders in Ländern des (ehemals) real existierenden Sozialismus und der Dritten Welt eine dramatische Zunahme von Unabhängigkeitsbewegungen zu neuer Staatenbildung beobachtet werden kann, so mag das damit zusammenhängen, daß in diesen Ländern aus unterschiedlichen Gründen der Zusammenhang von politischer und ökonomischer Macht besonders eng ist. Bei der nun auch politisch sich vollziehenden Integration dieser Länder in die Weltwirtschaft stellt sich freilich rasch heraus, daß es sich um traditional oder ideologisch aufrechterhaltenen Schein handelt, da die Wirtschaft in der – geographisch und inhaltlich verstandenen – Politik nicht aufgeht und mit jedem neuen Staat ein neuer, vorübergehender, aber kostspieliger Schritt in die falsche Richtung getan wird. Die Hartnäckigkeit, mit der die noch nicht zu ›souveränen‹ Staaten konkretisierten Unabhängigkeitsbewegungen den Rest der Welt um Spenden und Hilfe angehen, das zukünftige Staatsvermögen zur Übernahme durch transnationale Unternehmen andienen und versprechen, die standardisierten Wirtschafts-, Finanz- und anderen Politiken durchsetzen zu wollen, wie sie von IFW, Weltbank und anderen ›Entwicklungs‹-Agenturen konzipiert worden sind, zeigt deutlicher als alle feierlichen Erklärungen zur nationalen Identität eine realistische Selbsteinschätzung der Versuche, Souveränität zu gewinnen. Sie sind zum Scheitern verurteilt. Bestenfalls springt für kleine politische Eliten eine Souveränitätsrente heraus, keineswegs aber substantielle politische Entscheidungsfreiheit und die Möglichkeit der eigenständigen Entwicklung einer ›Volks‹-Wirtschaft.

b) Wie die Mediatisierung der ›Nationen‹ im Deutschland des 19. Jahrhunderts als Evolution in der Konkurrenz begründet wird: Friedrich List

Zur Lösung dieses Problems hat es eine praktisch mächtige Denkschule gegeben, die das theoretische Fundament für die Mediatisierung der vielen deutschen souveränen Staaten zu einem deutschen Nationalstaat geliefert hat. Wiederum ging es nur vage um die Nation, wie die relative Leichtigkeit belegt, mit der um Großdeutsch und Kleindeutsch, ein Land mehr, ein Land weniger, gestritten wurde. Diese Schule hat auf entwicklungspolitische Grundannahmen immer noch einen starken Einfluß.[146] Für die deutsche Debatte ist sie eng mit dem Namen Friedrich List verbunden, der deshalb von Interesse ist.

List sieht die Geschichte als einen von mancherlei Rückschlägen begleiteten, ungleichzeitigen Aufstieg vom »wilden Zustand« über Zwischenetappen zum »Agrikulturmanufakturhandelsstand«.[147] Er beharrt im Gegensatz zu moderneren Evolutionstheoretikern darauf, daß nur Nationen derselben Klimazonen ähnliche Entwicklungen durchlaufen können. Der letzte Stand sei zwar der am höchsten ausdifferenzierte, damit sei aber die Geschichte nicht beendet. Sie schreite vielmehr zu einer weltweiten Universalunion fort, die durch Vernunft und Religion geboten sei (S. 112). Der Aufstieg ganz nach oben werde nur Ländern der gemäßigten Klimazone gelingen, während die heißen Länder gut daran täten, sich auf den Export von Rohstoffen und Agrikulturprodukten von vornherein zu beschränken, ihn aber zu pflegen, um so »fünf- bis zehnmal mehr Zucker, Reis, Kaffee, Baumwolle usw. zu produzieren« (S. 16). Wem dies hoffnungslos überholt und nicht mehr erwähnenswert erscheint, sollte das 1981 von der Weltbank veröffentlichte, von einer durch einen namhaften US-amerikanischen Ökonomen geleiteten Arbeitsgruppe entwickelte Aktionsprogramm zur »beschleunigten Entwicklung in Afrika südlich der Sahara« (Berg-Report) lesen; er wird Parallelen finden. Allerdings sind die heißen Länder bei List nicht die Kolonien, sondern teilweise mächtige (ehemalige) Kolonialreiche wie Spanien, Portugal, Neapel, Türkei, Ägypten und »alle barbarischen und halbcivilisierten oder heißen Länder« (S. 164).

Bevor es nach List zu einer weltweiten, alle Nationen umspannenden Universalunion kommt, in der auch die heißen Länder ihren gerechten und von Übervorteilung freien Platz finden, müssen die mit gemäßigtem Klima gesegneten und zur Manufaktur berufenen Nationen alle auf dem gleichen Stand angelangt sein, der der höchste ist. Jeder frühere Weltstaat führe notwendigerweise zur Universal*herrschaft* der am weitesten fortgeschrittenen Nation über alle anderen, in der konkreten historischen Situation: Englands über alle anderen (S. 296). List unterscheidet: »Die höchste, zur Zeit *realisierte* Einigung der Individuen unter dem Rechtsgesetz ist die des Staates und der *Nation*, die höchste *gedenkbare* Vereinigung ist die der *gesamten Menschheit*« (S. 9). Der Staat und Nationalverband vereinigt die produktiven Kräfte. Um das wegen seiner Zersplitterung um ein oder zwei Stufen zurückgebliebene Deutschland seiner Zeit auf die Stufe Englands zu bringen, hält er es für unabdingbar, die Nation zu einen, die Binnenzölle fallenzulassen und einen Schutzzoll nach außen zu errichten. Der Begriff der »normalmäßigen Nation« ist aufschlußreich: Sie besitzt eine »gemeinschaftliche Sprache und Literatur, ein mit mannigfaltigen natürlichen Hilfsquellen ausgestattetes, ausgedehntes und wohl arrondiertes Territorium und eine große Bevölkerung« sowie

»Küstenländer, [...] Schiffahrt [...] und Seemacht« (S. 154). Da Deutschland über keine ausgedehnten Küstenländer verfügt, werden – Literatur und Sprache hin oder her – Holland und Dänemark der deutschen Nation zugeschlagen, denn ohnehin »gehören beide Völkchen ihrer Abstammung und ihrem ganzen Wesen nach der deutschen Nationalität an« (S. 155). Der Schutzzoll soll im übrigen bloßer Erziehungszoll sein: Er soll die Deutschen vor allzu rascher und überlegener Konkurrenz schützen und fallen, sobald sie die Stufe der Engländer erklettert haben und der Weg frei ist zur Universalunion auf Weltebene. England könnte die durch die Schutzzölle erlittenen temporären Einbußen wettmachen, indem es Spanien, Mittel- und Südamerika, Asien und Afrika pazifiziert. Es soll seinen Einfluß darauf verwenden, »daß kräftige und aufgeklärte Regierungen bei ihnen aufkommen, daß Sicherheit des Eigentums und der Personen bei ihnen eingeführt, daß Straßen und Kanäle angelegt, Unterricht und Aufklärung, Moralität und Industrie gefördert und Fanatismus, Aberglauben und Trägheit bei ihnen ausgerottet werden« (S. 165). Die eher krude Sprache vermag die Nähe zum Entwicklungsjargon von heute kaum zu verdecken.
Der schärfste Feind dieser Ideen war in Lists Zeit der Kosmopolitismus von A. Smith und seiner Schule, der die Wirtschaft auf autonome Individuen gegründet dachte und nicht als Nationalökonomie. Ihre radikalen Vertreter nannten gar die Nation »eine grammatikalische Erfindung, nur gemacht, Umschreibung zu ersparen, ein Nichtwesen, das keine Existenz habe und nur in den Köpfen der Politiker spuke«. (S. 111 – das Zitat wird T. Cooper zugeschrieben)
Nachfolgende Nationalökonomen haben die Analyse Lists weitgehend geteilt, inklusive (etwa 1925) die Beurteilung Hollands und Dänemarks, kritisierten ihn aber, weil er die Nation »für eine vorübergehende, aus reinen Utilitätsgründen zu rechtfertigende Erscheinungsform, die den Zweck hat, sich selbst zu beseitigen«, ansah.[148] Dem setzten sie eine organische Einheit des wirtschaftlichen Nationalitätsprinzips entgegen, die ewige Zusammenfassung der Individuen im Staat, um im »internationalen Daseinskampf um Herrschaft und Macht« stark zu sein.[149]

c) Warum die Konkurrenz auf dem Weltmarkt als nationale Sache erscheinen konnte

Dieser Typus der Argumentation ist nicht aus der Welt. Sie wird in einem anderen Ton, jedoch in der Substanz unverändert, noch immer vorgetragen. Von den Kampagnen des »buy British« über Drohungen mit Protektionismus, Schutzzöllen, Kontingentierungen und administrativen Hürden, um ausländische Importe zu erschweren, und Subventionen, um nationale Exporte zu erleichtern, bis zum Ausbau der »Festung Europa« als einer neuen Phase der Mediatisierung von Mittelmächten in Analogie zur italienischen und deutschen des 19. Jahrhunderts: der Geist der *National*-Ökonomie lebt. Nicht anders als früher wird der Begriff des Nationalen großzügig gehandhabt.

»Vom Staate hat der junge Kapitalismus die lebendigste Förderung erfahren.«[150] Diese knappe Feststellung Sombarts aus dem Jahre 1917 wird auch durch die neue Geschichtsforschung bestätigt. Die Lieferungen von Luxusartikeln und die Ausführung von Arbeiten für den Hof, die ja nun nicht mehr als Dienstverpflichtung, sondern gegen Geld unternommen wurden, Militärausgaben, vom Staat an Private in Auftrag gegebene Infrastrukturanlagen wie Kanäle, Brücken, Straßen und Häfen und deren teilweise Finanzierung über Budgetdefizite verhalfen der Waren- und Geldökonomie zu einer raschen Verallgemeinerung. Sie waren ebenso wichtig wie die Durchsetzung und Institutionalisierung der staatlichen Souveränität zum Schutz des absoluten privaten Eigentums.[151]

Unter den Historikern wird bis heute lebhaft um die Zwänge, Beweggründe, treibenden Kräfte gestritten, die den Übergang vom Feudalismus zum Kapitalismus, vom Reich zum absoluten Territorialstaat bewirkt haben.[152] Meine Bemerkungen können nicht den Ehrgeiz haben, in diesen Streit einzugreifen. Ich halte es allerdings für kaum plausibel, daß in der langen Krise des Feudalismus die beherrschenden Akteure, Theoretiker und Berater die neuen Verhältnisse, die neue Ordnung visionär vorausgesehen und auf ihre Realisierung hingearbeitet haben. Wahrscheinlicher scheint mir, daß sie überall in Europa Wege aus der Krise suchten, um die alten Verhältnisse so weit wie möglich wiederherzustellen, und daß selbst die Revoltierenden häufig eher vom Wunsch einer Verallgemeinerung des Guten angetrieben waren als von dem der Zerstörung der alten Ordnung. Wenn dies stimmt, ist die Durchsetzung der territorialen Souveränität als der weiter oben beschriebene Versuch zu deuten, die real ohnehin kaum noch agierenden, wirksamen Schutz des Systems nicht mehr garantierenden supranationalen Mächte abzuschütteln, um auf einem begrenzten, übersichtlichen Gebiet die alten Lebensformen bewahren zu können. Subjektiv ging es kaum darum, den Kapitalismus einzuführen und zu befördern. Die kapitalistische Dynamik, die Produktivitätsfortschritte im Wettbewerb der Unternehmen, d. h. in der Absicht, mehr, billiger, arbeitssparender produzieren zu können, hat in der Belieferung überschaubarer Märkte wachsen können. Geschaffen waren diese territorial abgegrenzten Staaten, die nicht das hohe Niveau der Komplexität

der sozialen Beziehungen kannten wie die großen Reiche,[153] jedoch keineswegs zu diesem Zweck der Moderne.
Paradoxerweise hat also die zur Erhaltung der *alten* Ordnung durchgesetzte territoriale Begrenzung im Staat gerade das Gegenteil bewirkt, nämlich die Etablierung und Stärkung des neuen Produktionsverhältnisses, das seinerseits freilich von vornherein strukturell auf Grenzenlosigkeit angelegt war. Es hat bis ins 18. Jahrhundert gedauert, bis dieses neue Verhältnis hinreichend strukturiert war, um von der (englischen) klassischen Ökonomie so weit intellektuell erfaßt zu werden, daß sie Folgerungen ziehen und Ratschläge geben konnte. Sie liefen darauf hinaus, die teilweise noch blind an der nur als substanzlose Form bestehenden alten Ordnung orientierten staatlichen Politiken und Gesetze zu schleifen.
Seit dieser Zeit tauchen die Alternativen Freihandel oder Schutzzoll, »Kosmopolitismus oder Nationalität«[154] auf. Die klassische Ökonomie stellt in den Mittelpunkt ihrer Überlegungen die Eigner von Kapital und Arbeit, die ihre individuelle Nutzenmehrung ohne jede nationale Bindung und Gesinnung verfolgen. In diesem System werden nationale Wirtschaftspolitiken nur unter dem Gesichtspunkt der Hemmung von Freiheit und damit von sub-optimalem Kapital- und Arbeitseinsatz wahrgenommen.[155] Die Anhänger der *national*ökonomischen Schulen sind hingegen von der Notwendigkeit einer (temporären) Zusammenfassung des Kapitals und der Arbeit im Nationalstaat überzeugt.
In der Logik dieser Schulen liegt die Anschauung, daß die Protagonisten der neuen Verhältnisse, die Eigentümer von Kapital und Arbeitskraft selbst das ›falsche Bewußtsein‹ von ihrer territorialen, später nationalen Berufung und Eigenart gehabt haben: »Die neuen Männer waren national-staatlich gesinnt [...]. Auch die Finanzwelt fühlte sich aufs innigste mit den Interessen des aufkommenden Staates, *ihres* Staates, verbunden.« Die vielen Emigranten sollen sich rasch »mit den Interessen des Landes, in dem sie sich niedergelassen hatten, fest verschmolzen«[156] haben. Braudel hat dem widersprochen und meint, daß von Anbeginn ein Konflikt zwischen Staat und Kapital bestanden habe, da das Kapital nicht nur strukturell, sondern auch historisch internationalistisch, man könnte sagen: vaterlandslos orientiert gewesen und darin von den begrenzten Interessen des Staates gebremst worden sei.[157] Ich halte es mit Braudel für wenig wahrscheinlich, daß die nationale oder eine andere Gesinnung dem Rentabilitätsinteresse je vorangestellt worden ist, glaube aber, daß der Konflikt sich eher selten stellte, da nationalstaatliche Politik die Förderung des Rentabilitätsinteresses zum wesentlichen Inhalt hatte. Dazu gehören die oben, nach dem Material von Braudel

geschilderten Staatsaufträge und sonstige Förderungen ebenso wie staatlicher Konkurrenzschutz und Unterstützung auf dem Weltmarkt.
Die Frage, ob der Kapitalismus sich auch ohne diesen Schutz durch den Territorialstaat hätte entwickeln können, halte ich für überflüssig, weil ebenso wenig beantwortbar wie alle ähnlichen Fragen nach dem »Was wäre geworden, wenn...« an die Geschichte.

d) Warum ›Entwicklung‹ nicht als Wiederholung nationaler Geschichten möglich ist

Auf einer ganz anderen Ebene liegt hingegen die Frage, ob nicht das Beispiel der Einigung und Schutzzollpolitik des im 19. Jahrhundert unterentwickelten Deutschland, ohne die sein rascher industrieller Aufschwung undenkbar gewesen wäre, die politischen Orientierungen der heutigen Entwicklungsländer bestimmen sollte, ob nicht tatsächlich ein zeitverschobenes Modernisierungsrennen stattfindet, zu dem die Mannschaften mit den jeweils gleichen Trainingsmethoden antreten müßten. Die Erfolge einer Reihe asiatischer Länder wie Südkorea und Taiwan scheinen diese Auffassung zu bestätigen. Demnach hätte die territorialstaatliche Souveränität ein wichtiges wirtschaftliches Substrat. Die Listschen Annahmen über die Entwicklungsperioden und -grade, bereinigt um die allzu zeitgebundenen Unterteilungen nach Klimazonen, denen zufolge jede Nation aufgerufen sei, alle Kräfte zu sammeln, um sich zum höchsten Stand emporzuarbeiten und erst dann die durch Religion und Vernunft vorgeschriebene weltweite Universalunion in Gleichheit gemeinsam zu realisieren, hätten dann visionäre Kraft. Die auf dieser Basis zu konzipierenden Politiken könnten variieren; sie reichten von der Einführung von Schutzzöllen bis zur vollständigen Abkopplung vom Weltmarkt.
Da es sich um Prognosen möglicher zukünftiger Entwicklungen handelt, lassen sich Lists Annahmen kaum als falsch oder richtig bezeichnen; es kann nur darum gehen, Kriterien zu finden, die erlauben, sie für mehr oder weniger plausibel zu halten. Dies ist keine müßige Aufgabe, denn die jeweilige Wiederholung des nationalen Entwicklungswegs ist auf jeden Fall ein mühseliges Unterfangen, bei dem viele Menschen einen hohen Preis zu entrichten haben, zu dem der mögliche Erfolg in einem vernünftigen Verhältnis stehen sollte.
Zwei eng zusammenhängende Gründe scheinen mir gegen die Möglichkeit der Wiederholung von Geschichte und für die Vergeblichkeit von sozial, politisch und ökonomisch kostspieligen Versuchen dieser Art zu sprechen. Der eine betrifft die Trennung von Ökonomie und Politik, der

andere die seit den Zeiten Lists, genauer gesagt seit etwa dreißig Jahren grundlegend geänderten Strukturen des Weltmarktes.
Wenn von Entwicklung der nationalen Ökonomie, nationaler Kapitalbildung, nationaler Anstrengung, nationalem Reichtum die Rede ist, wird häufig übersehen, daß es sich um Aggregierungen handelt und nicht um Zusammenfassungen in der Realität. Diese ist gekennzeichnet durch die Verfügungsgewalt von Privaten über Kapital und Arbeitskraft, d.h. durch dezentralisiertes Eigentum, das a priori keiner räumlichen Bindung unterliegt. Eine solche Bindung läßt sich nur politisch – über Gesetze, Appelle an nationale Gesinnungen etc. – erzwingen. Kapital besteht nicht als nationales, sondern als Einzelkapital und muß sich in der Konkurrenz behaupten. Diese Konkurrenz macht ebenfalls nicht an Grenzen halt, und wer sie dort stoppen will, der muß dies wiederum mit politischen Mitteln tun. Die Politik ist die Sphäre des Staates. Den Vorstellungen von absoluter Souveränität zufolge, könnte der Staat dem Kapital verbieten, Rentabilität da zu suchen, wo es sie findet; er könnte ihm verbieten, an der Konkurrenz teilzunehmen. Diese Politik führt aber in ein auswegloses Dilemma. In der Absicht, den nationalen Kapitalismus aufzubauen, müßte der Staat das nationale Kapital an seiner Funktionsnormalität hindern, es also entweder zerstören oder subventionieren; dazu dürfte er bald – selbst bei härtester Besteuerung der Nicht-Kapital-Eigner – kaum mehr in der Lage sein. Im übrigen widerspricht ein solches Verhalten der Idee der absoluten Souveränität. Diese bezieht ihre Daseinsberechtigung gerade daraus, privates Eigentum zu schützen und zu fördern.
Autoren wie Bodin haben die Trennung von Ökonomie und Politik empfohlen, ihre Notwendigkeit unterstrichen und die souveräne Politik auf den Schutz des Eigentums verpflichtet. Ihre reale Durchsetzung ist von mancherlei Wechselfällen begleitet gewesen, wohl, wie ich hier vermutet habe, weil sie nicht visionär und planmäßig erfolgt und ihre strukturelle Notwendigkeit erst im 18. Jahrhundert klar erkannt wurde. Wie oberflächlich aber noch heute bisweilen das Verständnis für diese Trennung ist und wie schlicht politisch sie in Anspruch genommen wird, zeigt sich an der Auffassung von Olson (s. o. S. 53). Dessen Name steht für eine einflußreiche Schule, die für maximale Freiheit des Privatsektors und seine Trennung vom Staat plädiert. Im Gegensatz zur eigenen Ideologie hält Olson den armen Ländern vor, es bei ihrem Fortschritt leichter zu haben als einst etwa England, da sie moderne Technologien kaufen, borgen oder sich gar schenken lassen könnten. Demnach wäre für Entwicklungsländer Technologie nicht privates Eigentum, sondern eines der knapp zu haltenden *öffentlichen* Güter, was sie für die entwickelten Länder nicht sind. Man muß nicht Neo-Liberaler sein, um zu wissen, daß nicht Länder

Technologien kaufen und nutzen, sondern Unternehmen, und daß nicht Länder Technologien verkaufen, sondern ebenfalls Unternehmen. Diese aber entscheiden autonom, d. h. ihren Rentabilitätszwängen folgend darüber, ob und wo sie investieren, um ihre Technologie zu verwerten, oder ob sie die Technologie lizenzieren. Die Motive zur Lizenzierung sind außerordentlich vielgestaltig. Sie reichen vom Aufbau und von der Vernetzung weltweiter Marktbeherrschung bis zur nochmaligen Verwertung bereits amortisierten Know-hows in Entwicklungsländern. Die Erfahrung hat gezeigt, daß der Technologie-Transfer häufig der letzten Kategorie zugeordnet werden kann und sich weder mit Rentabilitäts- noch Entwicklungserwägungen für die Länder deckt, wie die vielen weißen Elefanten rund um den Globus in Äquatornähe zeigen.
Wenn sich in den internationalen Wirtschaftsbeziehungen Vorstellungen von nationalem Kapitel, von Einheit, von nationalem Interesse so lange halten konnten, dann meines Erachtens deshalb, weil diese Beziehungen sich ganz wesentlich als Handel vollzogen. Während innerstaatlich die Produktion in individuellen Unternehmen stattfand, war der Weltmarkt eben Markt, auf dem scheinbar national zusammengefaßte Produktionen Absatz suchten. Dabei wurden sie von nationalen Wirtschaftspolitiken unterstützt, was wiederum die Orientierung der internationalen Wirtschaft am Handel bekräftigte.
Die territoriale Beschränkung des Kapitals entsprach niemals seiner strukturellen Mobilität. Sie ist den besonderen historischen Bedingungen der bürgerlichen Gesellschaft in Europa geschuldet, der stetigen politischen Pflege, derer es bedurfte, um zu sich selbst zu finden, und wahrscheinlich der Tatsache, daß lange Zeit das produktive Kapital Individuen gehörte, die es in ihrer Umgebung anlegten. Nur in diesem Sinne läßt sich der Satz verstehen: »Da das Kapital par excellence international mobil ist, erlaubt es dem Eigentümer, national fixiert zu sein.«[158] Bevor wir darüber rätseln, welcher Vorteil in einer nationalen Fixierung liegen sollte, ist festzustellen, daß inzwischen mit den Kapitalgesellschaften und dem Finanzkapital diese Verbindung nicht mehr besteht. Weit davon entfernt, in ein Stadium von Fäulnis überzugehen, entwickelt sich das Kapital erst jetzt zu seinem Begriff und, einmal auf den Begriff gekommen, vollzieht sich das Abstreifen der nationalen Fesseln rasch.
Während ich vor 15 Jahren, als ich mich mit diesem Prozeß zu beschäftigen begann, noch von fehlender Eindeutigkeit schrieb und schreiben konnte,[159] hat sich die Entwicklung zur Transnationalisierung von Unternehmen und zur weltweiten Integration von Finanzmärkten rasant beschleunigt. In seinem letzten Bericht *Transnational Corporations in World Development* belegt das UN-Zentrum für transnationale Unter-

nehmen diesen Befund ausführlich:[160] Grenzüberschreitende Direktinvestitionen wachsen schneller als die Wirtschaft im allgemeinen (S. 1/16ff.), es existiert ein weltweit integrierter Finanz- und Kapitalmarkt (S. 101 ff.); transnationale Unternehmen bestreiten in hochentwickelten Ländern bis zu 90 % des Exports, und der Waren- und Dienstleistungsverkehr von Unternehmensteilen untereinander (Intra-Unternehmens-Verkehr) macht bereits 30 % bis 40 % aller Im- und Exporte aus (S. 90ff.); die 56 größten transnationalen Unternehmen haben Jahresumsätze zwischen 10 und 100 Milliarden US-Dollar, und die 600 größten Industrieunternehmen zeichnen für 20 % bis 25 % der Mehrwertproduktion in den Marktwirtschaften der Welt (S. 16).
Diese Daten bezeugen, daß die Weltwirtschaft nicht mehr Welthandel, sondern in wichtigen Teilen integrierte Produktion, von territorialen Fesseln sich befreiende Kapitalverwertung ist. Diese weltweite Operation entzieht sich der Zusammenfassung zu einem nationalen Kapital, und die Verwalter dieses Kapitals kommen dann auch auf das Nationalitätsproblem nur noch zu sprechen, wenn aus einem beschäftigungspolitischen Topf Subventionen zu erwarten sind – weiter darf ihre nationale Gesinnung nicht gehen.[161]
Angesichts dieser Lage sind Versuche zum Scheitern verurteilt, die den dornenreichen Weg zum Nationalstaat, zur Nationalökonomie, zur wirtschaftlichen nationalen Souveränität gehen, um sich auf die Stufe der anderen, höchstentwickelten Nationalstaaten zu begeben. Es könnte passieren, daß die Neuen ›oben‹ ankommen und feststellen, daß die Alten sich aufgelöst haben, aufgelöst nicht in einer neuen Einheit von Politik und Ökonomie, sondern endlich in einem Weltstaat, auf den Kelsen und andere zu früh als Mittel zur Überwindung des Imperialismus gehofft hatten und den wieder andere für ganz undenkbar halten.
Ich bin der Ansicht, daß die Trennung von Ökonomie und Politik nach wie vor auf der Tagesordnung steht, um Gesellschaftlichkeit zu ermöglichen. Einer denationalisierten Ökonomie aber muß eine denationalisierte Politik entsprechen. Die Beibehaltung nationaler Politiken, nationaler Gesetze wird nicht nur zunehmend wirkungslos, sondern kontraproduktiv. Dies gilt nicht nur für die hochentwickelten, sondern auch für die Entwicklungsstaaten, die in den Versuchen des Aufbaus von Nationalwirtschaften nichts gewinnen können, aber viel verlieren.
Hierbei wäre im übrigen das Nationalgefühl keineswegs ausgeschlossen, es käme lediglich von seinem hohen (Kampf-)Roß herunter und reihte sich ein in die Vielzahl anderer Gefühle der Bildung kollektiver Identitäten – große wie kleine. In dieser Perspektive verlieren die Überlegungen zur Sozialpsychologie der Nation *eine* ihrer bedrohlichen Dimensionen.

Solange ihre Aussagen über Willen und Trieb zur Ausgrenzung, zur Feindseligkeit gegenüber anderen, zur Aggressionsbereitschaft an die Nation gebunden werden,[162] muß sie das bevorzugte Subjekt und Objekt aggressiver (Außen-)Politik sein. Wer den Angriff in den Mittelpunkt der Politik stellen will, muß in der Logik solcher Thesen nationalistische Ausgrenzungs-›Instinkte‹ wecken. Ich kann über die Richtigkeit derartiger Annahmen nicht befinden. Allerdings hebt sich, nach meiner Beobachtung, das National-›Gefühl‹ vom Gefühl der Fußball- oder Kirchen-Gemeinde nur durch das (eingebildete) Objekt ab und banalisiert sich. Den Staat trägt es nicht.

Teil III
Wie territorialer Staat und nationale Souveränität ihre Bedeutung verlieren, ohne im (rechts-)politischen Selbstverständnis ersetzt zu werden

In diesem Kapitel ist der Frage nachzugehen, ob meine Analyse nur – unverbindliche – Prognose ist oder ob nicht schon politische Prozesse in Gang sind und juristisch gefaßte Strukturen sich bilden, die auf die Transnationalisierung der Produktion reagieren. Wenn es stimmt, daß der bürgerlichen Gesellschaft der souveräne Territorialstaat, das historisch Besondere und die Heimatlosigkeit das strukturell Angemessene ist, müßten solche Entwicklungen rasch in Gang kommen, sofern der Nationalstaat substantiell ausgedient hat und nur noch als nostalgisches Stück gespielt wird (was natürlich nicht ausschließt, daß Politiker, Funktionäre und andere ihre gewachsenen Interessen und Privilegien haben und verteidigen. Die müßten aber irgendwann als parasitär erkannt und wegrationalisiert werden).
In einer Debatte zum »Europäischen Ereignis: 1992 und danach...« wird ausgeführt: »Verteidigung, Kultur, Information, Freizeit, Gesundheit: man könnte jedes dieser Gebiete durchleuchten und fände dasselbe fundamentale Phänomen: die Erosion des ›National-staatlichen‹ unter der dreifachen Orientierung der Internationalisierung, der Multinationalisierung und der Mondialisierung.«[163] Ich beschränke mich im folgenden – nach einem Aperçu über Sprache(n) – auf die Analyse des Prozesses der Europäischen Einigung, des Weltwährungssystems unter den besonderen Bedingungen eben dieser Einigung sowie der Entwicklungspolitik und -zusammenarbeit. Auf allen Gebieten lassen sich Tendenzen von Transnationalisierung und Beharren, von Abbau historisch gewachsener Strukturen und ihrer Zementierung, von Unordnung und Kontinuität erkennen. Die Analyse muß sich dieser Widersprüchlichkeit stellen und sie zu erklären suchen.

1. Wie die nostalgische Pflege der Regionalsprachen und -sitten im Schatten der Weltsprache blüht

Wer es im Jahre 1990 unternimmt, von der Überwindung des Nationalstaates zu schreiben, scheint gegen die lebendige Anschauung einer Zeit anzurennen, die weltweit von Manifestationen ungebrochener, gar neu erwachender nationaler Bewegungen voll ist. In Ost und West, Süd und Nord erheben sich Massen, die ihre kollektive Identität einklagen und dies nicht selten in die Forderung nach staatlicher Unabhängigkeit und nationaler Souveränität kleiden. Auffallend ist, daß in Litauen wie in Ost-Timor, im Baskenland wie in der Westsahara, in Südtirol wie im Amazonasbecken jeweils auf abgrenzenden Eigenarten beharrt wird, die – wie wir weiter oben gesehen haben – immer auch als Elemente der Nationenbildung zitiert und als unzureichend verworfen werden: neben Blut und Rasse geht es in der Regel um kulturelle und religiöse Besonderheit, um die eigene Sprache, um die gemeinsame Geschichte. Es ist ebenfalls auffallend, daß derartigen Bewegungen ausgedehnte Aufmerksamkeit zuteil wird, daß sie sich Gehör verschaffen und ernst genommen werden, daß Teile ihrer Forderungen nach regionaler Autonomie oder nach der Wiederzulassung von Kulten oder von Sprachen, die teilweise mühsam rekonstruiert werden müssen, erfüllt werden. Allem Anschein nach scheint die Erde also nicht auf eine Universalisierung von Politik und Recht, sondern auf weitere territoriale Aufteilung hinauszusteuern: Ginge alles nach dem Willen der vielen populären Bewegungen, würde sich die Zahl der unabhängigen souveränen und gleichen Staaten in den nächsten Jahrzehnten leicht verdoppeln und verdreifachen. Alles scheint für die Annahme zu sprechen, daß es zum Nationalstaat keine Alternative gibt. Es wird allerdings niemanden mehr überraschen, daß ich diese Phänomene nicht als Stärkung der klassischen Konzeption des Territorialstaates und seiner Souveränität deute, sondern im Gegenteil als Ausdruck der Schwäche.

Im zweiten Teil habe ich zu belegen versucht, daß der souveräne Territorialstaat als Träger einer von der ökonomischen getrennten politischen Gewalt über ein in gewissen geographischen Grenzen zusammengefaßtes Volk seine Entstehung besonderen historischen Bedingungen in Europa verdankte. Er zog seine Kraft keineswegs aus der realen Zusammenfassung von Menschen mit einer einigenden kollektiven Identität, sondern aus den Kämpfen um koloniale Vorherrschaft und um Handelsvorteile des jeweils nationalen Kapitals. In diesem Sinne waren die Appelle an nationale Anstrengungen in Konkurrenzkämpfen zu verstehen und wurden sie verstanden. Soweit kollektive Identitäten sich in den Dienst der

Kämpfe stellen ließen – als blonde Rasse, als staatliche Kirche, als überlegene Kultur–, waren sie willkommen. Stellten sie sich quer, wurden sie vom Territorialstaat im Namen der Einheit unterdrückt. Das galt für religiöse und nationale Bewegungen ebenso wie für besondere Sprachen. Wir erinnern uns, daß Bodin zu den herausragenden Merkmalen souveräner Macht die zwangsweise Einführung einer einheitlichen Sprache im gesamten Territorium zählte und daß die Wartburg zum Symbol der deutschen Einheit wurde, weil in der dort durch Luther übersetzten Bibel die ausgrenzende Indienstnahme von Religion und Sprache symbolisiert ist. Der Territorialstaat war also niemals nur der Ort der freien Versammlung von sich gleich fühlenden Menschen, sondern immer auch repressive Zusammenfassung. Diese wurde von der Obrigkeit so lange ohne Selbstzweifel und mit Härte durchgesetzt und von der Mehrheit der Machtlosen akzeptiert – etwa wenn rechtlose Mütter ihre Kinder zu Kolonial- und Handelskriegen schmückten und parlamentarische Vertreter der Arbeiterklasse die erforderlichen Kredite gewährten –, als die Sache des Nationalstaates und die Sache des Kapitals als identische zu verstehen waren und damit die Verteidigung der gesellschaftlichen Ordnung schlechthin mit der Verteidigung des »nationalen« Territorialstaates zusammenging. Die Kolonialreiche im Sinne von Herrschaft über Gebiete existieren nicht mehr, und die Handelskriege erregen als Hähnchen-, Salatöl- oder Bierkriege nur noch einen engen Kreis von Experten und Betroffenen, nachdem die Transnationalisierung der Unternehmen die Konvergenz von Nation und Kapital zerstört hat.

In einer solchen Situation wird die Decke des Territorialstaates fadenscheinig. Eine Vielzahl kollektiver Identitäten und Kleingemeinschaften wittert Morgenluft und beharrt auf den Rechten zu Nationalsprachen, zu kunstlos geknotetem Schleier und zur Darbietung von Volkstänzen. Da die Warenproduktion als den Menschen oberflächlich individualisierende und isolierende Form der Auseinandersetzung mit der Natur stets Mühe hat, schöne Gemeinschaftsgefühle und kollektive Identitätsvorstellungen hervorzubringen, werden solche Bewegungen bis zu einem gewissen Grade nicht nur toleriert, sondern gefördert, da es auf die nationale Einheit nicht mehr ankommt. Allerdings zeichnen sich die Angehörigen solcher Gruppen nicht selten durch eine explosive Mischung von Märtyrerbereitschaft und Aggressivität aus; keinesfalls aber enthalten sie den Keim einer geschichtsmächtigen neuen Ordnung und/oder einer Staatlichkeit, die der kapitalistischen Weltökonomie politisch gewachsen wäre.

Die Entwicklung verläuft denn auch keineswegs widerspruchsfrei. Betrachten wir das augenfälligste Element, aus dem viele Autonomiebewegungen ihre Legitimation ziehen, nämlich das der Sprache. Ganz im Vordergrund der politischen Diskussion steht die Wiederbelebung der Regionalsprachen, Bretonen, Sanghos, Israelis und Friesen bemühen sich, passende Ausdrücke für Computer, Digitalisierung und Telefax zu erfinden, ohne meist viel weiter zu kommen als Deutsche und Franzosen. Gleichzeitig entsteht eine universale, weitgehend materienfreie Kommunikation, die über ihre eigene, einheitliche Träger-Technologie ebenso verfügt wie über einheitliche Bilder, Symbole, Zeichen. Diese Bewegung ist machtvoll. Sie stellt international operierenden und integrierten Unternehmen ein weltweit praktikables Instrument zur Informationsbeschaffung und jederzeit an jedem Ort abrufbare Informationen zur Verfügung. In einer im Jahre 1989 veröffentlichten Studie[164] hat die UNESCO das Maß an weltweiter Kommunikation und Kommunikationstechnologie sowie die ungebrochene Dynamik des Prozesses eindrucksvoll dargestellt, der »nicht nur alle Sektoren der Wirtschaft, sondern auch die private Lebensgestaltung der Menschen durchdringt. Ihre Anwendungen werden tiefgreifende Strukturveränderungen in Produktion, Verwaltung und Handel von Waren und Dienstleistungen nach sich ziehen« (S. 80). Sie hat die ideologisch Liberalisierung genannte, reale Hilflosigkeit ausdrükkende Abdankung nationaler Regulierungen beschrieben. Sie ahnt die Entwicklung zu einem (noch embryonalen) Weltrecht, das von supranationalen Organisationen zu verwalten ist. Sie hat die gewaltigen industriellen Interessen und das regionale Auseinanderdriften von Herstellung und Zugang offengelegt, die nicht politisch kontrolliert werden. Lingua franca in diesem weltweiten Kommunikationsnetz ist offensichtlich Englisch, das wiederum in der Anpassung an die Kommunikationsträger seine Struktur verändert, ohne auf die nackte Vermittlung von Informationsdaten reduziert zu werden. Dieses Englisch ist jedoch nicht mehr die Sprache der Engländer.

Es ist hier nicht der Ort, diesen Problemen im einzelnen nachzugehen. Es kommt mir lediglich darauf an zu dokumentieren, daß die zu den Kernelementen der nationalen Identifikation gerechnete Sprache eine Universalisierung und Vereinheitlichung erlebt, die der gleichzeitig zu beobachtenden Wiederbelebung von kleingemeinschaftlichen Muttersprachen nicht nachsteht und als Ausdruck eines Epochenwechsels verstanden wird.[165] Diese Universalisierung zieht ihre Kraft aus der sich integrierenden Weltwirtschaft und verlangt nach Regulierungen, die von den vielen Territorialstaaten nicht bewältigt werden können. Obwohl nicht wenige Regierungen bisweilen rührend anmutende Abwehrschlachten gegen die »Sprachüberfremdung« schlagen, scheint der Siegeszug der Universalisierung unaufhaltsam. Da die Abwehrschlachten mit rein ideologisch-

kulturellen Argumenten operieren müssen, ohne wie früher den Nutzen für die Nationalökonomie reklamieren zu können, wird die Position der Territorialstaats-Sprachen nicht nur gegenüber der Weltsprache, sondern auch gegenüber den Identitätssprachen und -dialekten geschwächt, die ebenfalls nichts als kulturelle Identität zu bieten haben. Es macht also nichts, wenn auch wieder bretonisch gesprochen wird, solange nur die weltweite Kommunikation in der Kunstsprache Englisch nicht gestört ist.
Das Beispiel erhellt, daß populäre Bewegungen, die sich auf traditionelle Elemente (nationaler) Identifikation und Ausgrenzung berufen, als kulturelle Erscheinungen betrachtet (und durchaus ernstgenommen) werden müssen, auch wenn sie keinen engen Bezug zur ökonomischen Realität haben. Diese Realität freilich schafft die ihr entsprechenden weltweit uniformen (Sprach-)Instrumente, was den Identifikationsbewegungen mit ihren Kleingruppen-Sprachen nichts von ihrer Liebenswürdigkeit oder Aggressivität nimmt.

2. Wie territoriale Grenzen unentschlossen überwunden werden und der alte Nationalstaat zwar verschwindet, die neue Staatlichkeit aber nicht auf die Höhe der Zeit kommt

Auf einer anderen Ebene liegt das Problem der Veränderungen der Grenzen, die in der Elemente-Trias des Territorialstaates eine so herausragende Rolle spielen. Ich meine damit weniger die kriegerischen Eroberungen; ich meine vielmehr die Mediatisierungen, die heute in der europäischen Gemeinschaft einer neue Etappe zustreben.
Ich hatte bereits darauf hingewiesen, daß die Mediatisierung der deutschen und italienischen souveränen Territorialstaaten zu zwei neuen souveränen Territorialstaaten weit eher das Ergebnis ökonomischer Zwänge als nationaler Begeisterung war. Es ist kaum anzunehmen, daß auch nur einer der damaligen souveränen Herrscher freiwillig auf seine Macht verzichtet hat, daß vielmehr Intrigen, persönliche Mißgunst und Prärogativenwahn ebenso am Werke waren wie in den vielen Projekten Asiens, Afrikas und Lateinamerikas zur Schaffung größerer Wirtschaftszonen. Im Unterschied zu diesen aber gab es mächtige ökonomische Interessen, die auf die Einheit angewiesen und die deshalb für sie zu kämpfen bereit waren, Risiken nicht scheuten und – sicherlich mit populärer Zustimmung – sich als den politischen Souveränen überlegen erwiesen. Wo es solche Interessen nicht gibt, wie es besonders deutlich in Afrika der Fall ist, reichen bereits nichtige ›politische‹ Anlässe aus, um die ohnehin rein ›politischen‹ Einigungspläne platzen zu lassen.

Doch kommen wir zur Einigungsbewegung der Europäischen Gemeinschaft, in der die Grenzen der Staaten, die das Konzept des Territorialstaates entwickelt haben, geschliffen werden sollen. Es finden hier Reformen und Experimente statt, die den Übergangscharakter der politischen Organisation symbolisieren, die angesichts der Transnationalität des Kapitals als nationalstaatliche nicht länger bestehen kann, ohne bereits den Schritt zur Transnationalität zu tun. Die Überwindung territorialstaatlicher Souveränität wird ins Werk gesetzt, aber halbherzig und in Analogie zu den Mediatisierungen des 19. Jahrhunderts, so als wolle man nicht vom historisch gefestigten Terrain abheben und sich versichern können, daß am Ende die Europäische Gemeinschaft nichts weiter ist als ein neu dimensionierter, »modernen« Anforderungen gerecht werdender Territorialstaat und gleichzeitig »die gegenwärtige Übersetzung des kulturellen Ideals der mittelalterlichen Christenheit«.[166] Die in diesem Zitat erkennbare Überzeugung von der Geschichte (Europas) als einem Kontinuum, die sicherlich von nicht wenigen politischen Akteuren der Gegenwart geteilt wird, steht in schroffem Gegensatz zu der hier entwickelten Auffassung. Nach dieser hat die politische Ordnung des Mittelalters nichts mit jener der heutigen Zeit zu tun. Der fundamentale Unterschied in der Begründung von Macht und Abhängigkeit liegt im Recht des Zugriffs auf Kapital statt auf Boden. Dementsprechend sind die (räumlichen) Herrschaftsbeziehungen trotz aller Wort-Analogien inhaltlich ganz unterschiedlich. Es müßte mit anderen Worten also gezeigt werden können, daß der Anlaß der europäischen Einigung, trotz gegenteiliger ideologischer Annahmen, nicht in der Notwendigkeit der Mediatisierung zu einem großen Territorialstaat besteht, sondern darin, daß das Kapital die historischen Fesseln der Nationalität und damit der Territorialstaatlichkeit abstreift. Damit wird nicht die strukturelle Scheidung von Politik und Ökonomie, wohl aber die ausgrenzende Macht der Souveränität hinfällig. Es könnte sich herausstellen, daß der (Teil-)Verzicht auf Souveränität nicht politischer Autonomie entspringt, sondern das Ende einer Epoche anzeigt und die Dysfunktionalität eines Systems zum Ausdruck bringt, das in seiner Zeit für kapitalistische Dynamik mitgesorgt hatte und nun eben die kapitalistische Dynamik behindert.
Die Gründung der Europäischen Wirtschaftsgemeinschaft vollzog sich in den Denkbahnen und der Terminologie des traditionellen internationalen Wirtschaftsverkehrs. Weltwirtschaft hieß im Selbstverständnis des römischen Gründungsvertrages vom 25. März 1957 und auch in der Realität Welthandel. Ein über transnationale Unternehmen und Banken integrierter Weltmarkt existierte noch nicht. Integration und Gemeinschaft bedeuteten also vor allen Dingen Aufhebung von Handelsschranken:

»Grundlage der Gemeinschaft ist eine Zollunion« (Art. 9 I EWG-V). Entsprechend der Fixierung auf den internationalen Handel als wesentlichem Mittel der grenzüberschreitenden Wirtschaftstätigkeit legte der Vertrag Wert auf rasche und möglichst vollständige Liberalisierung der – für die Abwicklung von Warenkauf unabdingbaren – »laufenden Zahlungen« (Art. 67 II). Der sonstige Kapitalverkehr blieb Beschränkungsmöglichkeiten unterworfen (Art. 67 I EWG-V).

Diese Orientierung stand in Einklang mit dem Übereinkommen über den Internationalen Währungsfonds (IWF) vom 1./22. Juli 1944, das dieselbe Unterscheidung vorsah: Art. VIII Abschnitt 2 a des IWF-Ü untersagt bis auf wenige Ausnahmen Beschränkungen für »Zahlungen und Übertragungen für laufende internationale Geschäfte«. »Dem Kapitalverkehr steht er feindlich gegenüber.«[167] Insgesamt ordnet sich der Text des römischen Vertrages in wirtschaftspolitischer Zielbestimmung und theoretischem Selbstverständnis in die ›Bretton-Woods‹-Abkommen zur Errichtung des IWF und der Weltbank ein. Deren Ursprung lag in den bitteren, katastrophalen Erfahrungen der Weltwirtschaftskrise der 20er und 30er Jahre, die alle an der Ausarbeitung der Abkommen und Verträge beteiligten Personen teilten. Sie hatten zu den beiden als komplementär geltenden Lehren geführt, daß einerseits die Staaten die wirtschaftspolitische Verpflichtung haben, mit den Mitteln einer aktiven, antizyklischen Konjunkturpolitik Rezessionen zu vermeiden, und daß andererseits eine völkerrechtlich bindende globale Verpflichtung aller Staaten zu begründen sei, Währungsmanipulationen zu Wettbewerbszwecken, d. h. im Interesse nationalen Kapitals, zu unterlassen. Eine solche Politik habe zu einer drastischen Reduzierung des Welthandels geführt und am Ende allen geschadet.

In diesem Sinne verpflichtet das Übereinkommen über den IWF alle Mitglieder, »Währungsabwertungen aus Wettbewerbsgründen zu vermeiden« (Art. I Nr. III/Art. 4 Abschnitt 1) und Wirtschafts- und Währungspolitik auf das Ziel eines geordneten Wirtschaftswachstums bei angemessener Preisstabilität auszurichten (Art. IV). Der IWF selbst ist zur Unterstützung dieser Ziele und denen eines hohen Beschäftigungsgrades und Realeinkommens verpflichtet (Art. I. Nr. ii). Artikel IV des IWF-Übereinkommens sah in seiner ursprünglichen Fassung feste Wechselkurse aller Währungen zueinander vor, die nur aufgrund eines formellen Verfahrens und ausschließlich zur Behebung »fundamentaler Ungleichgewichte« geändert werden konnten (Art. 4 Abschnitt 4 der Fassung von 1944); gemeinsame Bezugswährung war der Dollar, der wiederum an das Gold fixiert war und dies ein für allemal zu den am 1. 7. 1944 festgelegten Bedingungen (Art. IV Abschnitt 1 i. d. Fassung von 1944).

Auf die Fragen von Geld und Währung wird gesondert einzugehen sein. Für den Zusammenhang der Währungspolitik aber ist bereits hier daran zu erinnern, daß im Jahre 1957 die welt(west-)weite Hegemonie der USA etabliert war, was sich währungstechnisch in der Sonderstellung des US-Dollar niederschlug.
Der römische Vertrag akzeptiert die Lage: Er ging selbstverständlich von der Fortdauer fester Paritäten aus, zu denen das IWF-Übereinkommen verpflichtet und die durch den Dollar-Standard gesichert schienen. Die Wechselkurs- wie insgesamt die Wirtschafts- und Währungspolitik blieben nationale Domäne der Mitgliedsstaaten der Gemeinschaft (Art. 104/107 EWG-V). Soweit sich der Vertrag mit dem Kapitalverkehr (Art. 67–73) sowie der Zahlungsbilanz, der Wirtschafts- und Währungspolitik (Art. 104–109) befaßte, ist er als von einer »extremen Bescheidenheit und Vorsicht« charakterisiert worden.[168] In der Tat: Viel mehr als Beschwörungen der Einheit (Art. 67), des gemeinsamen Interesses (Art. 107), der Koordination durch Konsultation (Art. 70/105) und Empfehlungen (Art. 71/108) enthielt er nicht. Selbst die Verpflichtung, die Beschränkungen des Kapitalverkehrs – schrittweise – aufzuheben, wurde beschränkt für Mitglieder der Gemeinschaft untereinander, also mit deutlicher Stoßrichtung gegen außen und auf das für das Funktionieren des gemeinsamen Marktes unabdingbare Maß (Art. 67). Einseitige »Schutzmaßnahmen« bei Kapitalmarktstörungen (Art. 73) und Zahlungsbilanzkrisen (Art. 109) blieben möglich. Die Ziele der Wirtschaftspolitik entsprachen, mit Ausnahme der ausdrücklichen Erwähnung des Wachstums, denen des bundesdeutschen Stabilitätsgesetzes. Sie wurden jedoch von jedem Mitgliedsland einzeln und nicht als gemeinsame Aufgabe verfolgt. Der Ausgangspunkt aber war die gemeinsame Überzeugung von der Verpflichtung aller Staaten zu einer Konjunkturpolitik, deren Ziele allgemein konsentiert waren und deren konkrete Ausgestaltung durch den Zwang der prinzipiell fixierten Wechselkurse konvergieren sollte.
Die Vorstellung nationalstaatlicher Souveränität mußte der so ausgestalteten EWG nicht geopfert werden: Freihandelskonzepte und -zonen sind ihr nicht fremd. Andere politische Funktionen und Rechte blieben bis auf unverbindliche Koordination und Konsultation unangetastet. Zusätzlich schienen dem Nationalstaat mit der Verantwortlichkeit für eine antizyklische Wirtschaftspolitik neue Kompetenzen und Macht zuzuwachsen. Pointiert ließe sich deshalb sagen, daß der römische Vertrag eines der letzten großen juristischen Dokumente der Bestätigung alter europäischer Überzeugungen von nationalstaatlicher Souveränität (bei einigen modernen Retuschen) darstellt. Dieser Stolz der ›europäischen Vettern‹,

der wahrscheinlich von den Akteuren und dunkel von Teilen der Bevölkerungen gespürt wurde, kontrastiert merkwürdig mit der Duldung der US-(Dollar-)Hegemonie durch dieselben Mittel- und Kleinstaaten.
Läßt sich die Gründungsphase der EWG also noch mühelos in das Konzept der im Handel miteinander verkehrenden Nationalstaaten einordnen, so haben inzwischen Veränderungen stattgefunden, die mit ihm brechen und auf die Transnationalisierung der Produktion reagieren sowie darauf, daß die weltwirtschaftliche Hegemonie einer Nation – der USA –, die für eine Weile neben allen partikularen Vorteilen auch eine gewisse ordnende Funktion erfüllte, sich mehr und mehr zur bloßen Rentiers-Position entwickelt.
Die Lenkung und Regulierung von Kapitalimport und -export sowie die Steuerung des Geldwertes, insbesondere im Vergleich zu anderen Währungen, gehörten zu den Kernstücken eines wirtschaftspolitischen Instrumentariums, mit dem nationale Konjunkturen, Industriestrukturen und Arbeitsmärkte beeinflußt wurden. Orientiert an der Wettbewerbsfähigkeit nationaler Unternehmen, waren diese modernen Konzeptionen nicht nur auf den traditionellen Territorialstaat zugeschnitten, sondern sie schienen seine Macht und Bedeutung zu steigern. So wurde die Botschaft Keynes' verstanden, die er 1936 in der *Allgemeinen Theorie der Beschäftigung, des Zinses und des Geldes* und ab 1942 in seinen Vorschlägen zur Gründung einer supranationalen Währungsinstitution als Antwort auf die schweren wirtschaftlichen und politischen Krisen des Kapitalismus in den 30er und 40er Jahren gegeben hatte.[169]
Mit Verboten und Kontingentierungen des Kapitalverkehrs, mit indirekt wirkenden Mitteln der Steuer- und Geldpolitik, mit dem wirtschaftspolitisch gezielten Einsatz öffentlicher Investitionen beeinflußt der Staat systematisch den Verlauf der Nationalökonomie. Alle Staaten mit einem kapitalistischen Wirtschaftssystem haben Regelwerke geschaffen, die derartige Politiken mit binnen- und außenwirtschaftlichen Stoßrichtungen zulassen. In der Bundesrepublik wurde eigens zu diesem Zweck 1967 die Verfassung geändert sowie dem Außenwirtschaftsgesetz, dem Bundesbankgesetz und dem Kreditwesengesetz ein Gesetz zur Förderung der Stabilität und des Wachstums der Wirtschaft an die Seite gestellt.
Die Tatsache, daß die Staaten mit diesen Instrumenten verschiedene politische Optionen verfolgen, also etwa eher auf Vollbeschäftigung oder auf Kapitalgewinne setzen können, sowie daß der nationale Einsatz dieser Politiken häufig auf Kosten der Wirtschaftsentwicklung anderer Staaten geht, hat der Annahme Vorschub geleistet, es handele sich um genuin nationale Politiken.
Mit der Transnationalisierung des Kapitals selbst wird diese Konzeption

mehr und mehr in Frage gestellt. Dies hat zur Folge, daß national-ökonomische Politiken immer weniger greifen. Es gelingt der nationalen Wirtschaftspolitik nicht, den internationalen Kapitalverkehr nach gesamtwirtschaftlichen Gleichgewichtsnotwendigkeiten zu kanalisieren oder gar zu unterbinden. Auch wird das Moment der nationalen Begünstigung mehr und mehr zweifelhaft: Wenn die bundesdeutsche Wirtschaftspolitik die PKW-Produktion zu unterstützen versucht, unterstützt sie zum guten Teil nichtdeutsches Kapital und Arbeiter, deren nationale Zuordnung wiederum angesichts der Vaterlandslosigkeit von Kapital und Arbeit höchst überflüssig ist. Dies erzwingt und ermöglicht neue Dimensionen von Wirtschaftsrecht, d. h. von Geld- und Währungsrecht ebenso wie von konjunkturbeeinflussendem Fiskalrecht, von Wettbewerbsrecht ebenso wie von Gewerbe(-policey-)recht.

Gleichzeitig schärft sich die Erkenntnis, daß zwischen der für kapitalistische Produktion unabdingbaren Staatlichkeit und dem im engeren Sinne historischen Produkt »Nationalstaat« zu unterscheiden ist. Offensichtlich sind öffentliche Investitionen ebenso wie Wirtschaftspolitik zur Konjunkturbeeinflussung genuin staatliche Aufgaben. Da Staat und Nationalstaat bisher real identisch waren, wurden sie als nationalstaatliche definiert und realisiert. Strukturell notwendig ist das nicht. Öffentliche Investitionen können ebenso über Territorialgrenzen hinweg durchgeführt werden, so wie die Instrumente des Stabilitätsgesetzes supranational anwendbar sind. Der im zweiten Teil beschriebene, wieder einmal beschleunigte Prozeß der grenzüberschreitenden Kapitalkonzentration, die aggressiven Übernahmemanöver, die durch relativ unbedeutende Anlässe ausgelösten weltweiten Erschütterungen – die Kette reicht von der Herstatt-Krise bis zu Börsenkrachs –, bezeugen, daß die Transnationalisierung den Zwang und die Erbittertheit der einzelkapitalistischen Konkurrenz nicht gemildert hat. Es wäre fatal, sich von aktuell günstigen Konjunkturverläufen über die Fragilität und Krisenanfälligkeit der Weltwirtschaft täuschen zu lassen.

Die Gefahr indes liegt nicht mehr in Wettbewerbsabwertungen und (Handels-)Kriegen, die im Interesse des nationalen Kapitals angezettelt werden und in denen junge Patrioten sich für ein Vaterland umbringen lassen können. Sie liegt darin, daß das seinem Begriff entsprechende grenzenlose Kapital nicht nur die Fesseln nationaler Beschränkung abstreift, sondern mit ihnen auch die Zügel, die ihm in der (national-)staatlichen Wirtschaftsgesetzgebung angelegt worden waren, um die Gesellschaft und damit es selbst vor den zerstörerischen Krisen zu bewahren, in die es – getrieben durch die Konkurrenz – geraten muß. Wenn die Transnationalisierung der Ökonomie die substantielle Basis des Nationalstaa-

tes untergräbt, bleibt die Notwendigkeit zur disziplinierenden und Gesellschaftlichkeit herstellenden Staatlichkeit gleichwohl bestehen. Es mag sein, daß die weltweit zu beobachtenden Deregulierungen nicht ein Triumph des Neoliberalismus sind, sondern das Abräumen von wirkungslos gewordenem und nurmehr einengendem Wirtschaftsrecht, das nun auf internationaler Ebene wieder aufleben muß. Umweltzerstörungen, Schwindelfirmen-Gründungen und andere »Katastrophen« beweisen täglich, daß Anlaß und Notwendigkeit von Regulierungen fortdauern.
In der Einheitlichen Europäischen Akte vom 17./28. Februar 1986[170] haben die Staaten der Europäischen Gemeinschaft wichtige Konsequenzen aus dieser Situation gezogen: Mit ihr verpflichten sie sich, bis zum 31. Dezember 1992 den unbegrenzten »Verkehr von Waren, Personen, Dienstleistungen und Kapital« zu gewährleisten (Art. 8 a EWG-V), und setzen das verbindliche Ziel einer Wirtschafts- und Währungsunion (Art. 102 a EWG-V). Inzwischen ist im Grundsatz[171] die Liberalisierung des Kapitalverkehrs zum 1. Juli 1990[172] durchgesetzt. Damit ist eine der Bastionen der Wirtschaftspolitik aufgegeben, für die der Nationalstaat noch eine substantielle Bedeutung zu haben schien und die ihm substantielle Bedeutung verlieh. Obwohl von den politisch Verantwortlichen gern als bloße Fortschreibung und Vollendung des römischen Vertrages charakterisiert, handelt es sich in Wahrheit um einen Bruch, da die notwendig werdenden Kompetenzübertragungen auf die Gemeinschaft nicht ohne weitgehenden Souveränitätsverzicht der Territorialstaaten möglich sind.
Wir hatten gesehen, daß die Transnationalisierung der Produktion den Akteuren die Denationalisierung des Staates aufzwingt. Jene aber vollzieht sich weltweit, während diese sich auf einige Länder Europas stützt. Auf diesen Widerspruch ist einzugehen. Ich will es im Zusammenhang der Erörterung von globalen und europäischen Geld- und Währungsfragen tun.

3. Warum Geldsouveränität und nationale Souveränität sich immer weniger decken (können)

Geld gilt als »Herzstück nationaler Souveränität«,[173] das »nationale Gebiet, die Souveränität und nationales Geld sind aufs engste verbunden«.[174] Wer »die Verantwortung über das Geld hat, ist politischer Herrscher«.[175] In der Tat, was immer sein »Wesen« sei,[176] Geld ist Gegenstand von Politik und Gesetzgebung; es ist gestaltbar, verwaltbar, veränderbar, manipulierbar, fälschbar, in internationalen Handels- und Wirtschaftskonflikten relevant und einsetzbar. Historische Anschauung belegt im Überfluß, daß es gestaltet, manipuliert, gefälscht und als Waffe eingesetzt worden ist und daß sich daraus gefährliche Konsequenzen ergeben: Schon Bodin beschreibt anschaulich,[177] wie eng die Geldpolitik mit Verrat, Folter und Mord verbunden ist. Er läßt falschmünzende Könige, Fürsten und Päpste in der Hölle rösten und sieden, wo auch Dante sie, in der zehnten Grube des achten Höllenkreises, hat leiden sehen.[178]

Angesichts seiner immensen Bedeutung für den Waren- und Dienstleistungsverkehr, der Macht, die ihm eigen ist und die es verschafft, seiner Wirkung auf Sozial-, Tarif-, Investitions-, Kriegs-, Außen- und alle anderen Politiken liegt es auf der Hand, daß Geld immer schon Gegenstand herrschaftlichen Zugriffs war, unabhängig von seiner – metallischen und chartalen[179] – Form. Seit Bodin sind Münzrecht und Gesetz als von »gleicher Rechtsnatur« qualifiziert, und es gilt, daß neben dem Gesetz »nichts größere Bedeutung [hat] als Bezeichnung, Wert und Münzfluß des Geldes, und in jedem vernünftig geordneten Staat ist deren Festsetzung ausschließlich Kompetenz des souveränen Fürsten«.[180] Diese – normativ zu lesende – Aussage ist umfassend in staatliche Praxis umgesetzt worden: Verfassungsrechtlich weniger diskutiert als Gesetzgebungs- und Gewaltmonopol, hat sich doch »der moderne Staat durchweg das Monopol der Geldordnung und in fast ausnahmsloser Regel das der Geldschaffung zugeeignet«.[181] Unbeeindruckt von der theoretischen Frage, ob Papiergeld, Banknoten, vom Staat ausgegebenes Geld »die Stelle des umlaufenden Gold und Silbers vertritt«,[182] d. h. ob Geld ein wirtschaftlich-gesellschaftliches Gut sei oder ob es durch den Staat geschaffen, also »Geschöpf der Rechtsordnung«[183] sei, ist praktisch-politisch die Wahl, die Benennung, die Definition und die Verwaltung der Zahlungsmittel als »freier Akt der Staatsgewalt«[184] begriffen worden. Dies hat die Beobachtung provoziert, daß »besonders im 19. Jahrhundert in allen zivilisierten Ländern Theorien entwickelt und Gesetze erlassen wurden, die die verschiedenen nationalen Währungen mehr oder weniger ähnlich gestalteten«.[185]

An der reichs- und bundesdeutschen Rechtsentwicklung soll dies exemplifiziert werden: Das Reichsgericht hat 1919 lapidar festgestellt, daß das Geld »Wertmesser und Zahlungsmittel nur kraft staatlicher Anerkennung«[186] ist. Dem war seit der Reichsgründung eine stürmische Entwicklung vorausgegangen. Nach einer Phase der Unterordnung unter den Goldstandard der Pax britannica, die juristisch in der Definition des Goldes als einzigem definitiven Geld durch das Bankgesetz von 1875 zum Ausdruck kam, erzwang der in der Kriegsvorbereitung enorm wachsende Finanzbedarf des Reichs die endgültige Lösung des Geldes vom Gold, von einem Metall, von einer Ware, d. h. auch von »metallistischen« Theorien. Die Noten der Reichsbank wurden als einziges und gesetzliches Zahlungsmittel eingeführt.[187]

In der Bundesrepublik fallen Währungs-, Geld- und Münzwesen in die ausschließliche Gesetzgebungskompetenz des Bundes. Dieser ist Inhaber der »Geldhoheit«, die allerdings gemäß dem Verfassungsauftrag des Art. 88 GG auf die Deutsche Bundesbank übertragen worden ist. Die Bundesbank ist juristische Person des öffentlichen Rechts, deren Grundkapital dem Bund zusteht (§ 2). Sie hat das alleinige Recht zur Ausgabe von Noten, die auf Deutsche Mark lauten und das einzige unbeschränkte gesetzliche Zahlungsmittel sind (§ 14). Inländer, die eine Zahlungspflicht in einer anderen Geldsorte als DM ausdrücken wollen, bedürfen einer Genehmigung (§ 3 Währungsgesetz). Die Bundesbank regelt den Geldumlauf und sichert die Kreditversorgung der Wirtschaft mit Hilfe der in §§ 15ff. BBankG definierten geldpolitischen Instrumente (§ 3). Eine wichtige Einschränkung für die Normalsituation der Kreditpolitik ergibt sich aus dem »Gesetz über die Sicherstellung von Leistungen auf dem Gebiet der gewerblichen Wirtschaft sowie des Geld- und Kapitalverkehrs« von 1968, das die Bundesregierung ermächtigt, die »für Zwecke der Verteidigung, insbesondere zur Deckung des Bedarfs der Zivilbevölkerung und der Streitkräfte erforderliche Versorgung und Geld sicherzustellen«, und zu diesem Zweck Verordnungen über Bank- und Börsengeschäfte sowie die vorübergehende Schließung von Kreditinstituten zu erlassen (§ 1 Abs. II).

Diese knappe Darstellung liefert die Stichworte zu Fragen nach der Verbindung von Geld und Territorialstaat: Wie bestimmt sich die Rolle des Staates/der Zentralbank für Geld, Kredit und Liquidität? Wie ordnen sich Ziele und Ergebnisse von Geld- und Währungspolitik gesellschaftlichen und politischen Interessen zu? Ist die Verfolgung dieser Interessen strukturnotwendig an den Nationalstaat gebunden, oder verlangt die Geldordnung lediglich nach Staatlichkeit, also nach einer Instanz, die das der bürgerlichen Gesellschaft spezifische Allgemeininteresse repräsentiert und nicht zwingend national definiert ist? Deutlich erhebt sich die Frage nach der Souveränität: Ist das Geld Gut unter Gütern, das sich die am Warentausch potentiell Beteiligten selbst schaffen und nicht etwa vom Staat souverän gesetzt wird? Erfüllt der Staat mit seinem monopolistischen Zugriff auf die Geldordnung genuine nationale Aufgaben? Ist die nationale Währung mit dem aufgeprägten Staatschef bloßes Symbol oder materielle Substanz der Souveränität? Die Antworten auf alle diese Fragen komplizieren sich dadurch, daß die nationale Währung – ähnlich wie die nationale Souveränität – als Symbol emotional hoch besetzt ist.

Die *Symbolik* mag entstanden sein, weil Herrscher sich mit der Einprägung ihres Konterfeis auf die Münze ihren – schreibunkundigen – Untertanen in

Erinnerung halten wollten und die Münze zum »Zeichen der Souveränität schlechthin« wurde.[188] Sie erweist ihre andauernde Kraft, wenn das Pfund Sterling, das längst weder Pfund noch Sterling, noch überhaupt von Engländern eingeführt worden ist, von sonst hartgesottenen Ökonomen und Finanziers Englands als Herz-Stück, als Ausdruck von Würde besungen wird; wenn ein israelischer Finanzminister, der nur die ökonomische Realität in Israel nachzeichnen und auch formal den nationalen Schekel durch den US-Dollar ersetzen will, einen Sturm nationaler Empörung entfesselt und demissionieren muß, ohne daß sich an der tatsächlichen Abhängigkeit der israelischen Wirtschaft das geringste ändert;[189] wenn die (Teil-)Verwendung fremder Währungen (wie etwa die sowjetische Entscheidung, Bauern teilweise in US-Dollar zu bezahlen) als Aufgabe der nationalen Identität charakterisiert wird;[190] wenn die in der Franken-Zone mit Frankreich verbundenen afrikanischen Staaten sich einer nationalen Geldpolitik begeben haben, aber auf der Emission nationaler Geldsorten mit dem Konterfei der jeweiligen Staatspräsidenten beharren; wenn der Bericht zur Wirtschafts- und Währungsunion in der Europäischen Gemeinschaft (»Delors-Bericht«) aus »psychologischen« Gründen eine einheitliche Währung empfiehlt.[191]

Die Ohnmacht solcher (National-)Gefühle erleichtert bei aller zugestandenen Gewichtigkeit auch die theoretische Erkenntnis. Wenn alle Gefühle nicht ausreichten, um die Durchsetzung von ökonomischen Strukturnotwendigkeiten gegen historisch liebgewordene Gewohnheiten aufzuhalten, wäre damit eine wichtige Einsicht in die Endlichkeit der nationalen Souveränität gewonnen. Wenn die Denationalisierung des Geldes und der Geldpolitik sich durchsetzen könnte, wäre belegt, daß es sich bei ihnen in Wirklichkeit um ein ›Herzstück‹ des in seiner Existenz strukturell vom Territorialstaat unabhängigen kapitalistischen Produktionsverhältnisses handelt und daß die Souveränität herzloser ist als gemeinhin angenommen.

Das Grundgesetz der Bundesrepublik überträgt die ausschließliche Gesetzgebung über »das Währungs-, Geld- und Münzwesen, Maße und Gewichte sowie die Zeitbestimmung« auf den Bund (Art. 73 Nr. 4). Damit ist ausgedrückt, daß das Geld wie die Maße, die Gewichte, die Zeiteinteilung wesentlich dazu dienen, eine Quantifizierung, einen Preisvergleich, eine Unterteilung zuzulassen, also »Maßeinheiten anderer Gebiete, Kilogramm, Meter, Grad Celsius«[192] entsprechen. An der Notwendigkeit dieses Kriteriums zur Bestimmung des Geldes – präziser: der Geldeinheit, des Geldquantums – wird nicht gezweifelt und auch wenig daran, daß die Bestimmung durch staatliches Gesetz erfolgen muß, um rechenhaftes, zweckrationales, planvolles, kontinuierliches, gesamtgesellschaftliches Wirtschaften[193] zu ermöglichen und um zu verhindern, daß Private zu eigenem Vorteil falsche Maße ausgeben. Symbolik, Pfund Sterling, Lira, Dollar und ECU hin oder her, die Bestimmung der Geldeinheit und ihrer Stückelung ist ein Akt reiner Festlegung, und sie kann national, europäisch oder weltweit erfolgen, sofern sie nur endgültig, generell und unverändert bleibt.

In der Maßeinheit erschöpft sich, anders als es das Grundgesetz suggeriert, das ›Geldwesen‹ nicht. Um als Maßstab akzeptiert zu werden, muß das Geld allgemein anerkannte Qualitäten haben. Der Eigentümer einer spezifischen Ware – eines Produkts, der Arbeitskraft, einer Wohnung, einer Idee – muß davon überzeugt sein, daß er die jeweils spezifische Ware, die für ihn nur Tauschwert hat und die er loswerden muß, gegen ein ›Etwas‹ hingibt, das ihm die Sicherheit und die Freiheit gewährt, es in Zukunft im Handel mit noch Unbekannten und für noch unbestimmte körperliche und unkörperliche Sachen, Dienstleistungen, Rechte hingeben zu können.[194]

Daraus resultiert, daß die für die Organisation der Warenzirkulation unabdingbaren Qualitäten des Geldes – Gewährung der von Sachwert und Gegenstand gelösten Sicherheit und Liquidität, allgemeine Anerkenntnis als abstrakter Kaufkraft – nicht von jenen verbürgt werden können, die an der Warenzirkulation selbst teilnehmen und in ihr privaten Vorteil suchen, gleichgültig, ob als Käufer und Verkäufer oder als Kreditgeber und Kreditnehmer. Es bedarf einer Gewalt, die bürgerliche Allgemeininteressen an der Aufrechterhaltung und Erleichterung der Warenzirkulation vertritt und gegen Partikularinteressen durchsetzt. Dies kann nur der Staat sein: ›Gesellschaftlich‹ kann unter den Bedingungen der Konkurrenz von Unternehmen und Banken nur ›staatlich‹ heißen. Insofern kann auch kein Unterschied zwischen gesellschaftlichen und staatlichen Theorien des Geldes bestehen.

Davon zu unterscheiden ist die Organisation der Geldpolitik und -verwaltung. Der Entschluß, mit einer Zentralbank eine getrennte Institution aufzubauen und ihr die Geldpolitik zu übertragen, ändert an der Staatlichkeit der Aufgaben nichts. Die Zentralbank orientiert sich nicht an der Logik der Rentabilität; sie ist Teil der Staatsverwaltung. Das Phänomen der (Privat-)Bankgeldschöpfung ändert an diesem Befund nichts: Deren grundsätzliche Zulassung oder Untersagung sowie ihr erlaubter Umfang ist eine nach Grund und Modalität gesetzlich festgelegte geldpolitische Entscheidung. Sie entspricht – wenn man so will – einer kontrollierten Delegation von Hoheitsbefugnissen. Sie ist in der Bundesrepublik über § 16 BBankG variabel und könnte jederzeit gesetzlich aufgehoben werden.

Die Tatsache, daß in nicht wenigen Ländern die in diesem Punkt angegebenen Geldfunktionen nicht durch eine nationale Währung, sondern implizit, in Ausnahmefällen auch explizit durch eine Fremdwährung erfüllt

werden, entweder durch formale und unwiderrufliche Paritätenfestsetzung oder durch die Hinnahme der faktischen Verwendung dieser Währung, belegt, daß die notwendigerweise staatlichen Aufgaben nicht an die Existenz des *National*staates oder einer nationalen Zentralbank geknüpft sind. Ebenso wie die Festsetzung der Maßeinheit ist die zur Akzeptanz als Geld notwendige Qualitätssicherung an territoriale Begrenzungen nicht gebunden. Eher ist das Gegenteil der Fall, da die Existenz verschiedener (nationaler) Geldarten die Charakteristika von Liquidität und Sicherheit einschränken oder wenigstens verteuern können.
Die historisch enge Verbindung von Geld und Territorialstaat, die es zur scheinbar zeitlosen Inkarnation der Souveränität erhoben hat, erlaubt den Schluß also nicht, daß eine Supranationalisierung an seinen inhärenten Qualitäten scheitern muß. Die in Krieg und Krise entstandene Vorstellung Keynes', der Stand der ökonomischen Entwicklung der 40er Jahre erfordere die Einführung einer Vorstufe zu einem Weltgeld und des Grundsteins einer künftigen ökonomischen Weltregierung,[195] war daher nicht unrealistisch. Daß der Plan schließlich verwässert wurde und lediglich zu einem angesichts der tatsächlichen Aufgaben impotenten IWF führte, daß die Vision also damals scheiterte, bezeugt nicht einen Mangel an Realismus. Es bestätigt sich lediglich die Beobachtung, daß in der bürgerlichen Gesellschaft auch als notwendig erkannte Reformen nicht immer zustande kommen. Oft bedarf es der Katastrophen, um der Einsicht Realisierungschancen einzuräumen und aus der Autopoiesis der selbstgenügsamen Systemreflexion auszubrechen. Die faktische Kraft der Symbolik, der Patriotismus, die Uneinsichtigkeit, die Lust an der Katastrophe, der Fortbestand von an die Nation geknüpften partikularen Interessen haben sich der Denationalisierung des Geldes im Jahre 1944 erfolgreich entgegengestellt. Damit haben sie zugleich das Umfeld für die neuerlichen Pläne zur Denationalisierung geschaffen, wie sie sich innerhalb der Europäischen Gemeinschaft zu realisieren beginnen. Es ist ausreichend dokumentiert, daß die USA ihre starke Stellung als Haupt-Sieger und -Gläubiger nach dem Zweiten Weltkrieg in nationale Vorteile ummünzen wollten und sich deshalb einer Denationalisierung des Geldes widersetzten. Diese Rolle in einer Pax americana sollte dem Dollar zukommen, wie sie zuvor das Pfund Sterling in der Pax britannica gespielt hatte. Im (Gold-)Dollar-Standard des ersten IWF-Abkommens wurde diese Rolle juristisch stabilisiert: Wieder war eine nationale Währung gleichzeitig Weltgeld, war internationale Interventions-, Leit- und Reservewährung, bezogen sich alle anderen nationalen Währungen ungeachtet verbaler Souveränitätsbeteuerungen auf den Dollar, konnten sich die USA sanktionslos Budgetdefizite und Zahlungsbilanzungleichgewichte

erlauben, finanzierten alle anderen Nationen deren (kriegerische) Außenpolitik und die Auslandsinvestitionen von US-Unternehmen mit. So eindeutig war die politische Suprematie, daß weder der sichtbare Verlust der ökonomischen Vormachtstellung an diesem System etwas änderte noch die einseitige, vom Präsidenten Nixon 1971 exekutierte völkerrechtswidrige Aufkündigung der den USA zufallenden Pflichten des Systems.

Diese Paraphrase[196] erscheint mir erforderlich, um verständlich zu machen, daß bei den Planern der Europäischen Währungsunion als neuem Anlauf zu einer (partiellen) Supranationalisierung des Geldes die Einsicht, »die nationale Souveränität [werde] in zunehmendem Maße durch die wachsende wirtschaftliche Interdependenz sabotiert«,[197] ebenso wirksam ist wie der Wunsch, nach dem »Verfall einer dominierenden Macht«,[198] d. h. der USA, ihre politische Hegemonie abzuschütteln.

Wie tief der Stachel der Ohnmacht sitzt, belegt etwa eine geldtheoretisch einflußreiche Schrift, in der das Verhalten des Präsidenten Nixon mit dem des »Principe« von Machiavelli verglichen wird und unter dem Stichwort »politische Zahlungen« die Reparationen Deutschlands nach dem Versailler Vertrag mit der Dollar-Haltung durch die Bundesbank parallelisiert werden: »Nach dem Ersten Weltkrieg wollten Großbritannien und Frankreich die Kuh schlachten und melken gleichzeitig. Die USA haben nach dem Zweiten Weltkrieg die Kuh fettgefüttert und 20 Jahre nach Kriegsende mit dem Melken begonnen; und das so geschickt, daß es kaum jemand gemerkt hat.«[199]

Die Orientierungen zur Errichtung einer Europäischen Währungsunion schreibt der Bericht einer aus 17 prominenten Währungstheoretikern und Praktikern bestehenden Kommission vor,[200] der weitgehend vom Europäischen Parlament übernommen ist.[201] Der Bericht unterstreicht den schrumpfenden Spielraum nationaler Wirtschaftspolitiken bei sich verstärkender wirtschaftlicher Interdependenz (S. 11) und die abnehmende Wirksamkeit nationaler Geldpolitik und nationaler Zentralbanken bei freiem Kapitalverkehr und integrierten Finanzmärkten (S. 18). Gleichzeitig hält er an den seit A. Smith klassischen Funktionsbestimmungen des Staates – Schutz des Eigentums, Errichtung von Infrastrukturen (S. 21) – ebenso fest wie an dessen Verantwortlichkeit für das gesamtwirtschaftliche Gleichgewicht (S. 15/27). Da deren Wirksamkeit national nicht mehr gewährleistet sei, da im Gegenteil angesichts der Internationalisierung nationale Politiken Ungleichgewichte verstärken und untragbare Unterschiede schaffen könnten, sei eine Übertragung von Entscheidungsbefugnissen in den Bereichen der Geldpolitik und makroökonomischen Steuerung notwendig (S. 16). Weil Konjunkturpolitik wesentlich über öffentliche Haushalte geschehe, müsse auch eine verbindliche Koordinierung über die Haushaltspolitik erfolgen (S. 22). Die Währungsunion sei nur erfüllt, wenn die nationalen Währungen uneingeschränkt, irreversibel und zu unwiderruflich fixierten und festen Wechselkursen gegeneinander getauscht würden, der Kapitalmarkt frei und die Finanzmärkte integriert seien (S. 17). In einem solchen System wären nationale Währungen einander vollständig substituierbar und verlören infolgedessen ihre eigenständige Bedeutung. Um Kosten der Transaktion von einer in die andere Währung zu senken und aus psychologischen Gründen sei es aber wünschenswert, eine einheitliche Währung zu schaffen.

Eine nationale Geldpolitik innerhalb eines derartigen Verbundes ist offensichtlich nicht möglich, insbesondere entfällt die Möglichkeit, außenwirtschaftliche Ungleichgewichte über Wechselkursanpassungen auszugleichen. Infolgedessen schlägt der Bericht die Einrichtung eines Europäischen Zentralbankensystems vor. Diese politischen Vorstellungen zur Vollendung der Wirtschafts- und Währungsunion lassen erkennen, wie weit der jahrhundertelang unverrückbar im Zentrum der Wirtschafts-, Währungs- und Handelspolitik stehende Nationalstaat in diesen Domänen marginalisiert wird. Seine Macht beruht nicht mehr auf der Evidenz der Bodinschen Souveränität, sondern auf einem Funktionsverteilungskalkül, das einer Mischung aus Erwägungen von Praktikabilität und Respekt vor Traditionen folgt.

Die Vergegenwärtigung solcher Konsequenzen hat zu heftigen Reaktionen geführt, in denen sich Technisches und Chauvinistisches mischt. Die eher technische Skepsis dokumentiert das folgende Zitat, in dem das Zurückschrecken vor der Preisgabe des Bekannten deutlich wird:

> »Bei einem endgültigen Verzicht auf Wechselkursänderungen muß regionalen Ungleichgewichten, Standortnachteilen und Strukturveränderungen in einem einheitlichen Währungsraum durch einen entsprechenden Ressourcen- bzw. Finanztransfer Rechnung getragen werden, und zwar um so mehr, je weniger die Standortnachteile einzelner Regionen ihren Ausdruck in Lohndifferenzierung, Lohnflexibilität und Mobilität der Produktionsfaktoren finden. Die Währungsunion ist einer Risiko- und Solidargemeinschaft vergleichbar, wie sie sich in den Nationalstaaten mit einem großen Zentralhaushalt, mit Sozial- und Arbeitslosenversicherungssystemen und Finanzausgleichsmechanismen in einer langen politischen Entwicklung herausgebildet hat. In einer Staatengemeinschaft wie der EG befinden sich alle diese Mechanismen mit ihren regionalen Verteilungswirkungen noch in ersten Ansätzen, jedenfalls gemessen an dem, was wir in den Nationalstaaten in dieser

Hinsicht als Ergebnis einer langen politischen Entwicklung vorfinden und gemessen an dem, was auf Gemeinschaftsebene erforderlich wäre. Die Währungsunion ist also mit Problemen konfrontiert, deren Lösung letztlich eine weitgehende politische Einigung erfordern.

Diese politische Dimension einer Währungsunion macht deutlich, daß der Weg dahin noch weit ist und, trotz aller Fortschritte in der währungspolitischen Integration im Rahmen des Europäischen Währungssystems, gewiß nicht bis 1992 vollendet sein wird. Ein zu früher Verzicht auf die Möglichkeit, durch Wechselkursänderungen regionalen Ungleichgewichten, natürlichen Standortnachteilen, aber auch Strukturveränderungen im Gefolge des Integrationsprozesses Rechnung zu tragen, könnte die Europäische Gemeinschaft Belastungsproben aussetzen, denen sie politisch noch nicht gewachsen ist.«[202]

Derselbe Autor hat als Direktoriumsmitglied der Bundesbank die jüngere weltweite Wechselkursentwicklung als »paradox« bezeichnet[203] und damit den limitierten Einfluß der einzelnen nationalen Zentralbanken auf die Währungspolitik in einer international hochintegrierten Weltwirtschaft betont.

In dieser Perspektive scheinen mir denn die Vorschläge zur Währungsunion nicht Ausdruck einer voluntaristisch-dezisionistischen Politik zu sein, sondern der Versuch, den realen Veränderungen der Weltwirtschaft eine organisatorisch-institutionelle (Teil-)Verfassung zu geben. Es handelt sich tatsächlich um einen »irreversiblen Prozeß«.[204] Er begleitet die Transnationalisierung der Produktion, welche die Substanz und Symbolik der nationalen Souveränität ausgehöhlt hat. »Politische Politiküberlegungen« wie nationalistische Emotionen, Symbolik und Folklore mögen dem Irreversiblen den Kurs vorgeben. Es mag auch sein, daß es ohne den Anstoß durch eine neue weltwirtschaftliche Krise nicht zur Denationalisierung kommen kann. Ich hatte allerdings darauf hingewiesen, daß Reformen auch aus Erfahrung, Erkenntnis und Einsicht entstehen können. Dabei gehe ich davon aus, daß der Staat im Kapitalismus die Aufgabe hat, die herrschende Gesellschaftsstruktur politisch zu bewahren, was heißt, »Gefährdungen dieses Zustandes infolge ökonomischer und politischer Veränderungen und Ungleichgewichte durch ausgleichende, integrierende, stabilisierende Gegenmaßnahmen entgegenzutreten, also den Versuch zu unternehmen, die entstandenen Konfliktpotentiale durch neue Gleichgewichtslagen zu eliminieren«.[205] Angewandt auf das vorliegende Problem heißt das, daß Nationalstaaten sich selbst supranationalisieren müssen, weil nur so eine neue Gleichgewichtslage geschaffen werden kann. Dies scheint mir für Geld- und Währungsrecht der Fall zu sein: Weder die eiserne, ›konservative‹ Ex-Premierministerin Großbritanniens noch der lebenslustige ›sozialistische‹ Ex-Premierminister Griechenlands können die Transnationalisierung des Kapitals aufhalten und die Substanz nationaler Souveränität retten; ihre Weigerung, am europäischen Währungssystem teilzunehmen, war nichts als eine hilflose Gestc. Andererseits ist die Wirtschaftskrise wegen der internationalisierten Unternehmensstrukturen und wegen der Organisierung der Lohnarbeiter in sich Verelendung widersetzenden Gewerkschaften kaum noch als ›Reinigung‹, sondern eher als Zusammenbruch des gesellschaftlichen Gefüges denkbar.

Um die illusionäre Realität oder die realitätsgesättigte Illusion vom im Staat aufgehobenen bürgerlichen Allgemeininteresse zu bewahren, muß der Staat die Prozeduren und Institutionen schaffen und erhalten, die Gesellschaftlichkeit ermöglichen, und dies ist im Geld- und Währungsrecht wohl nur noch supranational möglich. Die gewaltigen spekulativen Kapitalbewegungen der Jahre floatender Wechselkurse sind durch die neoliberale illusionäre Illusion ermöglicht, gemäß der die Inhaber von Kapital dieses produktiven Zwecken zuwenden und damit, von der ›invisible hand‹ geleitet, gesellschaftlich nützlich wirken. Die Anschauung belegt hingegen, daß dies nicht der Fall ist, da dem Gewinnsuchenden jedes Mittel recht ist. Spekulative Kapitalbewegungen können heute nicht mehr national kontrolliert werden. Der Staat aber muß sie kontrollieren, denn seine Aufgabe ist ja nicht, reiche Leute zu schützen (auch wenn Funktionsträger das manchmal so mißverstehen), sondern die Form der gesellschaftlichen Produktion zu gewährleisten, die – ich wiederhole es – strukturell nicht an die Nation gebunden ist.

Alle diese Überlegungen sprechen für eine Denationalisierung des Geldes, für ein territorial nicht mehr gebundenes ›Weltgeld‹ und damit für die Beendigung einer konfliktreichen Ordnung, in dem das Weltgeld gleichzeitig nationale Währung ist, sei es das Pfund Sterling früher, der US-Dollar heute oder – in der Hoffnung mancher – eine ECU später einmal.

Eine neue territoriale Abgrenzung in der Mediatisierung der alten europäischen Nationalstaaten widerspricht der auf Grenzen nicht mehr angewiesenen Weltwirtschaft. Sie ist eine späte und falsche Antwort auf die bereits zu ihrer Zeit verspätete nationalistische Wirtschaftspolitik der USA. Sie überwindet das Konzept der Souveränität, tut dies aber zögerlich, so als wolle sie tatsächlich endlich den Traum Kaiser Karls V. vom europäischen Großreich verwirklichen, nun nicht mehr im Sinne des oben zitierten mittelalterlichen Christentums, sondern als Basis des neuzeitlichen Kapitalismus. Was der Nationalstaat nicht mehr zu vollbringen vermag, nämlich wirkungsvolles Instrument im Konkurrenzkampf und Handelskrieg des ›nationalen‹ Kapitals zu sein, fiele gemäß einer solchen Vorstellung nun einem vereinten Europa zu.

Es handelte sich um eine tragikomische Situation, da politische Fronten dort aufgebaut würden, wo ökonomische Konflikte nicht mehr auszumachen sind. Dieser Befund ändert nichts an der latenten Gefahr, da sich mehr als einmal erwiesen hat, wie rasch über Währungsfragen ausgetragene Konkurrenzkämpfe zu mörderischen Auseinandersetzungen werden und nationalistisch stilisiert werden können. Es ist nicht zu übersehen, daß in einem historischen Moment nicht vollends geklärter Einflußverteilungen in Afrika, Südamerika und Südostasien, atemberaubend rascher Veränderungen der geostrategischen Lage im Gefolge tiefgreifender Umbrüche im Lager des »realen Sozialismus« einerseits sowie der fortwährenden Konjunkturpolitik über Rüstungsproduktion andererseits neue Feindkonstellationen gebildet werden könnten. Ein europäisches Währungssystem und ein europäischer Kapitalmarkt lassen befürchten, daß hier ein politischer Block entstehen könnte, der das alte Aggressivitätspotential der nur in guten Konjunkturen friedlichen Nationalstaaten in sich aufnimmt. Die (Welt-)Ökonomie jedenfalls weist in eine andere Richtung.
Die Gegenhypothese will ich gleich mitliefern. Sie geht ebenfalls von einer bekannten historischen Erfahrung aus, nämlich der Unzuträglichkeit und der Konfliktträchtigkeit einer Übernahme der Funktionen des Weltgeldes durch die nationale Währung einer hegemonialen Macht, deren Hegemonie ja immer in der Zeit begrenzt ist. Gleichzeitig setzt sie auf die Einsicht, daß die Weltwirtschaft sich inzwischen in einer Verfassung befindet, die solche Konflikte überflüssig und irrational erscheinen läßt. Die Voraussetzungen zur Einführung und Verwaltung eines ›wahren‹ Weltgeldes, dem nicht mehr der Makel des National-Hegemonialen anhaftet, sind geschaffen. In diesem Sinne wäre die Errichtung einer europäischen Wirtschafts- und Währungsunion lediglich als Etappe, als Aufbau einer Verhandlungsposition zu interpretieren, die das Ziel hat, die US-Währungspolitik von ihren nationalistischen Eierschalen zu befreien – also eher die Realisierung eines denationalisierten Traums des Pazifisten Keynes als des Kriegers Karl V. Die Zukunft ist ungewiß, auch im Hinblick auf den Bestand der Souveränität. Während aber Kant 1795 die »in thesi« richtige Idee einer Weltrepublik angesichts der »Rohigkeit, Ungeschliffenheit und viehische[n] Abwürdigung der Menschheit« und Majestäten für nicht realisierbar hielt,[206] während Kelsen 1920 die Überwindung der Souveränität zugunsten der »civitas maxima« eines Weltstaates als politisches Ideal bloß fordern konnte,[207] liegen inzwischen materielle Voraussetzungen vor, die den Aus- und Abgrenzungen des Territorialstaates ihren ökonomischen Sinn nehmen und den realen Bestand der Souveränitäten zu schleifen beginnen. In profaner Form finden sich hier die Universalitätslehren der großen Religionen wieder.

Teil IV:
Wie mit Entwicklungspolitik weder Souveränität noch neue Staaten noch Dritte Welten noch Gesellschaften entwickelt, sondern staatliche Aufgaben in der Einen Weltökonomie erfüllt werden, wie aber Jargon und Selbstverständnis nicht nur eurozentrisch-evolutionstheoretische Verzerrungen aufrechterhalten und unnötige Demütigungen setzen, sondern auch nicht legitimierbare Unterscheidungen

Die Staaten, die das Konzept der territorialen Souveränität auch in imperialistischer Absicht entwickelt hatten, sind dabei, es zur Disposition zu stellen. Jenseits von Würde und Identität machen sie instrumentelle Erwägungen geltend und führen Reformen durch, um der Transnationalisierung des Kapitals denationalisierte Staatsfunktionen an die Seite zu stellen. Gleichzeitig wird Souveränität »von den Entwicklungsstaaten immer noch als eines der letzten Ziele staatlichen Handelns begriffen«[208]. Mehrere Paradoxien scheinen hier auf. In der Diskussion über ein Entwicklungsvölkerrecht wird der Formalismus der Souveränität beklagt, hinter dem sich Ungleichheit verberge: Einige Länder verfügten über einen ausgebildeten internen Markt und ein ihm adäquates Produktionspotential, die es erlaubten, den Außenhandel nach bezahlbaren Zusatzbedürfnissen zu organisieren; andere Länder hingen dagegen ohne substantielle Autonomie ganz von den Mechanismen des Weltmarktes ab. Ein internationales Entwicklungsrecht müsse derartige Disparitäten in einer kollektiven Anstrengung auszugleichen trachten.[209] Es ist nicht ausgeschlossen, daß vor einem solchen, möglichen Ausgleich die Staaten mit »entwickelten Nationalökonomien« und damit – im Selbstverständnis der Anklage – im sicheren Besitz der ökonomischen Souveränität auf diese verzichten, während die ökonomisch betrachtet abhängigen Staaten auf ihrer Souveränität beharren. Auch bestehen solche Staaten auf umfassender nationaler Souveränität und territorialer Integrität, die »häufig künstliche Konstruktionen, Vermächtnisse der abgesetzten Kolonialmächte sind. Diese neuen Nationen sind schwach integriert, die Grenzen sind unvernünftig gezogen, und es fehlt ihnen kulturelle Kohäsion, mit der Folge einer Neigung zu Gewalt, zu Bürgerkrieg und Krieg«.[210] Ein afrikanischer Jurist beschreibt den Staat als ein »Konstrukt«, das nicht mehr mit einer »natürlichen Gemeinschaft wie Familie oder Stamm verglichen werden kann«. Die afrikanischen Nationen seien während der Berliner Kongokonferenz entstanden, dennoch müsse man an ihnen festhalten, da sie trotz ihres »ökonomisch und intellektuell archaischen Charakters politisch die sicherste Grundlage der Macht sind«.[211]

Anhand von drei Texten soll in die Widersprüchlichkeit der Situation und Aussagen sowie in die Komplexität der Problematik eingeführt werden:

1. Die Sozialistische Republik Vietnam, die ihre nationale Unabhängigkeit in einem jahrzehntelangen opferreichen Krieg errungen hat, ermutigt mit ihrem Gesetz vom 29. Dezember 1987 »ausländische Organisationen und Private, in Vietnam Kapital und Technologien auf der Basis des Respektes seiner Unabhängigkeit und nationalen Souveränität zu investieren« (Art. 1 des Gesetzes über die ausländischen Investitionen in Vietnam). Alle Typen der Investition vom Joint venture bis zur hundertprozentigen Tochtergesellschaft (Art. 4) in allen Sektoren (Art. 3) sind erlaubt und durch Garantien gegen Enteignung (Art. 21) und für ungehinderten Kapitalexport (Art. 22) gestützt. Streitigkeiten werden internationalen Schiedsgerichten vorgelegt. Steuererleichterungen (Art. 26ff.) runden das Bild ab.
2. Ein als ehemaliger Finanzminister für die Geldpolitik Brasiliens verantwortlicher Professor beklagt, daß die schleichende Ersetzung nationaler Währung durch den Dollar »einen Verlust der nationalen Souveränität darstellt, wenn man in Betracht zieht, daß die monetäre Einheit ein wesentliches Charakteristikum des National-Staates ausmacht«. Er hält die (Wieder-)Herstellung der nationalen Währung für unabdingbar, da die »Dollarisation« ein Anzeichen für Unterentwicklung sei, deren »Hauptproblem in der kulturellen und politischen Unterwerfung der herrschenden Eliten« liege.[212]
3. Viele der Führer im Kampf um die Dekolonisierung Afrikas – und sehr wahrscheinlich auch die von ihnen Geführten – waren von der Vorstellung eines einzigen afrikanischen Volkes und keineswegs von staatlich-nationalen Hoffnungen beseelt. Einer der großen Antikolonialisten, B. Boganda, der – wie gesagt – unter ungeklärten Umständen ums Leben kam, hielt die Vision eines dekolonisierten, unabhängigen Staates Latein-Afrika und den Fortbestand einer französischen Nationalität für vereinbar. »Ein Staat, eine Nation ist eine juristische Person, ausgestattet mit einer Existenz sui juris und mit einer Organisation, einer Disziplin, Gesetzen sowie materiellen, intellektuellen und moralischen Gütern. [...] Frankreich ist weder eine geographische Bezeichnung noch eine Hautfarbe. Frankreich ist nach meiner Ansicht ein Gedanke, ein Gefühl, ein gemeinsames Ideal.«[213] Seit der Charta der Organisation der Afrikanischen Einheit von 1963 gehören solche Überlegungen der Vergangenheit an, da diese die Einheit eines afrikanischen Volkes zugunsten der vielen Völker und eines panafrikanischen Staates zugunsten der vielen Staaten aufgegeben und zum Ziel

hat, die Souveränität der Staaten und ihre territoriale Integrität innerhalb der kolonialen Grenzen zu konsolidieren und zu schützen. Die Aufforderung zu übernationaler Solidarität, die die Präambel der Charta enthält, erscheint merkwürdig in einem Dokument, das Staaten zusammenschließt, denen die Nation als Mittel der Ausgrenzung fremd war und die deshalb auch an inter*nationale* Souveränität nicht zu appellieren brauchten.

Alle diese Texte aus drei Kontinenten verhalten sich zu Unabhängigkeit und Interdependenz, Souveränität und Integration, Nationalstaat und anationaler Produktion. Sie mögen demjenigen einfach erscheinen, der in gemütlicher Radikalität die Geschichte und damit auch solche Dokumente als Abfolge von Verrat an Revolutionen, an Panafrikanismus, an großen Ideen oder in ebenso gemütlicher Selbstgewißheit als Zeugnis der Überlegenheit der kapitalistischen Gesellschaft oder gar der weißen Rasse deutet. Mir klingen sie widersprüchlich, testend, zerrissen, wie in dem Bewußtsein verfaßt, Unvereinbares zusammenzwingen zu müssen. Es erstaunt sicherlich niemanden, daß diese Interpretation meinen theoretischen Annahmen entgegenkommt. Sie hält dafür, daß die Rezepte der Wiederholung der (Wirtschafts-)Geschichte der im wesentlichen europäischen Territorialstaaten durch neue Staaten in die Irre führen, ganz abgesehen davon, daß sie eine Anmaßung sind. Die Irrwege werden durch Analogisierungen trassiert und durch juristische Texte betoniert. Auffälligste Wegmarkierungen sind die Begriffe Souveränität, Nation, Volk und Bodenschätze.
Da die wirkliche Geschichte und Politik sich nicht wiederholen, gibt es eine zweite Ebene internationaler Beziehungen, die den Wegmarkierungen bestenfalls verbale Reverenz erweisen, ohne daß sie bei substantiellen Entscheidungen für bedeutungsvoll gehalten würden. Das ließe sich in die Rubriken Hypokrisie oder Gegensatz von Theorie und Praxis einordnen, wenn nicht Verantwortungslosigkeit die Folge wäre und die Einrichtung einer funktionierenden neuen internationalen Wirtschaftsordnung behindert würde, die nicht nur den Mächtigen Flexibilität gewährte, sondern auch die Schwachen schützte. Diese apokryphen Bemerkungen gilt es zu erklären.
Die Paradoxien der verschiedenen Haltungen zur Souveränität lösten sich auf, wenn das oben vorgestellte Modell der Entwicklung aller Gesellschaften und Staaten, das der Einigungs- und Schutzzollbewegung im Deutschland des 19. Jahrhunderts zugrundelag, ein für allemal richtig wäre. Dann müßten die Staaten der Dritten Welt, die sich aus der kolonialen Unterdrückung nur befreien konnten, indem sie das im europäi-

schen Völkerrecht geformte Konzept der politischen Souveränität des Nationalstaates für sich beanspruchten und generalisierten, nun auch die wirtschaftliche Souveränität zu erlangen trachten. Die entwicklungspolitischen Vorschläge zu Abkoppelung und Dissoziation setzen auf dieses Programm. In Anbetracht der Erfahrungen Europas, wo sich seit der »Karolingerzeit« eine »Binnenlandverflechtung als Nukleus politischer Steuerungskapazitäten, ökonomischer Produktivkraftentfaltung und kultureller Identifikation« gebildet habe, habe die »Dritte Welt [...] langfristig nur dann eine Chance, eigenständige und lebensfähige Ökonomien und Gesellschaften aufzubauen, wenn sie sich von der gegebenen internationalen Ökonomie, d. h. von den Metropolen, *auf Zeit abkoppelt*«. Nur so käme »ein organischer Entwicklungsprozeß vom Einfachen zum Komplexen«, »durch spezifische Stufenfolgen« in Gang.[214] Auch wer den Eurozentrismus in solchen Rezepten verurteilen mag, entkommt ihm selbst nicht, wenn die eigenen Ratschläge von universalistischen Prinzipien, der Würde der nationalen Einheit, der Souveränität des Volkes und der Identifikation des Reichtums mit der Verfügung über Boden und Bodenschätze, ausgehen.[215] Fraglich ist allerdings, ob nicht in solchen Ratschlägen bei allen anti-imperialistischen Absichten intellektuell nachvollzogen wird, was für Produktionsverlagerungen nicht untypisch ist, nämlich die in den hochindustrialisierten Ländern amortisierten Verfahren und Rezepte zur Weiterverwendung in die Dritte Welt zu exportieren.

1. Wie juristische Texte Souveränität beschwören, aber nicht herstellen können und in der Anleitung zur Wiederholung und Verewigung europäischer Geschichte Verwirrung stiften

Die »Gesetze der Evolution«,[216] die für den präzisen Bereich der »Entwicklung der Völker« sogar den Segen der katholischen Kirche haben,[217] bestimmen nicht nur die Literaturproduktion. Sie haben ihren Niederschlag auch in einer Reihe von universellen und regionalen feierlichen Erklärungen, Resolutionen und anderen juristischen Texten gefunden. Ausgehend vom Ziel der Vereinten Nationen, den »wirtschaftlichen und sozialen Fortschritt aller Völker zu fördern« (Präambel der Charta), vom Grundsatz der souveränen Gleichheit aller (Mitglieds-)Staaten (Art. 2 der Charta) und von der Überzeugung, daß eine Reihe von unterentwickelten Völkern von den Entwickelten entwickelt werden müßten (Art. 73 der Charta), hat sich eine Praxis herausgebildet, in gewissen Abständen die nationale Souveränität über natürliche Ressourcen, das Recht auf Selbstbestimmung und freie Wahl des Wirtschaftssystems sowie das

Recht auf Entwicklung und Fortschritt in einer Urkunde niederzulegen. Der Sprachgebrauch schwankt. Der internationale Pakt über wirtschaftliche, soziale und kulturelle Rechte von 1966[218] erkennt allen Menschen Würde und Gleichheit zu und leitet daraus ab, daß die Völker das Recht auf Selbstbestimmung und freie Verfügung über ihre natürlichen Reichtümer und Mittel haben (Präambel und Art. 1). Die 1974 verabschiedete Charta der wirtschaftlichen Rechte und Pflichten der Staaten[219] wünscht, »den Wohlstand für alle Länder und einen höheren Lebensstandard für alle Völker« sowie die kollektive Sicherheit bei der Entwicklung insbesondere der Entwicklungsländer unter »strenger Achtung der Gleichheit aller Staaten« zu fördern (Präambel). Sie erklärt zu diesem Zweck: »Jeder Staat hat die volle und ständige Souveränität einschließlich des Besitz-, des Nutzungs- und des Verfügungsrechts über alle seine Reichtümer, Naturschätze und wirtschaftlichen Betätigungen und übt diese Souveränität ungehindert aus« (Art. 2). Die Erklärung zum Recht auf Entwicklung[220] von 1986 endlich bezeichnet den Menschen als »zentrales Subjekt der Entwicklung, [...] er sollte aktiver Träger und Nutznießer des Rechts auf Entwicklung sein« (Art. 2). In diesem Text haben wieder die »Völker« das Recht auf Selbstbestimmung und darauf, die »volle und uneingeschränkte Souveränität über alle ihre natürlichen Reichtümer und Ressourcen auszuüben« (Präambel). Die Staaten sind aufgefordert, »geeignete nationale Entwicklungspolitiken aufzustellen, die die stetige Steigerung des Wohls der gesamten Bevölkerung und aller Einzelpersonen [...] zum Ziel haben« (Art. 2). Die »Bedrohungen der nationalen Souveränität, nationalen Einheit und territorialen Integrität« sind zu bekämpfen (Art. 5); »die Chancengleichheit für alle beim Zugang zu Grundressourcen, Erziehung, Gesundheitsdiensten, Nahrung, Unterkunft, Arbeit und einer gerechten Einkommensverteilung« ist zu gewährleisten (Art. 8). Die afrikanische Charta der Menschenrechte,[221] in Kraft seit 1986, versucht, zwei Rechte der Völker zu harmonisieren, nämlich das auf »eigene wirtschaftliche, soziale und kulturelle Entwicklung unter angemessener Berücksichtigung ihrer Freiheit und Identität« sowie das »auf gleichmäßige Beteiligung an dem gemeinsamen Erbe der Menschheit« (Art. 22). Wiederum werden die Staaten verpflichtet, die »Ausübung des Rechts auf Entwicklung sicherzustellen« (Art. 22 Abs. II).
In den verschiedenen Texten ist das Verhältnis von Menschheit, Staat, Volk und Mensch nicht geklärt. Dies gibt Anlaß zu ausgedehnten Diskussionen,[222] die um so engagierter geführt werden, als das traditionell europäische Völkerrecht Völker und Menschen nicht zum Gegenstand hatte. Dabei soll nachgewiesen werden, daß die Einführung der Begriffe Mensch und Volk sich taktischem Kalkül verdankt, sich hinter ihnen der

Staat als Rechtssubjekt verbirgt und keineswegs eine Umwälzung der Weltordnung beabsichtigt ist. Welche Bedeutung eine Entstaatlichung des Völkerrechts, d. h. die Anerkennung von Individualansprüchen gegen die ›Völkerrechtsgemeinschaft‹ haben könnte, scheint in einer Abhandlung zur völkerrechtlichen Einordnung der ›Dritten Welt‹ auf, die das Unrealistische solcher Vorstellungen hervorheben will. Die Verwirklichung dieser Ideen mache »aus der Völkerrechtsgemeinschaft als Staatengemeinschaft eine Weltgemeinschaft als Menschheit«. Diese aber setze die Beseitigung des Nationalismus und die »Orientierung auf ein gemeinsames, sehr abstraktes Menschenbild« voraus.[223] Der Autor verbannt das ›abstrakte Menschenbild‹ vorschnell in die Sphäre der »Utopie«; er übersieht, daß der abstrakte Mensch als Produzent abstrakten Reichtums in der Realität der (Welt-)Ökonomie längst existiert – der produzierten Ware sieht niemand an, ob sie von Mann oder Frau, Schwarzem oder Weißem, Hindu oder Christen erzeugt wurde. Antirassismus, Antisexismus und Antinationalismus vertragen sich deshalb nicht nur mit einem Kapitalismus, der die Fesseln des Außenhandels und der Nationalität abgestreift hat, sondern sie können bei gegebener Konjunktur sogar von ihm eingefordert werden; aus Rentabilitätserwägungen.
Aus unterschiedlichen Gründen sind klassische wie antiimperialistische Völkerrechtler gegenüber solchen Einsichten eher blind. Sie behaupten deshalb, daß »für lange Zeit die internationale Ordnung von der Existenz zahlreicher Nationalismen [...] unter der Souveränität ihres Staates« auszugehen habe,[224] daß »die Völker auch gegen ihren Willen in die staatliche Form gezwungen werden und die Konzepte von Souveränität und Unabhängigkeit dazu führen, die Systeme zu betonieren«.[225] Im internationalen Klassenkampf macht »das Volk das Recht auf Souveränität geltend, es hat zur Berufung, eine Nation zu bilden, sich in der nationalen Einheit zu stabilisieren. [...] Die politische und juristische Verwirklichung der Rechte eines Volkes bedarf seiner Zusammenfassung im Staat«.[226]
Vor diesem Hintergrund teile ich die Auffassung der Autoren, die sagen, daß in den oben zitierten Resolutions-Texten jeweils der Staat als Träger der Rechte und Pflichten *gemeint* ist und daß die unterschiedlichen Formulierungen sich eher politischem Kalkül verdanken:[227] Nach dem Willen der Charta hat der *Staat* das Recht, ausländische Investitionen in seinem nationalen Hoheitsbereich zu regeln und *staatliche* Gewalt über sie auszuüben, ausländisches Vermögen zu *verstaatlichen* (Art. 2), internationalen Handel zu treiben (Art. 4) und sich in Organisationen von Grundstofferzeugern zusammenzuschließen (Art. 5). Der *Staat* ist für die wirtschaftliche, soziale und kulturelle Entwicklung seines Volkes verant-

wortlich (Art. 7). Alle *Staaten* haben das Recht, an der Lösung der wirtschaftlichen, finanziellen und währungspolitischen Probleme der Welt teilzunehmen (Art. 10) und an den Fortschritten und Entwicklungen in Wissenschaft und Technologie zur Beschleunigung *seiner* wirtschaftlichen und sozialen Entwicklung zu partizipieren (Art. 13). *Staaten* sind für den Schutz, die Erhaltung und die Pflege der Umwelt für heutige und künftige Generationen verantwortlich (Art. 30).

Dieser und die anderen Texte sind den Industriestaaten abgetrotzt worden[228] und gelten deshalb gemeinhin als Zeugnisse eines erwachenden materialistischen Anti-Eurozentrismus. Das ist eine grobe Fehleinschätzung, wie sich aus dem Vergleich mit einem Zitat eines der großen europäischen Idealisten ergibt: »Bei der Freiheit«, so heißt es bei Hegel, »muß man nicht von der Einzelheit, vom einzelnen Selbstbewußtsein, ausgehen, sondern nur vom Wesen des Selbstbewußtseins, denn der Mensch mag es wissen oder nicht, dies Wesen realisiert sich als selbständige Gewalt, in der die einzelnen Individuen nur Momente sind: es ist der Gang Gottes in der Welt, daß der Staat ist, sein Grund ist die Gewalt der sich als Wille verwirklichenden Vernunft.«[229]

Im Ideal der UNO besteht wie im Ideal Hegels kaum ein Gegensatz von Staat, Volk und Mensch; in der Errichtung eines souveränen und unabhängigen Staates soll sich die Erfüllung des Selbstbestimmungsrechts der Völker und der Menschen ausdrücken.[230] Von Anti-Eurozentrismus keine Spur.

Da – ganz in einer hegelianischen Tradition – die Zusammenfassung zum Staat als Zeugnis der Reife und eines gewissen Entwicklungsniveaus eines Volkes gilt, wird die Frage, ob es Staaten in Afrika gebe, mit Erstaunen und Verunsicherung registriert. Sie gilt als Zweifel an der erreichten ›Stufe‹ der Evolution. Wie zur Beruhigung macht deshalb eine auf dem afrikanischen Kontinent sehr verbreitete Zeitschrift darauf aufmerksam, daß der französische Politologe J. F. Bayart, der diese Frage in einem vielbeachteten Buch wieder aufgeworfen hat,[231] sie nicht nur mit Nachdruck bejaht,[232] sondern den afrikanischen Staaten sogar (!) Autonomie und Originalität zuspricht. In der Absicht, Afrika eine eigene Geschichte und Würde in Autonomie zuzuerkennen, räumt Bayart mit einer Reihe von Vorurteilen auf, die dem dunklen Kontinent nur geschichtslose Stabilität und Stagnation, Passivität und Erleiden von Eroberungen sowie die blinde Imitation westlicher Modelle zugestehen wollen. Dem setzt er das Bild eigenständiger Evolutionen, Auseinandersetzungen, politischer Organisationen und gegliederter Ökonomien entgegen, die auch durch die Kolonisation nicht vollständig zerstört worden seien (S. 21ff.). Er denunziert den »verachtenswerten Diskurs über Unterentwicklung« (S. 88) und beharrt darauf, daß in Afrika wie anderswo der Staat die »Geburtsstätte der Ungleichheit« (S. 87) und im Entwicklungsdiskurs mitzubedenken sei. Das Lob erscheint zweifelhaft, da die Existenz von Ungleichheit so zum Zeugnis der Entwicklung wird. Dann destilliert Bayart aus einer Vielzahl von Anekdoten, deren Authentizität jeder bestätigen wird, der Afrika ein wenig kennt, aus komplizierten persönlichen Verhältnissen, aus Besuchen, Fußballspielen, Korruption, Interkontinentalflügen und Geschenken ein Bild (S. 104 ff.), in dem der Zugriff auf politische Macht und ihre Aufrechterhaltung der Sorge von Individuen und Clans geschuldet sind, sich den Zugang zu den Quellen des Reichtums (S. 120 ff.), bestünde er in Agrarüberschüssen oder Entwicklungskrediten, zu sichern. Politische Macht sei bis auf Ausnahmen identisch mit ökonomischer Macht und in hohem Maße personalisiert (S. 318 ff.). Die Autonomie bestehe darin, geschickt die Widersprüche der (Post-)Kolonisatoren auszunutzen und sie übers Ohr zu hauen (S. 47 ff.); die Souveränität des Staates sei von der der Person nicht getrennt. Menschen streben mit vielerlei Mitteln – ethnischen, religiösen, charismatischen, familiären –, nach »oben« zu kommen und dort zu bleiben; sie seien dabei verlogen und aufrichtig, korrupt und ehrlich; sie wüßten jedoch, daß die »Exklusivität des Reichtums« (S. 296) nur über die Eroberung der politischen Macht möglich ist. Wenn Bayart halb ironisch zugesteht, daß diese heterogenen Gebilde nicht am »Adel« des Max Weberschen Staatsbegriffs teilhaben, daß es aber dennoch im Sinne einer positiven Interpretation legitim sei, von Staaten zu sprechen (S. 322), auch wenn sie noch unfertig seien (S. 318), dann fällt er alsbald in den verachtenswerten Diskurs über Unterentwicklung zurück, dann ist die Existenz des Staates das Symbol für die Reife der Völker. Der Geist Hegels ist allgegenwärtig. Nicht vorstellbar, daß Gesellschaften wie die griechische, die römische, die aztekische, die chinesische »hochentwickelt« und nicht Staaten gewesen wären; nicht vorstellbar, daß dem (postkolonialen) Afrika nicht die Existenz von Staaten zugute gehalten werden könnte – hatten nicht die Zulus »einen im Ansatz vorhandenen Staatsapparat«?[233]

Ist erst einmal die Existenz des Staates konstruiert, geht alles seinen evolutionären Gang. Daß sie als »newcomer« unfertig sind, versteht sich; sie müssen sich entwickeln, und das heißt, ihren Völkern im »nation-building« beibringen, ihre komplexen gesellschaftlichen Strukturen als unterentwickelt zu verachten und über Bord zu werfen zugunsten der protestantischen Ethik, der doppelten Buchführung, der Messung von Reichtum, Wert und Arbeitseinsatz nach abstrakten Geldquanten und der Trennung von Politik und Ökonomie. Spezialisierte Institutionen der Zusammenarbeit stehen zur Verfügung, um dabei mit Expertenrat und Geld zu helfen. Die Richtung ist, wie der Name andeutet, durch die entwickelten Staaten vorgegeben. Das erleichtert manches.[234] Es reicht aus, die Stufen zu erklimmen, die von Entwicklungsniveau zu Entwicklungsniveau führen.

Politisch heißt dies »nation-building«, ökonomisch Aufbau der Nationalökonomie. In dieser Perspektive scheint nichts paradox daran, daß die neuen Staaten dem Konzept der umfassenden Souveränität nacheilen und am schon Erreichten festhalten, wiewohl es sich für die ›reifen‹ Staaten als überholt herauszustellen beginnt.

Ich habe demgegenüber hier die Meinung vorgebracht, daß das Konzept des Staates im Sinne einer spezifischen politischen Gewalt über Menschen innerhalb eines Territoriums eine Besonderheit der europäischen Geschichte ist, die mit Neuzeit umschrieben wird. Es bildete sich im Zusammenbruch der feudalen Lebens- und Herrschaftsverhältnisse und empfing seine Dynamik von der Verbrüderung auch mit dem Konkurrenzschutz des für eine Weile in nationalem Gewande auftretenden Kapitals. Diese Besonderheiten sagen nichts über den Stand einer Zivilisation oder Kultur oder Evolution aus. Ich bin weiterhin der Auffassung, daß diese Geschichte nicht beliebig wiederholbar ist und daß trotzdem der Kampf um die Dekolonisierung zur Erringung der *politischen* Souveränität geführt werden mußte und muß, da in der Rechtsfigur der Souveränität nicht nur das Recht auf Selbstbestimmung der Staaten, sondern auch das auf Kolonisierung der Welt enthalten war. Der Kampf um die Souveränität war also in erster Linie einer gegen die der kolonisierenden Staaten. Das Ergebnis war seine Delegitimierung und – um es überspitzt zu sagen – seine Banalisierung und nicht seine gehaltvolle Generalisierung.

Dieser Tatbestand wird verschleiert, wenn heute der alten territorialstaatlichen *und* imperialistischen Souveränität das Prädikat des Antiimperialistischen oder Populären angehängt wird, ohne zum Begriff des Volkes andere Präzisierungen anzubieten als die, daß es sich im Staat realisiert. Der Begriff Volk »ist in der deutschen Sprache übermäßig ideologisch strapaziert worden«.[235] Mit diesem Satz bin ich einverstanden. Nicht einverstanden bin ich mit der Folgerung, daß uns dies »nicht zu beschäftigen« habe, da heute »maßgebend ist die Terminologie in den Vereinten Nationen«.[236] Wenn heute eine »Theorie der internationalen Beziehungen« zum Dreh- und Angelpunkt den Begriff des Volkes macht und dieses als durch den (Befreiungs-)Kampf geadelt und zur Nation zusammengeschmiedet definiert sowie als »menschliche Gemeinschaft, die sich durch ausreichend spezifikative Unterschiede im Verhältnis zu anderen Völkern bemerkbar macht«[237], dann erscheint, unabhängig von guten Absichten, die alte, nur scheinbar ›deutsche‹ Strapazierung des Volk-Be-

griffs wieder. Solche Auffassungen lassen sich nicht als einfache, wenn auch verbreitete[238] Literaturmeinungen abtun, da sie in Teilen der Resolutions-Produktion der Vereinten Nationen entsprechen, die an der Formung eines neuen Gewohnheits-Entwicklungsvölkerrechts teilnehmen.
Die Herausbildung dieses Rechts könnte im übrigen als Beleg für die Abwegigkeit meiner Thesen herangezogen werden: Da die »Mondialisierung« des Konzepts der Territorialstaatlichkeit – ein später Triumph Bodins und des Eurozentrismus – unbestreitbar ist,[239] da es überall Staaten gibt, die dabei sind, sich zu »vervollkommnen«,[240] da weltweit und feierlich erklärt Einigkeit darüber besteht, die Souveränität der Völker, Nationen und Staaten umfassend werden zu lassen, scheinen Annahmen über die Veralterung der nationalen Souveränität bestenfalls unrealistisch, schlechtestenfalls neo-imperialistisch zu sein.

2. Wie die Aufteilung der Welt in Territorialstaaten unschädlich gemacht wird, soweit sie die Mobilität von Investitionen behindern könnte

Der imperialistische Inhalt einer Annahme indes ergibt sich ebensowenig notwendig aus Absichten, wie sich geformte gesellschaftliche Realität aus (juristischen) Texten ergibt. Weiter oben habe ich gesagt, daß zwei Ebenen internationaler Beziehungen bestehen, die sich kaum zu berühren scheinen und deren unkoordinierte Existenz sich gerade für Schwache nachteilig auswirkt. Die eine Ebene ist die der (feierlichen) Erklärung zur Souveränität der Völker und der Staaten; die andere ist die einer Politik und Ökonomie ohne Grenzen, in der sich die Überwindung von Territorialstaat und Souveränität vollzieht. Auf dieser zweiten Ebene taugt der Jargon des Entwicklungsrechts wesentlich nur dazu, Nachteile auf Schwache abzuwälzen. Für die grenzüberschreitenden Direktinvestitionen und die Finanzierung der Entwicklungszusammenarbeit läßt sich die Dichotomie nachweisen.
Ich halte es im übrigen nicht für unwahrscheinlich, daß die zuversichtliche oder resignierte Einsicht in die Dichotomie zu einer eher lauen, fast respektlosen Haltung gegenüber der Würde von UNO-Resolutionen im Bereich des Entwicklungsvölkerrechts führt. Nicht nur die Vertreter der Industriestaaten pflegen mit ihnen einen eher lässigen Umgang, »in der Erwartung, es werde nichts so heiß gegessen, wie es gekocht wird«[241]. Auch die Repräsentanten der »unterentwickelten Länder« werden dafür kritisiert, daß sie die Debatten kaum und meist schlecht vorbereitet verfolgen

und daß sie den außerordentlich wichtigen Problemen nur »episodische und folgenlose Prüfungen« angedeihen lassen.«[242] Vielleicht resultieren solche Haltungen nicht, wie versichert wird, in Defensive[243] oder aus professioneller und politischer Inkompetenz, sondern in der Ahnung der Vergeblichkeit der Bemühungen.
Die Souveränität der Völker über die natürlichen Ressourcen baut auf zwei (europäischen) Mythen. Zum einen beschwört sie die von Klassen- und anderen sozialen Unterschieden unabhängige Möglichkeit der Einheit in Nation und Staat. Zum anderen glaubt sie an die Fortgeltung der Wahrheit, Reichtum und Herrschaft gründeten auf der Verfügung über Boden und die in ihm ruhenden Schätze – eine Annahme, die spätestens seit John Law und Goethes *Faust II* entkräftet sein sollte. »Doch es gibt kein absolutes, generelles und zeitloses Konzept des Reichtums.« Das ist ebenso richtig, wie heute falsch ist, daß »ökonomische Macht von technologischen Faktoren und der Ins-Werk-Setzung vorhandener Ressourcen abhängt«[244]. Weder die *Kenntnis* der Technologie noch das *Eigentum* an Bodenschätzen stiften in der heutigen (Welt-)Ökonomie Reichtum. Erst in der Ausbeutung werden Bodenschätze und erst in der exklusiven Verfügbarkeit und Verfügung wird Technologie etwas wert. Nicht das Eigentum an Boden und seinen Schätzen, sondern der Einsatz von Kapital, der ›Technologie‹ und Arbeit dazu bewegt, die Schätze zu heben, zu verarbeiten und als Ware auf den Markt zu bringen, gewährleistet Produktion, Reichtum und ökonomische (Verfügungs-)Gewalt. Das bleibt niemandem verborgen, der beobachtet, daß ›natürliche‹ oder juristische Personen, die in kleinen und kleinsten Staaten ohne nennenswertes Landeigentum ihren Sitz haben, über große ökonomische Macht und Reichtum verfügen – abgekürzt heißt es dann, der Sitzstaat oder gar das Volk seien reich, während große Flächenstaaten mit ausgedehnten Bodenschätzen zu den Ärmsten der Erde zählen.
Dem (größeren) Teil des Volkes, der Völker oder der Menschen, die an der Produktion des Reichtums in der Weise beteiligt sind, daß sie ihre Arbeitskraft gegen Lohn verkaufen, kann es gleichgültig sein, welcher »Rasse, Hautfarbe, Geschlechts, Sprache, Religion«[245] der über Kapital Verfügende und ihn Entlohnende ist, ebenso wie es ihm gleichgültig sein kann, welche dieser konkreten Merkmale den Lohnempfänger auszeichnen – beide haben ein »abstraktes Menschenbild« im Kopf, und zwar nicht als »Utopie«, sondern real. Dies geschieht nicht aus Erwägungen der Großzügigkeit oder um die Texte der Vereinten Nationen mit Leben zu füllen, sondern aus Gleichgültigkeit vor diesen Kriterien, solange sie die abstrakt bemessene Arbeitsleistung nicht hemmen. Selbstverständlich sind sie willkommen, wenn sie als Vorwand dienen können, Lohn und

Arbeitsbedingungen vergleichsweise schlecht zu gestalten. Das heißt, daß einerseits der über Kapital Verfügende zu schätzen weiß, wenn eine Regierung wie ein schlechter Familienvater die nationale Souveränität dazu nutzt, Arbeitskraft unter dem Niveau der auf dem Weltarbeitsmarkt üblichen und erkämpften Löhne anzubieten und in dieser Absicht soziale Grundleistungen und Gewerkschaften unterdrückt. Andererseits haben ›Völker‹ kaum etwas dafür übrig, um der nationalen Würde und Souveränität willen einem nationalen Kapitaleigner zu schlechteren Bedingungen zur Verfügung zu stehen als einem fremdländischen.

Es scheint, daß sich im Moment weltweit die Einsicht durchsetzt, es mache keinen Unterschied, ob der über Kapital Verfügende ein Privater oder der Staat ist, solange nicht das Lohnverhältnis der Warenproduktion aufgehoben ist. Die allzu schlichte und schlechte Formel, daß im Staat das Volk sich realisiere, hat ihren Zauber (fast) verloren. Es zeigt sich, daß hinter dem häufig autoritär abverlangten nationalen Sonderopfer, den geforderten Zusatzanstrengungen für den Aufbau von Unabhängigkeit und umfassender Souveränität nichts steckt als ideologisch und/oder gewaltsam abgepreßte Gratisarbeit, die nicht über den Kapitalismus hinausweist, sondern hinter seinen Bedingungen zurückbleibt. Die sich beschleunigenden globalen Migrationen von Arbeitern, die dorthin wandern wollen, wo sie zu ›normalen‹ Bedingungen arbeiten können, sind m. E. eine klare Antwort auf solche rassistische Politik, die von Menschen der verschiedensten Hautfarben geübt wird.

In Gesellschaften mit längerer kapitalistischer Geschichte hat sich inzwischen nach langen Auseinandersetzungen, die bisweilen von den Thatchers und Reagans vergeblich neu geschürt werden, die Erkenntnis durchgesetzt, daß die Unverletzlichkeit des Körpers, der Schutz vor Arbeitsunfällen, Erziehung, Altersversorgung und Regeneration der Arbeitskraft vom Staat als Vertreter des bürgerlichen Allgemeininteresses in Sorge um die Erhaltung des kapitalistischen Produktionsverhältnisses gewährleistet werden müssen.[246] In dem Maße, in dem die (kapitalistische) Warenproduktion sich »mondialisiert«, muß sich dieser Sozial- und Menschenschutz »mondialisieren«. Dies ist langfristig auch politischen Regimes abzutrotzen, die meinen, Warenproduktion ohne Schutz der Arbeitskraft betreiben lassen zu können, oder die noch von einer traditionellen familiär organisierten sozialen Sicherung zehren. Das gilt strukturell und nicht, um den Bestandsschutz ›nationaler‹ Arbeiterklassen zu sichern. Insbesondere ist dies weder Export europäischer Ideen noch Einmischung in innere Angelegenheiten anderer Länder, es sei denn, man meinte, die Warenproduktion sei europäisch. In diesem Zusammenhang gewinnt die oben in den Bereich der Utopie verbannte Tendenz, Völker und Menschen als Subjekte und Rechtsträger des Völkerrechts anzuerkennen, eine neue, objektive Gestalt. Sie vermag sich gegenüber anderen, etwa in der Erklärung zum Recht auf Entwicklung von 1986 enthaltenen Intentionen zu verselbständigen. Die Transnationalisierung der Produktion hat die territorialstaatliche Begrenzung des Sozial- und Menschenrechtsschutzes überholt. Sie wirkt sich nur noch als reaktionäre, unzeitgemäße Benachteiligung der Schwachen aus, die ihr durch Auswanderung zu entkommen trachten, solange nicht tatsächlich aus der »Völkerrechtsgemeinschaft als Staatengemeinschaft eine Weltgemeinschaft als Menschheit« entstanden ist.[247]

In einem melancholischen Essay hat Dupuy dargelegt, daß die alte Vision von Glück und Harmonie, die in den Ideen des klassischen Universalismus verkörpert war, mit zunehmender praktischer Annäherung einem Gefühl von Enttäuschung, ja von Terror gewichen sei, und daß daran die – notwendige – Durchsetzung von Menschenrechten kaum etwas ändere.[248] Dieses Gefühl mag sich durchaus einstellen, da sichtbar wird, daß Sozialschutz, Menschenrechtsschutz, Kinderschutz nicht menschlicher Solidarität entspringen und die Türen zu einem posthistorischen Reich der Freiheit öffnen, sondern daß sie dem banalen Zwang und den Anforderungen des kapitalistischen Produktionsverhältnisses geschuldet sind.

Festzuhalten ist, daß sich in der zögerlichen Anerkennung der Menschen und Völker als Völkerrechtssubjekt objektiv die Überwindung der territorialstaatlichen Souveränität andeutet.

Es entbehrt nicht der Pikanterie, daß eine der ersten Breschen zur Anwendung des Völkerrechts auf Privatpersonen keineswegs in der Absicht geschlagen worden ist, lohnabhängig Beschäftigte zu schützen, sondern um die Interessen transnationaler Unternehmen in »bestimmten unterentwickelten Staaten des Mittleren Ostens und Afrikas« zu garantieren.[249] Aus diesem Grunde wurde gerechtfertigt, gegen alle konzeptionellen Bedenken der klassischen, auf Territorien hin definierten Doktrin das Völkerrecht auch auf Privatpersonen anzuwenden, um sie dem Schutz des Rechts der ›zivilisierten Staaten‹ zu unterstellen. Eine solche Formel sei nützlich und willkommen, entspreche den »tatsächlichen Bedingungen, den Parteiinteressen und den Anforderungen einer progressiven Wirtschafts-Policey«.[250] Inzwischen gibt es eine ausgedehnte, nuancierte Spezialliteratur[251] zu diesem Thema. Doch niemals wieder ist so unzweideutig ausgedrückt worden, daß die Grundlage des Völkerrechts, nämlich Macht über Territorium, d. h. Boden, überholt und Verfügung über Kapital ihr mindestens ebenbürtig ist. In der Tat, die Fragen nach dem Eigentum am Boden und nach der Souveränität über Bodenschätze sind für den über Kapital Verfügenden ohne Bedeutung, solange er abstrakten Reichtum rentabel produzieren (lassen) und die Konsequenzen von Eigentum und Souveränität als Kostenfaktor, nämlich Steuern, »royalties«, Gebühren, kalkulieren kann.

Während man sich allerdings vor 30 Jahren noch hilfesuchend an das Völkerrecht der zivilisierten Staaten wenden mußte, um dieses zu garantieren, existiert inzwischen ein ausgedehntes nationales und internationales Regelungsgeflecht, das den Schutz gewährleistet. In dem Maße, wie UNO-Resolutionen unter der Führung der ›Gruppe der 77‹ eine ›Neue Internationale Wirtschaftsordnung‹ in Konturen zu entwickeln begannen mit einem weitgehenden Recht auf Verstaatlichung und Enteignung, der Pflicht von Unternehmen, zur Entwicklung von Gastländern beizutragen, die Umwelt zu schützen, Korruption zu unterlassen, den Transfer von Technologie sicherzustellen, sich nicht in politische Angelegenheiten einzumischen und Streitigkeiten unter nationalem Recht und Verfahren zu schlichten, formierte sich in multilateralen Abkommen der von den Industrieländern beherrschten Organisationen, in großen Serien bilateraler Völkerrechtsverträge und in nationalen Rechten der ›Heimat‹- wie ›Gast‹-Länder von Unternehmen eine Gegentendenz. Dabei ist nicht zu übersehen, daß nicht selten Vertreter ›radikaler‹ Positionen in der UNO bilateral außerordentlich ›konziliante‹ Positionen gegenüber transnationalen Unternehmen bezogen und zunehmend beziehen.

Eingedenk der Bedeutung, welche den internationalen Kapitalanlagen auf dem Gebiet der wirtschaftlichen Entwicklung zukommt, und in der Erkenntnis, daß Streitigkeiten zwischen Staaten und Angehörigen anderer Vertragsstaaten – d. h. privaten Unternehmen – zwar normalerweise Gegenstand innerstaatlicher Rechtsverfahren sind, in bestimmten Fällen jedoch ein internationales Beilegungsverfahren angebracht sein kann – so formuliert es die Präambel –, hat die Weltbank bereits 1965 ein »Übereinkommen zur Beilegung von Investitionsstreitigkeiten zwischen Staaten und Angehörigen anderer Staaten«[252] aufgelegt. Es schuf ein Zentrum für die Beilegung solcher Streitigkeiten (ICSID) und stellt einen Rahmen zur Verfügung, in dem natürliche und juristische Personen einerseits und Staaten andererseits ihre mit einer Kapitalanlage zusammenhängenden Rechtsstreitigkeiten schiedsrichterlich entscheiden lassen können (Art. 25). Die Fragen des traditionellen, auf das Territorium fixierten Völkerrechts sind als unerheblich ausgeklammert. Es wird ausdrücklich bemerkt, daß das Verfahren diplomatischen Schutz und völkerrechtliche Ansprüche verdrängt (Art. 27). Der Schiedsspruch bindet auch den Staat, und dieser »stellt die Vollstreckung der darin enthaltenen finanziellen Verpflichtungen in seinem Hoheitsgebiet sicher« (Art. 54).

Ebenfalls mit dem Ziel der Stärkung internationaler Zusammenarbeit zu wirtschaftlicher Entwicklung und in Anbetracht der Wichtigkeit des Beitrags »ausländischer Investitionen im allgemeinen und privater ausländischer Investitionen im besonderen« zur Förderung dieses Ziels, mit dem Wunsch, »den Kapital- und Technologiefluß in die Entwicklungsländer für produktive Zwecke zu Bedingungen, die ihren Entwicklungsbedürfnissen, -richtlinien und -zielen entsprechen, auf der Grundlage gerechter und dauerhafter Normen für die Behandlung ausländischer Investitionen auszuweiten« und zu diesem Zweck den Fluß solcher Investitionen »in die Entwicklungsländer durch Beseitigung der Besorgnisse in bezug auf nichtkommerzielle Risiken« zu erleichtern, hat die Weltbank unter aktiver Beteiligung vieler Staaten der Dritten Welt eine ›Multilaterale Investitions-Garantie-Agentur (MIGA)[253] eingerichtet. Damit banalisieren die Mitgliedsstaaten das zu einem Versicherungsfall und einem »gedeckten Risiko« (Art. 11), was dieselben Staaten in der Charta der wirtschaftlichen Rechte und Pflichten der Staaten und anderswo in die feierliche Sphäre von Gerechtigkeit, Souveränität und internationaler Zusammenarbeit rücken, nämlich nationale Währungspolitik und Devisenkontrolle, Verstaatlichung und Enteignung, einseitige Vertragsaufhebungen und Nichtanerkennung von internationalen Schiedsgerichtsverfahren, militärische Handlungen und die Unterdrückung ziviler Unruhen, insgesamt also die sogenannten inneren Angelegenheiten (Art. 11). Die MIGA »ergänzt« die (Präambel) und »kooperiert« (Art. 19) mit den nationalen und regionalen Institutionen, die ebenfalls nicht kommerzielle Risiken von Kapitalexport decken – in der Bundesrepublik geschieht dies über »Hermes« und »Treuarbeit«.[254] Doch gleichzeitig denationalisiert sie den Mechanismus und verändert damit seine Motive, die aus der Zeit der Konkurrenz ›nationaler‹ Kapitale stammen: Kapital ›an sich‹ soll verflüssigt werden, was gerade auch von Repräsentanten der Entwicklungsstaaten gefordert wird. Sie geben damit zu erkennen, daß ihnen die Einheit der Welt-Ökonomie näher ist als die nationale.
Mit ICSID und MIGA sind substantielle Prärogative staatlicher Souveränität – Gerichts- und Währungshoheit sowie das Recht auf Verstaatlichung – so weit neutralisiert, daß Staatsgrenzen den anationalen Charakter des Kapitals kaum noch verbiegen können. Ein übriges tut ein Netz von Hunderten von bilateralen Verträgen über »die Förderung und den gegenseitigen Schutz von Kapitalanlagen« (so heißen sie gemeinhin heute in der Bundesrepublik), wie sie zwischen Industrie- und Entwicklungsstaaten ganz unabhängig von ›sozialistischer‹ oder ›kapitalistischer‹ Orientierung geschlossen werden. Um den Inhalt solcher Verträge zu kennzeichnen, greife ich den »Vertrag zwischen der Bundesrepublik

Deutschland und der Republik Bolivien über die Förderung und den gegenseitigen Schutz von Kapitalanlagen« vom 23. März 1987[255] heraus. Er schützt und sichert Kapitalanlagen im weitesten Sinne (Art. 41) und verpflichtet die Parteien, Verstaatlichungen und Enteignungen nur zum allgemeinen Wohl und gegen eine dem aktuellen Wert der Kapitalanlage entsprechende, unverzüglich zahlbare, verzinsliche und frei transferierbare Entschädigung vorzunehmen (Art. 4). Falls der Heimatstaat die Entschädigung ersatzweise vornimmt, erkennt der andere Staat einen Forderungsübergang an, so daß zunächst das Entschädigungsrisiko sozialisiert wird und sodann der enteignende Staat sich einem ›befreundeten‹ Staat als Gläubiger gegenübersieht (Art. 6). Auch gestehen die Staaten einander zu, fremde Kapitalanlagen »nicht weniger günstig als Kapitalanlagen der eigenen Staatsangehörigen und Gesellschaften« zu behandeln (Art. 3). Geschützt werden endlich natürliche Personen beider Nationen, aber auch juristische Personen, die ihren Sitz in der Bundesrepublik haben (Art. 1). Auf die Nationalität der Herkunft des Kapitals kommt es also nicht an. Der Funktionsverlust des Schutzes ›nationalen‹ Kapitals durch den Nationalstaat läßt sich deutlicher kaum in gesetzliche Worte fassen – es könnte passieren, daß die Bundesrepublik den bolivianischen Kapitaleigner einer Gesellschaft mit Sitz in Köln entschädigt, deren Tochtergesellschaft in Bolivien enteignet wird, und auf diese Weise eine deutsch-bolivianische Staatsschuld begründet; deren Einlösung können dann deutsche Heimatfreunde unnachsichtig fordern, weil sie die Orientierung verloren haben.
Eine dritte Ebene zu Schutz und Sicherung der weltweiten Flüssigkeit des Kapitals ist durch nationale Gesetzgebungen der Entwicklungs- und Industrie-, der sozialistischen und kapitalistischen Staaten fixiert, in der Art des bereits vorgestellten (S. 110) Gesetzes über die ausländischen Investitionen in der sozialistischen Republik Vietnam. In der vergeblichen Hoffnung, Investitionen anzulocken, überbieten sich derartige Gesetze nicht selten in Versprechungen von Sicherheiten, Steuererleichterungen und Gewinnmaximierungen und begünstigen juristisch oder faktisch den »ausländischen« gegenüber dem »nationalen« Investor. Das vietnamesische Gesetz ist ein Beispiel für eine derartige Politik in der Konsequenz des Kampfes um »nationale Souveränität« (Art. 1)[256]. Sozialismus und Souveränität haben zum ausschließlichen Inhalt die Diskriminierung von Vietnamesen gegenüber ›Fremden‹.

3. Warum die Aufteilung der Welt in Territorialstaaten dort, wo sie nicht unschädlich gemacht wird, Risiken unangemessen verteilt und Elend akzentuiert

Das vietnamesische Gesetz bezeugt ein allgemeines Problem, das sich aus dem Zusammentreffen der anationalen Produktion und der fortbestehenden Nationalstaaten ergibt: Nachdem auf den drei Ebenen der multilateralen, bilateralen und nationalen Rechtssetzung die möglichen politischen Barrieren für die Flexibilität des Kapitals weitgehend weggeräumt sind, schützen sie die Staaten nicht, sondern stehen ihnen als unsinnige und kapitalistisch nicht geforderte Unzuträglichkeiten begründende Hindernisse im Wege. Dies gilt besonders für Entwicklungsländer. Das Beharren auf umfassender Souveränität mildert diesen Effekt nicht, sondern akzentuiert ihn. Da diesen Nachteilen politische Renten, d. h. ökonomisch nicht notwendige, aber willkommene Zusatzgewinne privater Unternehmen entsprechen, ist nicht verwunderlich, daß diese am Konzept der Souveränität in der substantiell entschärften Form nichts auszusetzen haben.

Die Aufteilung der Welt in Territorialstaaten, »groß und klein« (Charta der UNO) favorisiert die Trennung von Zusammengehörigem. Schon bei der national unterschiedlichen Ausgestaltung des (Sozial-)Schutzes der identischen, abstrakten Arbeitskraft war das aufgefallen. Für die weltweit parzellierte Verantwortungsbegrenzung und Risikostreuung der Unternehmen ist das nicht anders.

a) Wie einheitliche Unternehmen zu (nationalen) juristischen Personen werden und Haftung, nicht aber Herrschaft begrenzt wird

(Entwicklungs-)Staaten beharren zumeist aus sentimental einsichtigen Gründen darauf, daß in ihnen investierende Unternehmen nationale juristische Personen gründen. Mit diesem Ausdruck nationalen Selbstbewußtseins kommen sie den Interessen der Unternehmen weit entgegen, beschränkt sich doch deren Haftung dann auf das – meist geringe – Kapital dieser Person. Ähnlich günstig ist es, wenn eine nationale staatliche oder private Beteiligung an der nationalen Gesellschaft gefordert wird, solange Kontrolle und Rentabilitätschancen gewahrt bleiben. Aus demselben Grunde hat der Management-Vertrag, der von vielen (Entwicklungs-)Staaten in den 70er Jahren propagiert wurde, weil er das Eigentum an Produktionsmitteln auf den Staat übertrug, nach anfänglichem Zögern viele Anhänger in den Industrieländern gefunden, da ohne jeden Kapitaleinsatz und, bei geschickter Ausgestaltung der Verträge, auch ohne jedes Rentabilitätsrisiko, Honorare für Dienste gezahlt werden, selbst wenn sie in die Pleite führen.

Die juristische Parzellierung eines einheitlichen Unternehmens in selbständige Gesellschaften ist nicht ein Phänomen der Territorialstaatlichkeit, sondern eine juristische Konstruktion, die dazu ermutigen soll, privates Vermögen in Kapital umzuwandeln und auf diese Weise zur Entstehung von Kapitalmärkten beizutragen: Wer Geld hat, der kann einen Teil zu Kapital(-Einlagen) in juristischen Personen nutzen und mit diesem Teil an Risiko und Gewinnmöglichkeiten teilnehmen, ohne daß das Risiko sein gesamtes Vermögen erfassen würde. Diese Haftungsbegrenzung ist die »größte Einzel-Erfindung der Neuzeit« genannt worden, die mehr als »Dampfkraft und Elektrizität« die Dynamik des Kapitalismus gefördert habe.[257] Die Gründe ihrer Entstehung sind sicherlich nicht vollständig obsolet. Jedoch haben sich die Bedingungen des Kapitalmarktes, die Strukturen der Unternehmensgröße und der Unternehmensführung, die Rolle der Kapitalanleger und deren Zusammensetzung, die Funktion und Praxis der Liquidation und des Konkurses ebenso wie die Schadensrisiken der industriellen Produktion in diesem Jahrhundert tiefgreifend geändert. Es erscheint kaum angemessen, das mit der Dampfkraft großgewordene Prinzip der Haftungsbeschränkung des *Privaten* (!) auf seine Kapitaleinlage bei einer überschaubaren Gesellschaft ohne Beachtung der faktischen Situation und Interessenlage auf ein weltumspannendes Unternehmen anzuwenden. Dieses organisiert sich in Hunderten juristisch unabhängiger Gesellschaften und entkommt so der Gesamtverantwortlichkeit für die Folgen seiner Entscheidungen, seiner Irrtümer, der von ihm verursachten (Umwelt-)Schäden. Dabei verhindert die Aufteilung nicht, daß im übergeordneten Unternehmensinteresse die Einzelgesellschaften zu nachteiligen Geschäften veranlaßt werden. Tatsächlich haben diese faktischen Veränderungen in nationalen Rechten weitgehende Auflockerungen der ursprünglich ehernen Abschottung der juristischen Person zur Folge gehabt, die zunehmend der ökonomischen Einheit des Unternehmens juristische Bedeutung zuerkennen. So weit gehen inzwischen die Grenzverwischungen, daß das deutsche Aktiengesetz in seiner Fassung von 1965 die Begriffe des Unternehmens und der Gesellschaft in – man ist versucht zu sagen – unordentlicher Weise nebeneinander benutzt. Immerhin ist dort inzwischen anerkannt, daß in deutschen verbundenen Unternehmen das Gesamt-Unternehmensinteresse dem Interesse der einzelnen, nicht selbständigen Gesellschaft vorgeht. Daraus folgt, daß die Gesamtgeschäftsführung die Einzelgesellschaft auffordern kann, schädliche Ge-

schäfte abzuschließen (die dem Gesamtunternehmen nützen) oder den Gewinn vollständig abzuführen. Jedoch müssen diese Nachteile ausgeglichen werden, gelten Ersatzansprüche, um Minderheiten und Gläubiger zu schützen (§§ 291 ff. AktG). Interessant ist, daß im deutschen Recht die Übernahme dieser Konstruktion für Fälle abgelehnt wird, in denen eine deutsche Tochtergesellschaft von einer ausländischen Mutter abhängig ist. Da im internationalen Unternehmensrecht eine Ausgleichspflicht nicht bestehe, dürfe die ausländische Mutter auch keine nachteiligen Weisungen erteilen, und die Tochter sei verpflichtet, das Eigeninteresse gegen das Gesamtinteresse des Unternehmens durchzusetzen.[258]
Extralegal hat sich auch die Lehre und Praxis von der Durchgriffshaftung entwickelt, bei der in bestimmten Ausnahmesituationen – etwa Unterkapitalisierung, betrügerischer Absicht etc. – der Schutz der beschränkten Haftung durchbrochen wird zu Lasten des Eigentümers der Gesellschaft. In dieselbe Richtung weisen Patronatserklärungen, mit denen Unternehmen Garantien für die Ansprüche gegen Tochtergesellschaften übernehmen.
Das ist ein weites Feld und hier nicht zu beackern.[259] Die Hinweise sollen lediglich darauf aufmerksam machen, daß die Einheit des Unternehmens und die zentrale Kontrolle der Unternehmensteile allmählich als rechtsrelevant anerkannt werden. Ein struktureller Unterschied zwischen nationalen und transnationalen Sachverhalten besteht nicht. Wenn die Durchsetzung des Konzerninteresses im grenzüberschreitenden Unternehmen untersagt wird, dann deshalb, weil die Ausgleichsmechanismen fehlen. Spätestens seit der Studie Kronsteins zur ›abhängigen juristischen Person‹ aus dem Jahre 1931 ist bekannt, daß dieses Verbot praktisch ins Leere läuft.[260] Es bleibt deshalb keine andere Wahl, als das transnationale Unternehmen in bestimmten Fällen als Haftungsverband verantwortlich zu machen. Das wäre etwa notwendig bei klar zuzuweisender Verantwortlichkeit für das Scheitern einer Industriepolitik, die ganz auf ein solches Unternehmen zugeschnitten war, bei Umweltschäden, die nur durch ein solches Unternehmen verursacht werden können, bei negativen Konsequenzen des Technologie-Transfers, die so nur bei einem solchen Unternehmen entstehen können. Es wäre damit versucht, die Transnationalisierung der Produktion anzuerkennen, gleichzeitig aber auszuschließen, daß die Existenz der Territorialstaats-Grenzen die juristische Gesamtverantwortlichkeit unter das national als Minimum anerkannte Maß herabdrückt – zu Lasten der Gläubiger, der in der Regel kleinen Lieferbetriebe, der abhängig Beschäftigten, der Umweltgeschädigten, der Industriestruktur.
Solche Regelungen können nicht national eingeführt werden. Kaum ein

Staat ist stark genug, sie gegen die Konkurrenz anderer durchzusetzen. Ein erster Schritt wäre etwa eine Ausarbeitung in transnationalen »Codes of Conduct«, an denen seit mehr als einem Jahrzehnt gearbeitet wird.[261] Hier nun tut sich eine interessante Schere auf: Der Entwurf des UN-Codes ist so vom Selbstverständnis des Schutzes und der Ausdehnung der nationalen Souveränität (der Entwicklungsstaaten) durchdrungen, so auf die Ziele der politischen Bewegungen fixiert, so am Reichtum der Nationen als Ziel der Neuen Internationalen Wirtschaftsordnung orientiert, daß er die politologische Dimension der transnationalen Unternehmen weit mehr im Auge hat als die ökonomische. Entsprechend versucht er sie zu bändigen, indem er jedem Staat, groß oder klein, Informationsrechte, Kontrolle, Teilnahme an der technologischen Entwicklung zukommen lassen will, ohne Gedanken daran zu verschwenden, wie der Staat das alles bewältigen soll. Zerrissen zwischen der in der Präambel der Entwürfe mitgeteilten Erkenntnis, daß transnationale Unternehmen Grenzen vernachlässigende Einheiten sind, in denen kohärente Geschäftspolitiken und -strategien gedacht und verfolgt werden, wobei die Einzelgesellschaften über gemeinsame Kontrolle sowie geteilte Ressourcen, »know-how« und Verantwortlichkeiten zusammengehalten werden (kennzeichnend ist, daß das eigentliche Ziel des Unternehmens, nämlich Rentabilität, in dieser eher systemtheoretisch-politologischen Begriffsbestimmung nicht auftaucht).[262] Der in den nicht-finanziellen Organisationen der Vereinten Nationen herrschenden Denkschule, der zufolge sich wirtschaftliche Entwicklung als Entwicklung und Ausbau nationaler Souveränitäten definiert, ist der Entwurf in großen Teilen ein Dokument der Vergeblichkeit, weil er moralische Prinzipien und politische Forderungen nebeneinander stellt. Sie könnten sich ebenso gut an Menschen mit lauteren Absichten richten (»Du sollst nicht rassistisch denken«). Sie sind wohlfeil, weil ihnen in einer politologischen Sicht und bei der Suche nach einer angeblich verlorenen Souveränität die zentrale Orientierung der transnationalen wie aller anderen Unternehmen entgeht, nämlich mit allen Mitteln Rentabilität von Kapital zu suchen. Die in Deklamationen im Vordergrund stehenden Hautfarben und Rassen sind ihnen im Prinzip gleich-gültig. Sicherlich üben die Großunternehmen politische Macht aus, wesentlich aber ist, daß sie eine Neudefinition des Politischen erzwingen, die nicht mit dem Nationalstaat zusammenfällt. Die politischen Instanzen und Wirtschaftsgesetze Frankreichs oder Tongas, Brasiliens oder der USA können das der nationalen Fesseln entledigte Kapital nicht wirksam zur Beachtung des dem Kapitalismus eigentümlichen Allgemeininteresses anhalten. In der Fixierung auf den Nationalstaat lassen sich zwar beruhigende, den Denktraditionen der europäischen Neuzeit

verhaftete Texte formulieren; aber die dringend notwendige Zügelung des entfesselten und weiter in die partikulare Konkurrenz getriebenen Kapitals gelingt so nicht.
Das minder spektakuläre Beispiel der Ausgleichspflichten, Durchgriffs- und Patronatshaftungen der Gesamtunternehmen könnte eine Orientierung geben. Ich halte es für praktisch nicht durchsetzbar und insbesondere von der Vielzahl der (Entwicklungs-)Staaten unkontrollierbar, Unternehmen verpflichten zu wollen, die Strategie einer unternehmensweiten Profitmaximierung aufzugeben zugunsten einer territorialen Parzellierung, die den Entwicklungsinteressen und -politiken jedes Staates Rechnung trägt. Die Parzellierung würde durch Korruption wieder aufgehoben. Nicht für undurchsetzbar, der Situation angemessener und in Ansätzen bereits erkennbar halte ich die Entwicklung substantiellen internationalen (Privat-)Rechts, das die grenzenlose Unternehmenseinheit anerkennt, jedoch das Gesamtunternehmen zwingt, Nachteile auszugleichen, die sich aus der Verfolgung einer Globalstrategie ergeben. Das aktuelle deutsche Aktienrecht und die Doktrin der Durchgriffshaftung sind embryonale Rechtsfiguren, die etwa unter Berücksichtigung der Investitionsentscheidung für oder gegen eine bestimmte Region ausgearbeitet werden können. Wenn die Geschäftsführung beschließt, aus Gründen des Gesamtunternehmensinteresses einer ihrer Gesellschaften in einem bestimmten Land Nachteile aufzuerlegen, die bis zur Schließung reichen, dann müßten die Konsequenzen für die örtliche Belegschaft, die Gläubiger, die Zulieferer, die Konsumenten, die Region bis hin zu eventuellen Folgeschäden vom Unternehmen ersetzt, das heißt praktisch: versichert werden. Wenn ein Unternehmen sich entschließt, die Produktion gefährlicher Güter durch den Transfer von Technologie auf eine Tochtergesellschaft zu verlagern und nur der Inhaber der Technologie Kenntnis von ihrer Gefährlichkeit hätte, dann wäre im Schadensfall seine Haftung engagiert. Diese Ansprüche ließen sich vor (internationalen Schieds-)Gerichten durchsetzen und – wie es etwa Art. 53ff. des ICSID-Übereinkommens vorsehen – zwangsvollstrecken.

b) Wie einheitliche Produktionen in volkswirtschaftlichen Gesamtrechnungen auseinandergerissen und so dem ›Mechanismus‹ der Terms of Trade sowie dem Wunsch nach Stabilisierung von Rohstoffpreisen erst zugänglich werden

Die Auffassung, über die Anerkennung globaler Ausgleichsansprüche und Haftung globaler Unternehmen zu Lasten der Unterteilung in juristische Personen konstruktiv-juristisch Getrenntes wieder zusammenzubringen, bewegt sich noch im Spektrum des juristischen Meinungsstreites, obschon sie wohl noch für eine Weile als abwegige Mindermeinung qualifiziert werden wird. Doch auch diese Planke lasse ich los, wenn ich versuche, eine andere Trennung für (inzwischen) irrational, als der Realität einer interdependenten Weltökonomie unangemessen und zu Ungunsten der Schwachen hinter den Funktions- und Fairneß-Standards dieser Ökonomie zurückbleibend zu erklären. Ich empfehle also ihre Überwindung. Es handelt sich um die für selbstverständlich gehaltenen, tiefverwurzelten Begriffe der volkswirtschaftlichen Gesamtrechnung, der Handelsbilanz und der in ihnen festgehaltenen Ex- und Importe. Über deren positives oder negatives Zahlenwerk jubeln oder erschrecken jede Nation und ihre Politiker immer noch, wenngleich in der volkswirtschaftlichen Literatur eine sogenannte natürliche Tendenz zum Ausgleich dieser Bilanzen beschrieben oder beschworen wird.

Es ist kein Geheimnis, daß die Ergebnisse der volkswirtschaftlichen Gesamtrechnungen für Entwicklungsländer miserabel ausfallen und daß ihre Handelsbilanzen negativ sind, ausgeglichen zum Teil durch die großzügige Solidarität der Entwicklungs-Transfer-Zahlungen. Eine schwache Abwehr gegen die vorwurfsvolle und hilfsbereite Analyse, dies läge an der allgemeinen Unterentwickeltheit, schlechtem Management, Korruption, rückschrittlichen Bevölkerungen und fehlendem Unternehmensgeist und Gemeinsinn, ist das Argument der Entwicklungsländer, die Terms of trade, d. h. die Tauschrelationen von Rohstoffen gegenüber Fertigprodukten, verschlechterten sich zunehmend: Getreu der Annahme Friedrich Lists, die ohne den apodiktischen Ton von der Weltbank in ihrem Berg-Bericht von 1981 wieder aufgenommen ist, nach der heiße Länder zu Produktion und Export von landwirtschaftlichen Produkten und Rohstoffen prädestiniert und im Gegenzug Investitions- und Konsumgüter sowie (gehobene) Dienstleistungen zu importieren gezwungen seien, vollzieht sich auch heute noch – von einigen Ausnahmen abgesehen – der Handel zwischen »Süden und Norden« im Grunde nach diesem Schema. Nicht erfüllt hat sich allerdings die Prognose Lists, daß dieser Verkehr nicht zwangsläufig zu Abhängigkeiten führen müsse, sondern

daß ein gerechter Ausgleich möglich sei.[263] Die Preise für Rohstoffe und Agrarprodukte sind außerordentlich instabil und tendieren langfristig nach unten, die der Fertigprodukte und Dienstleistungen nach oben. Der Berg-Bericht der Weltbank nennt solche Preisentwicklungen und Verschlechterungen der Austauschbedingungen »externe Faktoren«:[264] »Die langfristigen Preisrückgänge bzw. die fallenden ›commodity terms of trade‹ werden auf die besonderen Bedingungen von Angebot und Nachfrage auf den Rohstoffmärkten bzw. auf sonstigen Märkten der sich gegenüberstehenden Ländergruppen Entwicklungsländer und Industrieländer zurückgeführt.«[265] Nachdem auf diese Weise der »invisible hand« des Marktes, also einem höheren, insoweit nicht beeinflußbaren Schicksal, die Verantwortung für diesen langfristigen Trend zugeschoben ist, tauchen allerdings sichtbarere Gründe auf: Da ist von »Tendenzen zur Überproduktion«, »protektionistischer Politik der Haupteinfuhrländer«, »Monokulturen als Erbe der kolonialen Abhängigkeit«, »Machtverhältnissen«, »oligopolistischen Marktstrukturen« und »Spekulation« die Rede,[266] also von Elementen, die zwar den Marktökonomien nicht fremd sind, aber keinen »rein ökonomischen«, sondern politischen Charakter haben.
In einem solchen Fall geht es immer dem gut, auf dessen Seite die politische Macht ist. Wenn sich herausstellt, daß die Preise für Rohstoffe und tropische Erzeugnisse relativ niedrig gehalten werden können, weil die Produzenten nicht mit Macht ausgestattet sind, und wenn die Ohnmacht sich aufrechterhalten läßt, weil jeder Staat, der 100000 Tonnen Baumwolle oder 50000 Tonnen Kaffee oder Reis oder Zucker[267] produzieren läßt, seine nationale Souveränität verteidigt und sie zur wirtschaftlichen auszubauen gedenkt, dann spricht alles dafür, diesen politischen Zustand gegen den Stand der politischen Ökonomie zu bewahren. Bereits die Aussage, daß sich ›Länder‹ in der Produktion gegenüberstehen, verschleiert, daß sie in größtem Umfang privatwirtschaftlich und, auch da wo staatlich, kapitalistisch, d. h. nach Rentabilitätskriterien *in* Ländern organisiert ist. Die Aussage über Marktkräfte kaschiert die Tatsache, daß nicht nur die Produktion und Kommerzialisierung tropischer Erzeugnisse und Rohstoffe von einigen weltumspannenden Oligopolen betrieben werden, sondern auch die, daß diese Unternehmen beinahe immer vertikal weit integriert sind. Sie kontrollieren den Transport, die Versicherungen, die Weiterverarbeitung und die Kommerzialisierung der Endprodukte. Innerhalb dieser Integration ist die Existenz territorialstaatlicher Grenzen ein willkommenes Element, um Einkommensumschichtungen auf ›natürliche Weise‹ erklären zu können, denn stärker als die Einheit der integrierten Weltökonomie wird der ›natürliche Drang‹ zur Nationenbildung und Abgrenzung herausgestellt.

Wenn es die Dritte Welt nicht gäbe, müßte sie erfunden werden. Denn was wäre, wenn die Terms of Trade nicht die ›natürliche‹ Folge der politischen Abgrenzungen wären? Das läßt sich zeigen an einer Analyse der Terms of Trade innerhalb eines Staates oder einer Wirtschaftsgemeinschaft wie der EG, der niemand das Blutsband der einheitlichen Nation unterlegen kann. Auch dort gibt es ungleiche Austauschbedingungen zwischen landwirtschaftlichen und Fertig-Erzeugnissen, Rohstoffen und Investitionsgütern. Obwohl solche Unterschiede nicht vollständig ausgeräumt werden, also Lohn- und Einkommensgefälle regionaler und sektoraler Art fortbestehen, wirkt doch eine Tendenz zum Ausgleich, weil die Mobilität von Menschen und Waren durch Einwanderungs- und/oder Importbarrieren kaum beschränkt werden kann. Die Einkommensverteilung angesichts der Sichtbarkeit der Hand des Marktes und der politischen Repräsentation ist hier nicht nur ein politisches Problem, es wird auch als solches behandelt. Preis-, Subventions-, Sozial-, Wettbewerbs-, Geld-, Steuerpolitiken sorgen selbst in den Hochburgen des Liberalismus dafür, daß die Scheren sich nicht zu weit öffnen. So empfängt jeder US-amerikanische Baumwollpflanzer, der auf Sklaven schon seit langem nicht mehr zurückgreifen kann, für jedes Kilo produzierter Baumwolle eine Subvention. Sie schwankt, fällt aber kaum unter 20 Cent/kg. Der ostfriesische Produzent von Milch neidet sie ihm nicht, da auch er vom System lebt: Man will Ruhe auf dem Lande. Die Tatsache, daß ein Baumwollpflanzer seinen Verrichtungen im Tschad nachgeht und die Konsequenzen seines Unmuts nur seinen nationalen Souverän träfen, macht es möglich, daß Ökonomen der Weltbank, die ihr Büro in Washington D. C. nur wenige Schritte von dem ihres Kollegen Subventionszahlers an die US-Farmer entfernt haben, in den Tschad fahren, von schmerzhafter Anpassung sprechen, die Wahrheit der Preise verkünden, Subventionen streichen und hoffen, daß der tschadsche Bauer an seine nationale Souveräntität glaubt und der ökonomischen Weltmarktintegration nicht eine politische folgen lassen will. Vom tschadschen Bauern und amerikanischem Farmer, von der Verluste und Rohstoff produzierenden Tochtergesellschaft im Entwicklungsland und einer gewinnbringenden Schwester sowie einer reichen Steueroasen-Holding abstrahierend, gilt, daß die seit dem Merkantilismus entwickelten nationalökonomischen Rechnungssysteme, das Denken in abgeschlossenen Handelsbilanzen oder das Produzieren nationaler Schuldentabellen nur noch künstlich trennende und damit inkorrekte Aussagen über die Weltwirtschaft erlauben. Sie sind die Grundlage für politische, ökonomisch unfaire Ungleichheiten in der Einkommensverteilung. Dies macht verständlich, daß in der Ersten Welt nicht von ›Einer Welt‹, sondern von mehreren Welten gesprochen wird

und dann auch noch eine Zusammenfassung zur ›Dritten Welt‹ kritisiert wird, ja, daß die ›Einzelfall‹-Beurteilung so viele Anhänger hat.
Weniger offensichtlich ist, warum in der Dritten Welt an den territorialstaatlichen Trennungen festgehalten wird angesichts der schwindenden Hoffnung auf Wiederholung der Geschichte des Aufbaus nationaler Volkswirtschaften. Verständlich ist das nur für kleine Herrschaften, die an das Ergebnis der politisch einst unabdingbaren Erringung der Souveränität in der Dekolonisierung inzwischen die Privilegien der Staatsmacht knüpfen. Sie lassen sich als Souveränitätsrenten bezeichnen, die, weil nicht selten personalisiert, Korruption heißen. Die Existenz solcher Interessen dürfte nicht stark genug sein, um auf Dauer den Preis für »nation-building« zu rechtfertigen und akzeptabel zu machen, zumal öffentliche Souveränitätsausgaben ihnen entsprechen. In der territorialstaatlichen Organisation hat nichts zu gewinnen, wer nicht zu der kleinen Gruppe von politisch Privilegierten gehört, jedenfalls nicht kulturelle, soziale oder wirtschaftliche Identität.
Die Suche nach Auswegen aus den Unzuträglichkeiten der territorial aufgeteilten Produktionsstrukturen hat bisher zu internationalen Rohstoffabkommen sowie zu verschiedenen Systemen von Stabilisierung von Ausfuhrerlösen geführt. Von ihnen sind die STABEX- und SYSMIN-Systeme die einzig operationellen. Sie haben – und diese Einordnung ist bedeutsam – in den periodischen Abkommen zur Kooperation zwischen Mitgliedsstaaten der EG und den Staaten Afrikas, der Karibik und des Pazifiks (›AKP‹-Staaten) ihre Grundlage.
In den völkerrechtlichen Abkommen über Rohstoffe wie Kaffee, Kakao, Zucker, Olivenöl, Holz, Zinn und andere werden zwischen den Erzeuger- und (Haupt-)Abnehmerstaaten Rahmenbedingungen fixiert, die den weiterhin privatrechtlich organisierten Handel reglementieren. Die Bedingungen schwanken. Es können Lieferpflichten zu Höchstpreisen und Abnahmepflichten zu Mindestpreisen kombiniert, Länderquoten und Kontingentierungen aufgestellt, Stabilisierungsreserven gebildet sowie Handelspromotion wie Werbekampagnen, Qualitätskontrollen und -zertifikate eingeführt werden.[268] Selbsterklärtes Ziel solcher Abkommen ist es, zu für Verbraucher und Erzeuger gleichermaßen »gerechten Preisen« zu gelangen, die Entwicklung der Produktivkräfte in den »heißen Ländern« anzuregen und dadurch »gerechte Löhne, einen höheren Lebensstandard und bessere Arbeitsbedingungen herbeizuführen« sowie die internationale Zusammenarbeit und Diversifizierung der Produktionen zu fördern.[269] Die AKP-EWG-Stabilisierungssysteme sind Teil der Abkommen zwischen diesen Staatengruppen. Sie haben zum Ziel, die wirtschaftliche, kulturelle und soziale Entwicklung der AKP-

Staaten zu fördern und zu beschleunigen sowie ihre Beziehungen im Geiste der Solidarität und im beiderseitigen Interesse auszubauen und zu diversifizieren. Auf diese Weise wollen sie ein »Modell für die Beziehungen zwischen entwickelten Staaten und Entwicklungsländern im Hinblick auf eine gerechtere und ausgewogenere Weltwirtschaftsordnung« schaffen.[270]

Stabilisiert werden die Preise von landwirtschaftlichen Grundstoffen, deren Liste von »Erdnüssen, in Schalen oder ohne Schalen« bis »Bananen, getrocknet« reicht (Art. 148 Lomé III Abkommen) sowie von Bergbauerzeugnissen, Kupfer bis Eisenerz (Art. 177). Der Zucker, süßer Zankapfel seit Beginn der Kolonialgeschichte und Anlaß für Kriege, Legenden und Piratenfilme, bringt es auch heute noch zu »besonderen Verpflichtungen« (Art. 175). Stabilisierung heißt Zahlung von – nach einem technisch komplizierten Schlüssel errechneten – Finanzzuschüssen an Länder, deren Wirtschaft vom Export der genannten Rohstoffe und landwirtschaftlichen Produkte abhängig ist, für den Fall größerer Preis- oder Mengenschwankungen. Auf diese Weise sollen »die schädlichen Auswirkungen der Schwankungen der Ausfuhrerlöse« behoben und soll den Ländern geholfen werden, »Entwicklungsanstrengungen« zu unternehmen, die den »wirtschaftlichen und sozialen Fortschritt der Bevölkerung« fördern (Art. 147).

Den an den Systemen beteiligten Akteuren ist bekannt, daß die Zuschüsse praktisch nicht in die betreffenden Sektoren zum Zweck der Diversifizierung oder Sanierung fließen, wie es Art. 147/176 des Abkommens vorsehen; sie werden wegen der seit langem dauernden Finanznot ins allgemeine Budget eingestellt, um Beamtengehälter, Auslandsschulden oder anderes zu finanzieren. Es ist ebenfalls bekannt, daß sowohl die Rohstoffabkommen als auch die Stabilisierungssysteme nicht die explizit gewünschte Diversifizierung und Entwicklung der Wirtschaft fördern, sondern eher die überkommenen Produktionsstrukturen zementieren. Drittens ist bekannt, daß ein Teil der Probleme daher rührt, daß die Hauptabnehmerländer eine protektionistische Einfuhrpolitik betreiben. Und sie bringen die Welt-›Markt‹-Preise vieler Produkte dadurch ins Schwanken, daß ›ihre‹ Unternehmen selbst als kaum unterbietbare Konkurrenten auftreten, da diese nicht nur über eine hohe Produktivität verfügen, sondern die Produkte aus Gründen nationaler oder regionaler Sozial- und Strukturpolitiken subventioniert werden. Die Stabilisierungs- und Kompensationszahlungen sind also nicht Ausdruck der internationalen Solidarität, sondern eine erbärmliche Gabe innerhalb eines politischen Marktes. Das gilt für das (europäische) Rindfleisch ebenso wie für die (US-amerikanische) Baumwolle.

Wer die Praxis des Systems kennt, wird sich auch aus Scham hüten, von Solidarität zu sprechen. Es würde ausreichen, die Überlegungen der Sozial- und Strukturpolitik zu denationalisieren und sie der Logik der grenzenlosen Warenproduktion anzunähern. Die Verwechslung von Solidarität und unlauterem Wettbewerb kann sich einschleichen, weil die Wirtschaftswissenschaften unterstellen und die Rechtswissenschaft entsprechend fingiert, es finde Handel zwischen Länder(-Gruppen) statt, nicht zwischen Unternehmen innerhalb einer integrierten staats- oder privatkapitalistisch organisierten Weltwirtschaft. Die Suche nach und das Festhalten an der Souveränität bewirken, daß Produzenten abstrakten Reichtums, der sich etwa in Baumwolle oder in Zucker verkörpern kann, nicht in ihrer gleichwertigen Arbeitsleistung verglichen werden. Vielmehr wird ein politischer Unterschied gemacht zwischen einem Produzenten amerikanischer und tschadscher Nationalität, die man der Baumwolle nicht ansieht. Diese Unterscheidung verdankt sich einer politischen Organisation und Aufteilung der Welt, die der heutigen realen ökonomischen Grenzenlosigkeit der Warenproduktion nicht (mehr) entspricht und Gleiches grundlos ungleich behandelt. Dies also ist von der nationalen Politik in Souveränität geblieben: nicht mehr fähig, das gesellschaftliche Interesse der weltweit integrierten Warenökonomie in Rechts-Form zu bringen und so die Rolle von Staat auszufüllen, zementiert sie rassische, ethnische und andere Unterschiede. Diese sind an sich im Kapitalismus belanglos, führen jedoch zu politischen Privilegierungen, die den Privilegierten als schöne Morgengabe willkommen sind. Polemisch ließe sich sagen, daß die Hauptaufgabe eines afrikanischen oder auch eines osteuropäischen Staatschefs darin besteht, ungleiche und unfaire Arbeitsbedingungen zu Ungunsten seiner Landsleute aufrechtzuerhalten. Damit ist der Kern der nationalen Souveränität beschrieben.

Daraus folgt kein bloßer Appell an Solidarität und an das Ideal der distributiven Gerechtigkeit. Es erlaubt vielmehr eine präzisere Bestimmung der Qualität der Stabilisierungssysteme. Das Problematische dieser Partiallösungen liegt nicht etwa in ihrer wettbewerbsverzerrenden Intervention, sondern in der Mischung aus Transferleistungen von Land zu Land bei gleichzeitiger Anknüpfung an Warenkategorien, die dem Abstraktionsniveau der in Sozial- und Strukturpolitiken zum Ausdruck kommenden Warenproduktion nicht entspricht: Eine Strukturanpassungsleistung oder ein Sozialanspruch (nationaler Art) entsteht ja nicht, weil der Anspruchsberechtigte Baumwolle hergestellt oder Straßen gebaut hat, sondern weil abstrakte Bedürfnisniveaus festgelegt und aus allgemeinen Einnahmen des Staates befriedigt werden. Wenn es in diesem Zusammenhang eine sektorspezifische Absicht gibt, dann nicht die, in der Kette von der Produktion des Rohstoffs bis zur Vermarktung des Endprodukts eine Umverteilung, etwa zu Lasten einer Produktionsstufe, herbeizuführen. Das Ziel ist vielmehr, einen Wirtschaftssektor oder eine Region aus politischen Erwägungen gesellschaftlicher Nützlichkeit, trotz unzureichender Rentabilität für den einzelnen, zu erhalten. Seit der oben zitierten Definition einer der Funktionen des Staates durch Adam Smith handelt es sich dabei um eine klassische Staatsaufgabe.

Nichts anderes geschieht inhaltlich, wenn der Preis von Kupfer oder Zinn, Baumwolle oder Kaffee stabilisiert wird: Aus verschiedensten Gründen wird es für gesellschaftlich nützlich erklärt, die Produktion dieser Produkte aufrechtzuerhalten – um regelmäßige Lieferungen sicherzustellen, um Bevölkerungen in die Geldökonomie einzubinden und um sie zum Bleiben in ihren Vaterländern zu bewegen, oder um Handelshäuser über die Rentabilitätsschwelle zu heben. Wenn die Entscheidung wegen mangelnder Rentabilität Kosten verursacht, dann handelt es sich um Infrastruktur- und nicht um Entwicklungshilfekosten. Infrastrukturkosten aber werden regelmäßig aus allgemeinen Einnahmen finanziert. So geschieht es in dem AKP-EWG-Abkommen, das aus den Steuereinnahmen der Mitgliedsländer gespeist wird.

Schon im Werk Adam Smiths deutet nichts darauf hin, daß diese Auf- und Ausgaben über ihre inhaltlich-strukturelle Definition hinaus an Nationen gebunden sind und bei Grenzüberschreitungen ihren Charakter änderten. Ich finde für ein derartiges Abgrenzungsmerkmal ebenfalls keine einleuchtenden Begründungen, um so weniger, je mehr die nationale Konkurrenz tendenziell weltweiter Integration Platz macht. Nur der Begriff ›Entwicklungszusammenarbeit zwischen Staaten‹ vermag eine Trennung des Identischen zu konstruieren. Das hat zur Folge, daß nicht nur von Solidarität und Großzügigkeit die Rede sein kann, sondern daß das Merkmal der Nationalität des Entwicklungsstaates zu dem eine Ungleichbehandlung legitimierenden Stigma wird.

Dieser Faden ist bei der generellen Diskussion um Entwicklungshilfe wieder aufzunehmen. Es reicht zunächst aufzuzeigen, daß strukturell kein Grund (mehr) besteht, Sozial-, Struktur-, Preis-, Wettbewerbs- und Steuerpolitik national zu begrenzen. In Stabilisierungsleistungen beginnt die Territorialstaatlichkeit denn auch tatsächlich überwunden zu werden. Die Unzulänglichkeit der Überwindung mit all ihren Nachteilen gerade für die schwächsten Teile einer faktisch integrierten Ökonomie ist dadurch (zeit)bedingt, daß politisch am Konzept der umfassenden Souveränität festgehalten wird.

c) Wie die globale Notwendigkeit staatlicher Einrichtung allgemeiner Produktionsbedingungen zur nationalen Aufgabe verbogen wird und dieser Konstruktion nicht nur die Grundlage für den Begriff ›Entwicklungsländer‹, sondern auch für die Realität ihrer Überschuldung liefert

Gegen die bisher vorgebrachten Argumente und Beispiele einer Überwindung des Territorialstaates in Entwicklung, deren Widersprüchlichkeit und Zögerlichkeit sich regelmäßig zu Lasten Schwacher auswirkt, ließe sich einwenden, daß sie alle aus dem Bereich internationaler *Wirtschafts*beziehungen genommen sind, in denen Interdependenz der Natur der Sache entspreche. Die Nachteile des Prozesses seien der »Macht der Multis« geschuldet, die es durch Gegenmacht, etwa in der Süd-Süd-Kooperation, zu brechen gelte. Daneben existiere jedoch ein Feld nationaler Politiken, das in Autonomie von den neuen und ganz neuen Staaten genutzt werde. Die großen Bereiche der Erziehungs- und Kultur-, der Sozial- und Arbeitsmarkt-, der Gesundheits- und Familien-, der Außen- und Innenpolitik, der Zivil-, Straf-, Steuer-, Verkehrsgesetzgebungen und viele andere mehr gehörten hierher.
In dieser Perspektive nehmen bei der Analyse verschiedener Entwicklungsstrategien Aufgaben, Ausgaben und Rolle des (National-)Staates einen zentralen Platz ein. Sie sind folgendermaßen unterteilt worden: (a) Regelmäßige Funktionsausgaben für Verwaltung, Justiz, Polizei, Armee, Diplomatie, Post, Zentralbank etc., die im wesentlichen in Gehaltszahlungen bestehen; (b) Ausgaben für Ausrüstungsgüter der sozialen und ökonomischen Infrastruktur wie Bau und Unterhaltung von Schulen, Krankenhäusern, Häfen, Straßen, Brücken, Elektrizitäts- und Wasserversorgung; (c) Transferzahlungen der Sozialpolitik wie Renten, Arbeitslosengeld, Lebensmittelhilfen; (d) Regulierung der Wirtschaft wie Geld-, Fiskal-, Währungs-, Preis-, Lohn-, Investitions-, Kapitalmarktpolitik; (e) produktive Investitionen zum Aufbau eines parastaatlichen Sektors und staatseigener Unternehmen.[271]
Bei aller unterschiedlichen politischen Akzentuierung besteht wohl an der Notwendigkeit der Erfüllung dieser Auf- und Ausgaben kein Zweifel. Wenn zusätzlich in Erwägung bleibt, daß der Inhalt der Aufgaben nicht ein für allemal definiert ist, sondern über parteipolitische Differenzen hinaus in der Zeit schwankt, hindert nichts daran, in der Aufgabenliste zentrale Kriterien für die materielle Existenz des Staates zu sehen. Das Schwanken in der Zeit aber bezieht sich auf zweierlei: zum einen auf die Definition des gesellschaftlich Notwendigen und für notwendig Gehaltenen, zum anderen auf die Trennungslinie zwischen Ökonomie und Poli-

tik. Diese Linie wird mit groben Ausschlägen in beide Richtungen mit dem Kriterium möglicher privater Rentabilität gezogen. So mag eine produktive Investition in den Bereich der Staatsaufgaben fallen, wenn etwa der Aufbau einer Industrie als gesellschaftlich nützlich bestimmt wird und privates Kapital nicht vorhanden oder wegen der geringen Gewinnerwartung/des hohen Verlustrisikos nicht bereit ist, die Investition zu tätigen. Wird die Investition dennoch getätigt, ist sie eine ›öffentliche‹. Dann ist der Investor dadurch gekennzeichnet, daß er über Einnahmen verfügt, deren Ausgaben eben nicht dem Zwang des Kalküls der partikularen Rentabilität unterliegen, sondern der Überzeugung von ihrer allgemeinen Nützlichkeit. Jenseits der formalen Bezeichnung ist dann Staat diejenige Institution, die dem substantiellen Kriterium der Verfügung über (öffentliche) Einnahmen genügt und mit der Definitions- und Handlungsmacht zur Tätigung partikular unrentabler, gesellschaftlich nützlicher Ausgaben ausgestattet ist. Diese Präzisierung erscheint mir trotz ihrer Umständlichkeit notwendig, um der ahistorischen, wenig gehaltvollen und der eher resignierenden Annahme zu entgehen, daß jedes Herrschaftsverhältnis und jede »Konglomeration« (Obeng), die Staat genannt werden, auch Staaten sind.
Ähnliches gilt mutatis mutandis für die Begriffe der Ausrüstungsgüter und Infrastruktur, deren ›öffentlicher‹ oder ›privater‹ Charakter nach ähnlichen Kriterien in der Zeit schwankt wie der der produktiven Investition. Dies hat zur Folge, daß eine klare, gültige Abgrenzung zwischen den beiden Begriffen nicht gelingen will. Die Präzisierungen verändern die Grundannahme nicht, daß bürgerliche Gesellschaften, in denen Produktion auf der Basis individueller Nutzenkalküle bei ungleich zugeordnetem Eigentum und der Bewertung des Reichtums über Geld organisiert ist, unbedingt des Staates bedürfen. Er muß bestimmte Aufgaben erfüllen, die sich dem individuellen Nutzenkalkül entziehen und ohne deren Erfüllung die bürgerliche Gesellschaft gleichwohl nicht leben könnte.
Trotz immenser ideologischer Auffassungsunterschiede heißt Entwicklung in den Aktionsplänen von Entwicklungsstaaten, im Selbstverständnis der sie betreibenden und finanzierenden Organisationen und selbst noch in den jeweiligen Gegenkonzepten immer auch Überwindung traditionellen Wirtschaftens. Es wird traditionell genannt, weil es seinem Selbstverständnis und seiner sozialen Organisation entsprechend nicht auf die Produktion abstrakten Reichtums gerichtet ist. Seine Herrschafts-, Erziehungs-, Gesundheits-, kurz: Lebensverhältnisse folgen daher einer anderen Rationalität. Die Grundübereinstimmung aller Modernisierer geht häufig in der Überbetonung ideologischer Unterschiedenheit verloren. Jedes entwicklungspolitische Dokument, das von Indu-

strialisierung und Technologietransfer, Intensivierung der Landwirtschaft und Austausch seiner Produkte, gleichgültig ob zum Export oder zu einer nationalen – d. h. über den Kreis der unmittelbaren Produzenten hinausgehenden – Eigenversorgung, von Modernisierung und Monetarisierung, von Alphabetisierung und gerechten Löhnen spricht, argumentiert in der Logik der Warenproduktion. Er entkommt ihr nicht dadurch, daß es ihr Begriffe wie ›kollektiv‹ oder ›sozialistisch‹ anheftet.
Die Staatsaufgaben im oben bezeichneten Sinne sind damit definiert, jedoch ohne die Zusatzinformation über die Notwendigkeit oder Überflüssigkeit einer territorialen Begrenzung.

Exkurs: Die Baumwolle in der Zentralafrikanischen Republik

In einer Studie über die Baumwolle in der Zentralafrikanischen Republik wird festgestellt, daß die Bevölkerungen in der der Kolonisierung vorangehenden Periode ein an das »Ökosystem gut angepaßtes Produktionssystem hatten, das in flexibler Weise je nach Unter-Region Jagd, Fischfang und Sammelwirtschaft einerseits sowie Landwirtschaft und Kleinviehzucht andererseits verband.«[272] Der Staatssekretär des deutschen Reichskolonialamtes führte 1910 vor Unternehmern aus, daß das Ziel der »Befreiung der deutschen Industriewirtschaft von der Bevormundung durch andere Nationen« nur durch eine Kolonialpolitik erreicht werden könne, die die regelmäßige Lieferung von tropischen Rohstoffen wie Baumwolle garantiere. Zu diesem Ziel müßten Staat und Industrie mit ihren je spezifischen Aufgaben komplementär arbeiten. Er präzisierte, daß es Aufgabe des Staates sei, Forschung zu betreiben, Entkernungsmaschinen aufzurichten, Preisgarantien zu geben, Saat zu liefern und Infrastruktur herzustellen, damit »der Eingeborene veranlaßt werden könnte, sich einer ihm gänzlich unbekannten Kultur zu widmen«, da man »hinreichende Machtmittel, sie gerade zur Kultur eines bestimmten Gewächses zu zwingen«, nicht besitze.[273] Dem Staatssekretär wäre gewiß nicht eingefallen, die Eingeborenen zur Finanzierung der mit diesen Aufgaben verbundenen Ausgaben heranzuziehen. Diese Taktik materieller Anreize, die heute mit dem Stichwort attraktiver Preise für ländliche Produzenten umschrieben wird, wechselte in der Kolonialgeschichte mit Methoden direkten Anbauzwangs, in einer Studie des französischen Ministeriums für Zusammenarbeit elegant als »méthode forte« umschrieben.[274] Sie ist als offene Zwangsarbeit oder versteckt über die Einführung zwangsweise eingetriebener Kopfsteuern praktiziert worden, wenn Baumwolle – oder in anderen Ländern andere Produkte – das einzige gegen Geld austauschbare Produkt war.[275]
In West- und Zentralafrika haben bis zur Unabhängigkeit der Staaten alle Elemente dieses Typs der Baumwollproduktion bestanden: Zwangsarbeit und (eher schwache) Anreize sowie eine Komplementarität der Aufgaben von Staat und privaten Gesellschaften. Dem kolonisierenden Staat fiel die Errichtung der Infrastrukturen zu und die Verpflichtung zu verlustausglei-

chenden, stabilisierenden Subventionen an die Gesellschaften im Falle von Preisschwankungen.[276] Es entspricht der Logik der Staatslehre, daß mit der Unabhängigkeit der neue Staat die Aufgaben der Kolonialverwaltung übernahm. An die Stelle des präzisen nationalen Interesses der Kolonialmacht an regelmäßiger Rohstofflieferung trat ein diffuses Interesse an Entwicklung, an Geldeinkommen, an Wohlstand.

In der Zentralafrikanischen Republik bestand eine der ersten gesetzgeberischen Maßnahmen nach der Unabhängigkeit in der Festlegung der staatlichen Entwicklungsplanung für die Landwirtschaft. Das Programm-Gesetz vom 27. Juni 1960[277] setzte zum Ziel die Verbesserung der Lebensbedingungen auf dem Lande. Es wollte dies erreichen durch Entwicklung von Landwirtschaft und Viehzucht, durch Verbesserung der Erziehung und des Gesundheitswesens, Ermutigung von Klein- und Mittelbetrieben, Verbesserung von Produktivität und Kommerzialisierung, Verbreitung der Kenntnis der Anbaumethoden, Intensivierung der dörflichen Gemeinschaft und durch die Versorgung mit landwirtschaftlichen Produktionsmitteln (Art. 2). Die Produktivitätssteigerung sollte über Studien und die Einrichtung von Experimentalstationen, durch landwirtschaftliches Inventar, Bodenprospektion, Verbesserung von Pflanzen und Samen sowie deren Verbreitung erleichtert werden. Pflanzen- und Samenschutz, Verbesserung der Technik, Umweltschutz und Wiederaufforstungsmaßnahmen runden das Bild ab (Art. 4). Im einzelnen sollte der Wege- und Brückenbau intensiviert, Ochsenanspannung statt Hackbau propagiert, die ländliche Wohnlage verbessert, die Erziehung auf dem Lande auf die Landwirtschaft hin orientiert, Krankenstationen aufgebaut und unterhalten, die dörfliche Gemeinschaft gestärkt werden (Art. 18–23).

Das ausführliche Zitat dieses Gesetzes von 1960 erscheint heute notwendiger denn je, da seither eine nicht abreißende Kette von Projekten für die Landwirtschaft mit ungeheuren Kosten geplant, durchgeführt, abgebrochen, neu geplant worden sind, die sich nur in Nuancen von den Zielen des Gesetzes unterscheiden. Nach wie vor wird die im Gesetz festgelegte Produktion von 50000 Tonnen Baumwolle anvisiert. Das vorerst letzte große, unter der Führung der Weltbank von der Europäischen Gemeinschaft, Frankreich, der Afrikanischen Entwicklungsbank und der Arabischen Bank für die ökonomische Entwicklung Afrikas finanzierte ländliche Projekt zur Entwicklung in den Baumwollregionen strebt die Steigerung der Produktion auf 60000 Tonnen, die Erhöhung der Produktivität durch Ochsenanspannung, Verbesserung der Samen- und Pflanzenqualitäten, Bau und Unterhalt von Wegen und Brücken, systematische Düngung, Pflanzenschutz an. Es hat zum Ziel, das Leben der Landbevölkerung zu verbessern, insbesondere die Erziehung auf die Landwirtschaft hin zu orientieren, Krankenstationen zu unterhalten und die dörfliche Gemeinschaft zu stärken.[278] Inzwischen ist dieses Projekt der Weltbank durch ein Programm der Weltbank teilweise konterkariert.

Wie der Staatssekretär des Reichs-Kolonialamtes, die französische Kolonialverwaltung, der Bericht des französischen Ministeriums für Zusammenarbeit von 1987 und die Weltbank hält das Gesetz von 1960 es für eine Staatsaufgabe, die ländliche Bevölkerung dadurch zu entwickeln und auf einen höheren Stand der Zivilisation zu heben, daß das Interesse an Gelderwerb geweckt,

Arbeitsdisziplin hergestellt und Müßiggang unterdrückt werden. Das französische Ministerium ist überzeugt, daß »soziale Differenzierung«,[279] mit anderen Worten das Aufbrechen der egalitären Dorfstrukturen, ein wichtiges Entwicklungsziel sei, und in den Artikeln 26–30ff. ermuntert sich die junge unabhängige Regierung der Zentralafrikanischen Republik zu einem Aktionsprogramm gegen die Faulheit und für die Verpflichtung zur Arbeit. Wie zur Kolonialzeit bleibt das Interesse am Gelderwerb durch die Beibehaltung der Kopfsteuer geweckt. Noch 1986 muß der internationale Währungsfonds sich mit dieser von den Unabhängigkeitskämpfern in den 50er Jahren attackierten Steuer befassen, die inzwischen ›persönliche Zahlen-Steuer‹ (impôt personnel numérique) heißt. Der IWF hält sie für ungerecht und plädiert für seine Abschaffung, sobald die budgetäre Situation es erlaubt.[280]
Was die Finanzierung all dieser Staatsaufgaben angeht, so appellierte die zentralafrikanische Regierung 1960 an die auswärtige Hilfe, um die eigenen Ressourcen zu vervollständigen, namentlich an den französischen Fonds der Hilfe und Zusammenarbeit (FAC) sowie den Europäischen Entwicklungsfonds (Art. 31). Beide Fonds reagierten und reagieren bis heute positiv auf den Appell, und andere Geber haben sich dem angeschlossen. Das Entwicklungsprogramm des Gesetzes von 1960 hat bis heute nicht zu wirtschaftlicher und finanzieller Unabhängigkeit und Souveränität geführt: Brücken und Straßen, Flug- und Flußhäfen, Krankenhäuser und Schulen, Elektrizitäts- und Wasserversorgung, produktive Investitionen und ein Teil der Verwaltung werden nach wie vor von auswärtigen Entwicklungsorganisationen nicht nur finanziert, sondern auch konzipiert und realisiert. Beunruhigend an dieser Entwicklung ist, daß sie nicht wie vorgesehen graduell ab-, sondern zunimmt und daß die Finanzierung mehr und mehr über Kredite erfolgt, wenn auch zu ›weichen‹ Konditionen und von öffentlichen Gebern. Sie werden einem Land gewährt, von dem auch die ›Geber‹ wissen, daß es keine Mittel zur Rückzahlung hat oder haben wird und dessen Abhängigkeit in zunehmender Verschuldung zunimmt: Die Kopfsteuer hat wohl noch ein langes Leben, solange ihre Aufhebung an die Überwindung der budgetären Schwierigkeiten geknüpft bleibt und Budgets national bestimmt sind.

Wie jedem Beispiel, so wird auch diesem vorgeworfen werden, daß es extrem, untypisch und daher unexemplarisch sei, daß das Land zu klein, seine Geschichte zu ausgefallen und der Rohstoff zu spezifisch sei. Dem ist entgegenzuhalten, daß die Zentralafrikanische Republik keineswegs der einzige Staat ist, der für Ausrüstungsgüter, Infrastrukturen und produktive Investitionen von nicht national finanzierten Entwicklungsprojekten abhängt und daß die Zahl solcher Länder sowie das Ausmaß der Abhängigkeit eher zu- als abnehmen. Straßen und Häfen, Schulen und Krankenhäuser werden gebaut und unterhalten, wenn eine Entwicklungsinstitution das Geld bereitstellt. Sinkt die Entwicklungsfinanzierung, findet ein großer Teil derjenigen staatlichen Aktivitäten nicht statt, die oben als zentrale Aufgaben des Staates gekennzeichnet worden sind.

> Die Palette der Entwicklungsprojekte ist bunt, wie es beeindruckend Art. 190 des Lomé III-Abkommens dokumentiert. Danach findet Entwicklungsfinanzierung in den folgenden Bereichen statt:
> »ländliche Entwicklung, insbesondere das Bemühen um Selbstversorgung und Ernährungsmehrheit, Industrialisierung, Handwerk, Energiewirtschaft, Bergbau, Fremdenverkehr, wirtschaftliche und soziale Infrastruktur; Strukturverbesserungen in den produktiven Wirtschaftszweigen; Umweltschutz; Aufsuchen, Exploration und Nutzung von Bodenschätzen; Ausbildung, Forschung; Anpassung der technischen Neuerung sowie Technologietransfer; Industrieförderung und Information; Vermarktung und Absatzförderung; Förderung der einheimischen Klein- und Mittelbetriebe; Unterstützung der Entwicklungsbanken, Kleinstvorhaben zur Entwicklung an der Basis, Verkehr und Kommunikationswesen; Maßnahmen zur Förderung des Waren- und Personenverkehrs im Luft- und Seeverkehr; Maßnahmen zur Entwicklung der Fischereitätigkeiten; Entwicklung und optimale Nutzung des menschlichen Potentials unter besonderer Berücksichtigung der Rolle der Frau im Rahmen der Entwicklung; Verbesserung der sozial-kulturellen Infrastruktur und der entsprechenden Dienste, ferner des Wohnungsbaus und der Wasserversorgung der Bevölkerung.«

Damit sind große Teile staatlicher Politik der Zusammenarbeit zugänglich gemacht, weit über die Sphären der Infrastruktur und der produktiven Investitionen hinaus. Nicht nur hier, sondern auch und erst recht für die großen Bereiche der Transferleistungen in der Sozialpolitik und für den Umweltschutz gilt, daß viele Staaten die Staatlichkeit kennzeichnenden Aufgaben nicht oder kaum wahrnehmen.

Wo die traditionellen Solidaritäten der familiären Abhängigkeiten zusammengebrochen sind, bleibt dem Arbeitslosen, dem Kranken und Alten nichts als das nackte Elend oder die Auswanderung. Wo die lange geübte Anpassung der Produktion an das Ökosystem nicht mehr respektiert wird, lassen Rentabilitätserwägungen ohne Kompensation nichts als die Zerstörung ohnehin fragiler Systeme zurück. Staatlich organisierte Sozialsicherungssysteme und Umweltschutz gehören aber als integrale Bestandteile zur kapitalistischen Gesellschaft. Sie müssen einspringen, wenn auf kleine (familiare) Gemeinschaften gegründete und deren Interdependenz zwanglos herstellende Produktionsformen auf Dauer abgelöst werden, da sonst die Verallgemeinerung und Verstetigung der Lohnarbeit unmöglich, ja unerträglich wird. Die Tatsache, daß sie häufig erkämpft werden müssen, gibt bisweilen Anlaß zu der Illusion, es handele sich nicht um ebenso notwendige allgemeine Produktionsbedingungen wie bei der physischen Infrastruktur, sondern weise über das Kapitalverhältnis hinaus. Die besondere temporäre Entwicklungsdynamik mancher Staaten wie Südkorea, die den Eindruck entstehen läßt, daß Wiederholung der Geschichte und der Aufbau nationaler Ökonomien möglich seien, beruht wohl darauf, daß mit autoritärem politischem Zwang historische Ungleichzeitigkeit ausgereizt wird und eine oder zwei Generationen geopfert werden – durch vollständige Integrierung in den Weltmarkt wird übergangslos das kapitalistische Produktionsverhältnis aufgedrängt unter Verzicht auf den ebenso kapitalistischen Sozialschutz. Daraus entspringen zeitweise Wettbewerbsvorteile, die den Eintritt in die kapitalistische Weltproduktion ermöglichen, wobei sich hinter Wachstumszahlen wachsendes Elend verbirgt. Eine z. B. spezifisch ›koreanische‹ Nationalökonomie entsteht dadurch ebensowenig, wie es noch eine ›deutsche‹ gibt.

Das Phänomen der substantiell unterentwickelten Souveränität ist keineswegs auf einige kleine Länder Afrikas beschränkt, deren politische Unabhängigkeit noch neu ist. De-Industrialisierungen und Aufweichungen der staatlichen Ordnung werden aus Brasilien, Philippinen und Indien gemeldet. Ihr beredtester Ausdruck ist die seit über einem Jahrzehnt unkontrollierte Schuldenkrise. Sie findet sich in Staaten mit korrupten wie nichtkorrupten, demokratischen wie autoritären, kapitalistischen wie sozialistischen Überzeugungen anhängenden Regierungen. Sie ist nach meiner Überzeugung nicht eine Folge fehlender Staatskunst, sondern einer anachronistischen politischen Organisation, die im vergeblichen Versuch der Wiederholung von Geschichte den Territorialstaat zum imaginären Hauptakteur von Entwicklung macht.

Die besondere soziale Unzuträglichlichkeit dieses Modells rührt daher, daß es in den Staaten getreu der staatstheoretischen Elementen-Trias Gewalt-Gebiet-Volk kulturell und wirtschaftlich heterogene Bevölkerungen zusammenfaßt, die den Preis dieser Entwicklungsanstrengungen zahlen, ohne auch nur auf die indirekteste Weise an ihren Vorteilen beteiligt zu sein: Zunächst in ihnen fremde und abgelehnte Produktionsverhältnisse genötigt, sind sie kraft der konstruktiven Zusammenfassung zur Nation auch noch gezwungen, die Kosten für Aufwendungen zu erstatten, die sie nichts angehen und die nicht selten zum Bau von Entwicklungsruinen verwendet worden sind. Die Kopfsteuer ist nur die häßlichste Gestalt dieses Preises.

Die formale Existenz des Territorialstaates läßt keine finanzielle Konsequenz der Tatsache zu, daß Modernisierung und Infrastrukturerstellung wesentlich auf die Integration in die Weltwirtschaft zielen und daß allgemeine Produktionsbedingungen die Voraussetzung für den rentablen

Einsatz von Kapital darstellen, über das die Masse der Bevölkerungen nicht verfügt. Dessen Verwertungsbedingungen sind nicht mehr national bestimmt und existieren häufig getrennt neben diesen ›Nationen‹ genannten Bevölkerungen, die weiterhin in einer anderen wirtschaftlichen Welt leben. Nur wer die getönte Brille der Evolutionsmodelle trägt, wird diese andere Welt für zwangsläufig ärmer, unterentwickelt halten und zu modernisieren, monetarisieren und sozial zu differenzieren trachten. Der Territorialstaat, dessen materielle Existenz sich im Steuersystem manifestiert, ist dazu ein Vehikel. Die koloniale Philosophie der Kopfsteuer gilt allgemein: Die erste Notwendigkeit für viele Menschen in der Welt, einem Geldeinkommen nachzujagen, besteht in dem Zwang, öffentliche Abgaben zahlen zu müssen. Die Logik des neuzeitlichen Steuerstaates, der die Formel der allgemeinen Steuereinkünfte zur Finanzierung allgemeiner, der politischen Gemeinschaft der Steuerzahler im Prinzip nützlichen Aufgaben geprägt hatte, ist auf eine absurde Spitze getrieben, die sie zum Umknicken bringt: In den neuen Territorialstaaten existieren mehrere Gesellschaften, ohne mit ihm identisch zu sein, und einige dieser Gesellschaften werden zu Abgaben gezwungen, mit denen Schulden an (ausländische) Banken, Staaten, Entwicklungsorganisationen beglichen werden, die wiederum zum größten Teil Projekte ohne Nutzen für die Steuerzahler finanziert hatten.

4. Wie die konstruktiven Aufteilungen nicht verhindern, daß allgemeine Produktionsbedingungen und Staatsaufgaben sich vereinheitlichen und territoriale Grenzen gering achten, wie aber die Konstruktion des Territorialstaats verhindert, daß diese Politiken die der bürgerlichen Gesellschaft entsprechende Form finden

Wie die wettergeprüften Engländer viele nuancierte Ausdrücke für Regen haben, so rankt sich ein reiches Vokabular um Entwicklungsprojekte, die einen gemeinschaftlichen Willen dokumentieren sollen. Von Zusammenarbeit, Partnern des Fortschritts, entwicklungspolitischem Dialog und anderem mehr ist die Rede. Alle Diskussionen beginnen und enden damit, die nationale Unabhängigkeit der Empfängerstaaten zu unterstreichen, was selbstverständlich ihre Verantwortlichkeit mit einschließt. Der hier und anderswo aufgestellten Behauptung, daß der größere Teil der Projekte für die Mehrheit der in den Territorialstaaten zusammengefaßten Bevölkerungen keinen Nutzen habe, wird regelmäßig energisch widersprochen, auch mit dem Hinweis, daß kein (Entwicklungs-)Projekt aufgedrängt werde. Das belegen alle Akten im übrigen gut: kein Projekt ohne schriftliche offizielle Anfrage, gemeinsame Erklärungen und ausführlich verhandelte Projekt- und Kreditverträge.

a) Wie Entwicklungsprojekte weltweit Standards setzen und sich politisch als globale Infrastrukturerstellung entpuppen

Die Rede paßt schlecht zu der hohen Uniformität und Standardisierung, durch welche Entwicklungsprojekte sich auszeichnen. Ein Blick in die Projektbeschreibungen der Entwicklungsinstitutionen belehrt darüber, daß das ›Straßenprojekt V‹ in einem Land Südostasiens sich kaum vom ›Straßenprojekt VII‹ in einem Land Südamerikas, daß das ›Erziehungsprojekt IV‹ in einem Land Afrikas sich kaum von ›Erziehung I‹ in der Karibik unterscheidet. Nichts anderes gilt für Stadtsanierungs-, Staudamm-, Telekommunikations- oder landwirtschaftliche Entwicklungsprojekte.

Verschiebungen lassen sich eher in der Zeit erkennen. Sie unterstreichen Uniformität mehr, als daß sie sie dementieren: Stehen in einer Periode der Entwicklungsdekaden Industrialisierung, Straßenbau, Mechanisierung der Landwirtschaft, der Bau von Schulen und Krankenhäusern im Vordergrund, so ändert sich in der nächsten Periode das Vokabular dramatisch, und in seinem Gefolge ändern sich auch – obwohl minder dramatisch – die Realisierungen. In den Vordergrund mögen sich dann Straßenunterhaltung, integrierte ländliche Entwicklung, die Anpassung des Erziehungswesens an die soziale Umwelt, der Aufbau von Basisgesundheitsdiensten schieben. Diese jeweils neuen Konzeptionen entstehen sicherlich nicht ohne vielfältige Expertendiskussionen, nach manchen Memoranden unterschiedlichsten Abstraktionsniveaus, die innerhalb der großen Entwicklungsinstitutionen hin und her gehen, wobei der Weltbank in der Regel eine Führungsrolle zukommt. Sie werden dann zu einem bestimmten Moment, dessen Fixierung oft im Bereich des Mysteriösen liegt, nicht selten zur Überraschung betroffener Länder, auch um den Preis radikaler Schwenks, weltweit durchgesetzt. Die größten Schwierigkeiten bei der Abstimmung der Projektplanung machen denn in der Regel auch nicht die Empfängerstaaten mit ihren eigenen Vorstellungen. Wirklich komplex ist vielmehr die Aufgabe, die unterschiedlichen und zeitverschobenen Vorstellungen mehrerer Entwicklungsinstitutionen zu harmonisieren.

Um das an einem teuren Beispiel zu dokumentieren: Für die Versuche des Aufbaus nationaler Industrien haben diese Zick-Zack-Bewegungen in den 60er und 70er Jahren, also den ersten beiden Entwicklungsdeka-

den, den raschen Aufbau eines enormen öffentlichen, parastaatlichen Industriesektors hervorgebracht, der von den Entwicklungsorganisationen in enger Zusammenarbeit mit Ingenieur-Büros, Lieferanten und kommerziellen Banken geplant und finanziert wurde. Inzwischen macht das Zauberwort der Privatisierung die Runde, mit der Konsequenz, daß öffentliche Unternehmen privatisiert und, wo das nicht möglich ist, liquidiert werden sollen. Für die Realisierung werden knappste Zeiträume vorgegeben – es geht dabei nicht nur um die defizitäre staatliche Textilfabrik oder Entwicklungsbank, sondern auch um Bereiche, die selbstverständlich zu den staatlichen gerechnet werden, nämlich Gesundheitsdienst, Straßenunterhaltung, Erziehung und Landwirtschaftspolitik. Auch diese bis zum nächsten Schwenk modernen Entwicklungsorientierungen werden wieder über ›Entwicklungs‹-Kredite finanziert.
In den meisten Ländern lassen sich derartige Pläne nur realisieren, wenn massiv ausländische Unternehmen eingeladen werden, sich an ihnen zu beteiligen. Das gilt gleichermaßen für die produktiven, den Dienstleistungs- und die konzeptionell-politischen Bereiche. Die Vorstellung ist keineswegs abwegig, daß in absehbarer Zeit und bis zum nächsten Konzeptionsschwenk eine in New York oder Tokio ansässige Consulting-Firma die Transportpolitik und Straßenunterhaltung in Zaire, Thailand und anderswo als von Weltbank-Krediten finanziertes Entwicklungsprojekt managen würde. Während sich solche Projekte noch in der Planung befinden, ist es bereits verbreitete Praxis, daß private Gesellschaften, etwa mit Sitz in der Schweiz, Teilfunktionen nationaler Zollverwaltungen und Steuerfahndung im Auftrag von nationalen Finanzministerien wahrnehmen – eine moderne Variante des Steuerpachtsystems.
Ein Amalgam von Überzeugungen und Zwängen, Überlegungen und Abhängigkeiten haben diesen (sich) bewegenden Stand der Dinge herbeigeführt. Zunächst und um schnellen Schuldzuweisungen und Selbstgefälligkeiten vorzubeugen, ist daran zu erinnern, daß in der Zeit, als der theoretische Grundstein für Entwicklungspolitik gelegt wurde, die überwiegende, nur von einigen bunten Dissidenten in Frage gestellte Weltmeinung der einflußreichen Politiker, Wirtschaftsführer und Denker davon ausging, daß die hochindustrialisierten Länder die Avantgarde der Evolution bildeten. Entwicklungspolitik hieß in Zaire und Kuba, Vietnam und Paraguay, Benin und Kamerun, Moskau und Washington D. C. moderne Straßen, Traktoren und LKW, Maschinen und Maschinengewehre, Schulen und Krankenhäuser, also Anpassung der so genannten primitiven Bevölkerungen an die ›Moderne‹. Bei solcher Grundstimmung liegt nichts näher, als auch die Denkgewohnheiten und Rezepte der fortgeschrittenen Länder für fortgeschritten, überlegen, nachahmens-

wert und übertragbar zu erklären, was von den Entwicklungsinstitutionen mit missionarischem Eifer ins Werk gesetzt wurde. Dabei stießen sie auf Sozial- und Psychostrukturen, ganz fremd denen, für die die Rezepte entwickelt worden waren. Was Kultur- und Wirtschaftsgeschichte, Soziologie und Psychoanalyse am bürgerlichen Menschen beschrieben und analysiert haben, fehlt in den meisten Klienten-Ländern. Ebensowenig bestanden Ökonomien, die sich den bürgerlichen Staat als Garanten allgemeiner Produktionsbedingungen, als Hersteller von materiellen und sozialen Infrastrukturen hatten schaffen müssen. Programme und Projekte, Dialoge und Diktate lassen sich aber nur ins Werk setzen, wenn ein Partner existiert, der wenigstens formal als juristische Person qualifiziert werden und Abkommen unterzeichnen kann, denn die Realisierung der Entwicklungsrezepte vollzieht sich in der Form des (Vertrags-)Rechts. Da die traditionellen Strukturen in den betroffenen Gesellschaften diesen Anforderungen kaum genügten und ohnehin von Missionaren, Ethnologen und anderen Kolonialbeamten zu guten Teilen geschleift waren, hat man bei gigantischen Fiktionen Zuflucht gesucht. Die von den alten Kolonialmächten gezeugten, geborenen und aus der Taufe gehobenen, mit eingebauten Schwachstellen versehenen fragilen Gebilde wurden zu Territorialstaaten im Sinne der bürgerlichen Gesellschaft erklärt und die praktisch ausschließlichen Partner des Fortschritts. Ein oberflächlicher Blick in die ökonomisch orientierten Theorien zur Entstehung und zum teuren Dasein bürgerlicher Staaten, gleichgültig ob von Adam Smith oder Karl Marx inspiriert, hätte die Verantwortlichen des Entwicklungsgeschäfts davon überzeugen können, daß diese Gebilde nichts mit jenen Institutionen zur Wahrung des spezifisch bürgerlichen Allgemeininteresses und zur Errichtung von Infrastrukturen gemeinsam hatten, die sich die kapitalistischen Nationalökonomien geschaffen haben. Da aber nicht nur die Existenz des Nationalstaates fingiert, sondern er auch zum Inbegriff von Modernität und Fortschritt verklärt wurde, galt es bald als schlimm und neo-imperialistisch, an ihm zu zweifeln.
Ohnehin mußten die Parteien nicht stark, mächtig und selbstbewußt sein, um als Empfänger der Entwicklungsprojekte zu dienen. Was Fortschritt und die Richtung zu ihm hin seien, wissen die Entwicklungsorganisationen ohnehin besser. Da Fortschritt im Sinne der bürgerlichen Gesellschaft, die auf Gewinnung abstrakten Reichtums aus ist, Abstraktion und Standardisierung braucht und gebiert, lassen sich ohne böse Hintergedanken die oben genannte weltweite Uniformierung und Standardisierung der Projekte als schlagender Erfolg bewerten. So wie Maße und Gewichte, Straßenabmessungen und Flughafenpisten um so effizienter sind, je einheitlicher sie weltweit gelten, so lassen sich im Grunde auch Ge-

sundheit und Erziehung, Nahrungsaufnahme und Wasserversorgung einheitlich quantifizieren, und nicht umsonst steht die Meßbarkeit des Erfolges im Mittelpunkt der Evaluierung eines Projektes. Die Messung läßt sich auf zwei Weisen durchführen, entweder am Quantum der hergestellten und/oder gelieferten Waren oder am Quantum des ausgegebenen Geldes.

Entwicklungsprojekte zielen häufig auf die Herstellung des neuen Menschen im Sinne von »human capital«, was auch ›weiches‹ Ziel genannt wird. Da diese sich nur schwer quantifizieren lassen, steht das Quantum des ausgegebenen Geldes, der Mittelabfluß, ganz im Vordergrund der Erfolgsmessung. Die zeitweiligen Dementis dieser Feststellung wirken matt, verglichen mit dem Umstand, daß nicht wenige Entwicklungsorganisationen ihren (hohen) Funktionären Prämien zahlen, die ebenso wie Karrieren an Geldbeträge und ihr Abfließen gekoppelt sind. Außerdem reiht sich diese Messung in ihrer Philosophie in den Chor jener ein, die großzügigere Entwicklungshilfe verlangen und die Großzügigkeit ganz wesentlich an der Höhe des Budgets messen.

Eine weitere die Struktur der Entwicklungsprojekte prägende Eigenart ist, daß ihre Planung, Kontrolle und Evaluierung teuer sind und daß die Verwaltungskosten in einem angemessenen Verhältnis zu den Kosten des Projektes stehen müssen. Daraus folgt mit einiger Zwangsläufigkeit, daß größere, also teuerere Projekte bessere Chancen der Realisierung haben als kleinere, deren Verwaltungsaufwand ja ebenso hoch sein kann, und daß innerhalb eines Projektes nicht selten die aufwendigere Lösung gewählt wird, die im übrigen den auf professionelle Perfektion bedachten Technikern aus den Industrieländern auch mehr behagt.

Diese Kriterien der Standardisierung, der Uniformierung, der Meßbarkeit in Geldquanten des Mittelabflusses, der großen Dimension kommen den Großbürokratien entgegen – den Entwicklungsinstitutionen von der Weltbank über den Europäischen Entwicklungsfonds bis zur deutschen Gesellschaft für technische Zusammenarbeit – und verstärken sich auf diese Weise. Wie die Bürokratien Vertragsmodelle und allgemeine Geschäftsbedingungen gesetzt haben, die immer wieder als entlastende Routine angewandt werden, setzen sie Projekt-Modelle und -typen, die ebenso routinemäßig und professionell korrekt angeboten, durchgesetzt und abgewickelt werden. Dabei besteht ein Netzwerk und eine enge Kooperation zwischen verschiedenen Akteuren, nämlich den Entwicklungsorganisationen, den Consulting-, Ingenieur- und anderen Service-Unternehmen, Lieferanten, Bauunternehmen und kommerziellen Banken, die beinahe alle auf ihrem Sektor weltweit tätig sind. Sie stehen in beständiger Kommunikation und verfügen über ein beträchtliches »know-how«, das im übrigen die Standardisierung weiter verstärkt. Die Akteure erfahren am eigenen Leibe, daß es in der Moderne auf abstraktes Wissen, einen funktionsfähigen Körper und die Fähigkeit zu disziplinierter Arbeit, also auf im wesentlichen niveaugleiches und uniformes »human capital«, ankommt. Diese Erfahrung erleichtert es, die in Routine leichte Standardisierung nicht nur auf Projekte der physischen Infrastruktur und produktiven Investitionen anzuwenden, sondern auch auf solche des sozialen Bereichs wie Gesundheit und Erziehung. Da aber hier die andersartigen kollektiven Identitäten der Bevölkerungen sich am deutlichsten erhalten haben und manifestieren, gibt es hier nicht nur die meisten Konflikte, sondern auch die elaboriertesten Versicherungen zur »Berücksichtigung der kulturellen und sozialen Dimension« in Projekten, die freilich stets die »Förderung des menschlichen Potentials«[281] im Sinne der Überwindung vormoderner Strukturen zum Gegenstand haben. Nicht ohne Bewegung erlebt man, welche Mißverständnisse entstehen, wenn z. B. deutsche Pädagogen und Ärzte, die schon in Bangladesch und Jamaika Entwicklungsdienst getan haben und nicht nur die vielen Kenntnisse ihrer modernen und fortgeschrittenen Disziplinen, sondern auch die aktuellen Projektkonzeptionen der Gesundheitsabteilung ihrer Entsendeorganisation in Kopf und Herz haben, auf afrikanische Frauen stoßen, die in Broschüren über den Respekt von soziokulturellen Eigenarten gelesen haben. Die einen haben Instruktionen und wollen das bewährte Standardprojekt »Familienplanung« vorbereiten und sich dabei der kulturellen Eigenarten der ›lokalen Bevölkerungen‹ so weit vergewissern, als es notwendig ist, um sie zu »evolutionieren«. Die anderen meinen, die Kultur von Sexualerziehung, Initiation und Familienplanung ihrer spezifischen Gesellschaft solle erforscht, auf seine Lebendigkeit überprüft und in die ›moderne‹ Welt übertragen werden. Der Konflikt geht zugunsten der ›Fortschrittsträger‹ und Geldbringer aus.

Sicherlich sind nicht wenige der üppig finanzierten und perfekt geplanten Entwicklungsprojekte gescheitert. Die ›weißen Elefanten‹ und Entwicklungsruinen sind sattsam bekannt: die bald wieder vom Sand oder vom Dschungel bedeckten Straßen, die Schulgebäude ohne Lehrer, die Kanalisationen, die zerbröckeln und zu gefährlichen Krankheitsherden werden. Zu diesen Infrastruktur-Ruinen gesellen sich die der international finanzierten produktiven Investitionen der jungen nationalen Staaten: die Düngemittel-, Textil- und Zuckerfabriken, die Ölpressen und Teeplantagen, die Montagewerke und staatlichen Dienstleistungsbetriebe. Entwicklungsorganisationen und kommerzielle Banken – ideologisch sicherlich niemals sozialistischer oder staatskapitalistischer Orientierungen verdächtig – haben, gestützt auf die oben erwähnten Fiktionen, diesen Zustand herbeifinanziert. Er hat im großen Umfang zum heutigen Schuldenberg der ›National‹staaten beigetragen und soll nun von Bevölkerungen abgetragen werden, die das fiktive Staatsvolk bilden.

Wo derartige Probleme selbstkritisch bearbeitet werden, führt das nicht zu einer Infragestellung der Standardisierungen einerseits oder der nationalen Souveränität andererseits. Unter Hinweis auf positive Beispiele und Entwicklungen bleibt das in der Standardisierung zum Ausdruck kommende Gesellschaftsmodell der abstrakten Reichtumsproduktion unangetastet. Die Tatsache, daß diese Standardisierung dem Aufbau einer nationalen Identität das weltweit Identische entgegensetzt, um mit der Gleichförmigkeit die grenzenlose rentable Verwertung von Kapital zu erleichtern und anzuziehen, verschwindet hinter einer rein politologischen Definition des Territorialstaates und seiner Regierung, welche die Forderungen nach umfassender Souveränität in den Bereich der schönen Rede verbannt. Gefordert sind Uniformierung, Öffnung der Grenzen, der Wille zur Modernität und, mit immer deutlicherem Nachdruck, eine effiziente und gute Verwaltung der Territorien, nicht im Sinne der Ausübung von Souveränität, sondern im Sinne der Exekution des weltweit Notwendigen und international Finanzierten.[282]

b) Wie Entwicklungsprogramme weltweit Standards setzen und sich als globale Wirtschaftspolitik entpuppen

Mit dieser letzten Forderung ist die Pforte zur Wahrnehmung einer weiteren Denationalisierung staatlicher Politik aufgestoßen. In den auf S. 137 genannten Elementen der Rolle des Staates gab es eines, das nicht als Ausgabe ausgewiesen war, mit der Konsequenz eines weniger deutlichen Zusammenhangs zwischen der Finanzierung und der aus ihr sich ergebenden Planungs- und Durchführungs-Kompetenz. Es war dies die Orientierung, Bestimmung und laufende Ausübung der (Wirtschafts-)Politik, für die Geld-, Währungs-, Fiskal-, Preis- und Investitionspolitiken als Beispiele gelten. Diese werden als zum innersten Kreis der Souveränität gehörig gehandelt, da sich in ihnen die Wahl des politischen, wirtschaftlichen und sozialen Systems konkretisiert. Alle Resolutionen zur Entwicklungspolitik nennen diese Wahlfreiheit das wichtigste »souveräne und unveräußerliche Recht« der Staaten, wie es etwa Artikel 1 der Charta der wirtschaftlichen Rechte und Pflichten der Staaten von 1974 formuliert.

Der Schein trügt und wird aufrechterhalten, sofern er keinen Schaden anrichtet. An verschiedenen Stellen dieses Buches hatte ich bereits darauf hingewiesen, daß Teile der souveränen Rechte von Staaten nicht national ausgeübt werden. Die Zollverwaltung war ein solches Beispiel, wesentlich gewichtiger war das der Geldpolitik. Die historisch bis auf Bodin zurückweisende Auffassung war zitiert worden, daß die Geldhoheit ein zentraler Bestandteil, ja das Herz der nationalen Souveränität sei. Wir hatten gesehen, daß alle Beschwörungen nichts nützen und viele Staaten ihr ›Herz‹ hinzugeben scheinen, sei es in expliziten, vertraglich eingerichteten Währungsunionen mit all den daraus folgenden Konsequenzen für uniforme Wirtschaftspolitiken, sei es in stillschweigender, offener oder versteckter Annahme einer Fremdwährung als Landesgeld – »Dollarisation«.

Es ist interessant zu verfolgen, daß in einem Moment der Krise einer Währungsunion, dem franko-afrikanischen System des Franc CFA, nachdrücklich davor gewarnt wird, »einer puristischen und radikalen Konzeption der Unabhängigkeit zu folgen, die zur Nationalisierung der Geld-Institutionen führte«. Die absehbare Folge solchen Beharrens auf Souveränität sei die »totale geldliche Balkanisierung [...] mit den schlimmsten Gefahren«:[283] Der Balkan, einst Symbol nationaler Befreiungen von Fremdherrschaft, gilt heute als sprichwörtliche Bezeichnung für das unproduktive Chaos, zu dem nationale Selbstbestimmung führt, ohne daß die Grenzen ethnischer, sprachlicher, kultureller und anderer reklamierter Unterteilungen bereits erreicht wären.

Es mag sein, daß die beiden sich scheinbar paradox zueinander verhaltenden Gegenbewegungen – hier eine neue Welle sich national gebender Unabhängigkeitsbewegungen, dort globale Interdependenz und deren widersprüchlicher, aber deutlicher Reflex in de-nationalisierter Politik und Institutionen – in einem engeren Zusammenhang stehen, als es auf den ersten Blick scheint. Wenn etwa in Litauen, Polen und Lettland kaum unterscheidbare nationale Forderungen erhoben werden, dann ist das Durcheinander komplett, da es sich dabei in einem Falle um einen bereits souveränen Staat, in zwei Fällen um Teilrepubliken eines Staates handelt. Auch scheint es wenig um Souveränität zu gehen. Die ersten großen wirtschaftspolitischen Entscheidungen des ›neuen‹ Polen bestanden darin, erstens sich den wirtschaftspolitischen Rezepten des IWF zu unterwerfen und damit einen guten Teil der wirtschaftlichen Souveränität aufzugeben, zweitens das ›National-Vermögen‹ nicht-polnischen Investoren anzubieten. Diese widersprüchlich scheinende Haltung löst sich nur auf, wenn die Bewegungen als unpräziser Ausdruck des Wunsches gedeutet werden, ein wirtschaftspolitisches System abzuschütteln und sich in die kapitalistische Weltökonomie zu integrieren. Wir hatten gesehen, daß diese abstrakten Reichtum, kaum aber kollektive Identitäten und Lebenssinn zu erzeugen vermag und deshalb einerseits gleichgültig, andererseits dankbar mit sinnstiftenden Gefühlen wie Nation, Religion und Sportbegeisterung Umgang pflegt, solange sie die Grenzenlosigkeit der Geschäfte nicht stören. Soweit und solange die Staaten also bereit sind, sich den einheitlichen Sachgesetzlichkeiten einer interdependenten, besser: denationalisierten Weltökonomie zu unterwerfen, die wie ein neues, universalistisches Naturrecht legitimiert werden,[284] schadet es nichts, wenn sie nationale, regionale, religiöse oder sonst authentische Gefühle pflegen. Der ständige Vorhalt gegen ein solches Argument, daß es die Kraft des Nationalismus unterschätze, müßte verallgemeinert werden und lautete dann, daß es Gefühle im allgemeinen und ihre Manipulierbarkeit – wie etwa den Wunsch zu glauben – unterschätze. Das tut es nun keineswegs. Ich bin vor der ausgrenzenden Aggressivität dieser manipulierbaren ›kollektiven Identitäten‹ stets auf der Hut. Dennoch stehen sich zwei Prognose-Typen gegenüber, die wegen ihrer Niveauunterschiede kaum als Gegensatz taugen und deren relative Überlegenheit weder nachgewiesen noch widerlegt werden kann.

Wenn der IWF sein neues Mitglied Polen zur Annahme seiner wirtschaftspolitischen Rezepte überzeugen kann und bereit ist, dasselbe für China, Albanien, Rumänien und die UdSSR zu tun, so belegt dies, daß unabhängig von allem Pochen auf ethnische, religiöse, nationale, rassische Unverwechselbarkeiten die Abstraktheit der Warenproduktion eine abstrakte und weltweit zum Verwechseln ähnliche Einheitspolitik ermöglicht. Die Bereitschaftskreditabkommen erlegen Polen wie Chile, China wie Südkorea, Jugoslawien wie Kamerun identische Konditionen auf. Wie die Beispiele Frankreichs, Italiens und Großbritanniens beweisen, die sich in den 60er und 70er Jahren eben solchen Bedingungen beugen mußten, geht es nicht um die Dritte und Zweite, sondern um *die* Welt. Die Bedingungen mögen in Intensität und Dauer unterschiedlich sein, doch stets werden zentrale Bereiche (national-)staatlicher Wirtschaftspolitik getroffen: Die Bestimmung der Geldmenge und des Kredits, die Einführung von Konvertibilität und die Liberalisierung des Devisenverkehrs, die Neuorientierung der Steuerpolitik und die Reform (Privatisierung) öffentlicher Unternehmen, die Liberalisierung der Preise und die Massenentlassung von Funktionären sind gängige Bedingungen. Um den nationalen Stolz der Staaten nicht zu verletzen, zwingt der IWF solche Konditionen ihnen nicht auf, sondern erwartet, daß die Regierungen in Ausübung ihrer Souveränität sich dazu in einer einseitigen Erklärung verpflichten. Falls sie der Selbstverpflichtung nicht nachkommen, führt dies allerdings zur Unterbrechung der Auszahlung der

Kredittranchen,[285] womit der Freiwilligkeit klare Grenzen gezogen sind.

Das Instrumentarium zur Durchsetzung anational gleichförmiger Geld-, Währungs-, Fiskal-, Preis- und Investitionspolitiken ist inzwischen durch die Struktur- und Sektoranpassungsprogramme ergänzt, mit denen die Weltbank seit etwa 1980 so unterschiedliche Staaten wie Brasilien und Ghana, Kolumbien und Südkorea, die Elfenbeinküste und Jamaika, die Zentralafrikanische Republik und Mexiko, Marokko, die Philippinen, Thailand und die Türkei überzogen hat und die der IWF häufig mit Strukturanpassungsfazilitäten anreichert.[286] Allen diesen Programmen ist gemeinsam die Verpflichtung zu neuen Handels-, Preis- und Investitionspolitiken, zu Reformen, d. h. vor allem Entlassungen im öffentlichen Dienst, zur Privatisierung, Restrukturierung und/oder Liquidierung staatlicher Unternehmen, zur Abschaffung von Subventionen, zur Veränderung der Steuerpolitik, d. h. zur Erhöhung der Einnahmen bei Privilegierung von Investoren und zur Neuorientierung der Ausgaben, sowie endlich zu Veränderungen der Schuldenpolitik. Die Programme enthalten einen außerordentlich detaillierten Katalog von präzisen und überprüfbaren Maßnahmen, die nach einem auf den Monat berechneten Kalender durchgeführt werden müssen. Es werden bis auf den Dollar genaue, gleitende Beträge fixiert, die für Beamtengehälter aufgewendet werden dürfen. Plafonds, Höchstlaufzeiten und Höchstzinsen für die Neukreditaufnahme des Staates, Umfang und Tempo von Preis- und Außenhandelsliberalisierungen, Produzentenpreise und Qualitätsmerkmale von Agrarerzeugnissen, die zu privatisierenden und zu liquidierenden Staatsunternehmen, die Rehabilitationspläne für Schlüsselindustrien, die Zahl der zu entlassenden Staatsbediensteten – all dies wird genau festgelegt und die Durchführung an den vorgesehenen Daten durch Supervisions-Missionen überwacht. Falls zum Zeitpunkt der Kontrolle wichtige Maßnahmen nicht ergriffen sind, ohne daß die Regierung plausible Entschuldigungsgründe anzubieten hätte, zahlt die Weltbank und eventuell der IWF fällige Kredittranchen nicht aus. Die Programme laufen in der Regel über 18 Monate, die Kredite sind in zwei oder drei Tranchen aufgeteilt. Von vornherein besteht die Absicht, mehrere solcher Programme hintereinanderzuschalten. Um die Sanktionen möglichst spürbar zu gestalten, bemühen sich Weltbank und IWF, notwendige Umschuldungen sowie die Auszahlung anderer Kredite anderer Entwicklungsinstitutionen an Bestand und Beachtung der Programme zu binden. Hat die Weltbank den Eindruck, ein Land sei nicht in der Lage oder eine Regierung nicht vollständig willens, ein Programm ohne Hilfe und Führung wie vereinbart zu realisieren, gewährt sie dem sich restrukturierenden und anpassenden Staat einen zusätzlichen Kredit für ›Technische Hilfe‹ oder ›Unterstützung der Wirtschaftsverwaltung‹. Mit ihm kann die Regierung internationalen Expertenrat kaufen, um die Anpassungsmaßnahmen vorbereiten, die Wirtschaftsverwaltung stärken, Planung und Programmierung von Investitionen durchführen, die Reform des öffentlichen Dienstes, die Privatisierung oder Liquidation öffentlicher Betriebe organisieren und nationale Experten ausbilden zu lassen. Gemäß ihrer Ausbildungsphilosophie auf kurze Zeit angelegt, haben diese Projekte gleichwohl die Tendenz, sich zu ›verewigen‹, da faktisch die Ausbildung nicht im Vordergrund steht, sondern die politische Aufgabe. Die ›Experten‹ haben die politische Aufgabe, die nationalen Regierungen auf die internationale Konzeption und Orientierung der Politikreformen einzuschwören und eventuelle Abweichungen zu berichtigen oder doch wenigstens in Washington zu melden.

Die Verbindung von Konzeption und Durchführung der Programme und der in ihnen enthaltenen Wirtschaftspolitiken sowie ihrer Finanzierung ist nicht so offensichtlich wie bei Investitionsprojekten. Die Kredite werden als Hilfe zur Importfinanzierung und zum Zahlungsbilanzausgleich deklariert, was formal zu Umständlichkeiten führt, aber den unschönen Anschein verdeckt, daß in Wahrheit Politiken ›gekauft‹ werden.

Wiederum in der Absicht, die Gefühle nationaler Unabhängigkeit zu schonen, schreibt nicht die Weltbank den Staaten diese hochstandardisierten und uniformen Programme vor, sondern die Staaten erklären sie – nach ausführlichen Politik-Dialogen und technischen Diskussionen – einseitig und in Ausübung ihrer Souveränität zu ihren eigenen. Wenn aber die Weltbank auf irgendeine Weise offiziell verlauten läßt, sie lege in Zukunft Wert auf die Berücksichtigung sozialer Aspekte, auf die Erhaltung der Umwelt, auf die stärkere Einbeziehung der Frau in den Entwicklungsprozeß, auf Bevölkerungskontrolle oder auf bessere und effizientere Regierungen, dann provoziert dies bei den Betroffenen die Frage, ob solche Politikerklärungen in Zukunft in die Konditionen der Entwicklungskredite aufgenommen werden sollen.[287] Falls es dazu kommt, werden sich die klügsten Köpfe der Grundsatzabteilung der Weltbank zusammensetzen und den Begriff der ›guten Regierung‹ zu operationalisieren trachten. Ein Bündel von Maßnahmen läßt sich denken. Wenn es ethnische Probleme gibt, läßt sich die Verpflichtung zu einem bestimmten Proporz in der Regierungsmannschaft diskutieren. Die Gründung von privaten Zeitungen, die Privatisierung des Rundfunks, der Aufbau eines unabhängigen, möglichst kostenneutralen Rechnungshofes, der für eine Weile von ausländischen Experten zu beraten ist, könnten bald Bedingung werden. Der beklagten Korruption ist schwierig beizukommen, wie die Bei

spiele der USA, Japan und der Bundesrepublik belegen, und die Schweiz sowie einige große Geschäftsbanken werden gegen allzu großen Eifer protestieren. Immerhin ließe sich denken, daß Präsidenten(familien) nur noch ein bestimmtes Ausmaß an Grundbesitz erwerben dürfen etc. Die Bedingungen würden in Anpassungsprogramme aufgenommen und ihre Erfüllung durch Supervisions-Missionen der Weltbank und des IWF überprüft. Langzeitexperten vor Ort könnten wertvolle Hinweise geben. Falls zu viel Abweichung, zu viel Korruption, zu wenig ethnischer Proporz festgestellt würde, käme es zur Suspendierung des Kredits.
Karikaturen? Gewiß nicht. Es ist verblüffend zu beobachten, wie bereits heute Gruppen von Kontrolleuren der Weltbank und des IWF die Mitgliedsländer bereisen, mit Check-Listen im Gepäck, auf denen Datum und Inhalt der zu unternehmenden Strukturanpassungsmaßnahmen verzeichnet sind, und wie sie mit den Mitgliedern der souveränen Regierungen Punkt für Punkt durchgehen: ›Ist diese marode Staatsbank liquidiert? – Nein, warum nicht? Ist jener Textilkonzern privatisiert? Ja, gut! – Sind die vorgesehenen 500 Bediensteten der Post entlassen? Nur 200, warum? – Sind das neue Investitions-, das Steuer-, das Handelsgesetz erlassen? Warum haben wir die Entwürfe nicht gesehen? Wir haben gehört, daß noch nicht alle Preise liberalisiert worden sind und daß noch versteckte Importbarrieren existieren, daß trotz der verlangten und bereits verabschiedeten Gesetze faktisch immer noch Ausländer beim Landerwerb diskriminiert werden, stimmt das und wenn ja, wie rasch werden derartige Praktiken abgestellt?‹ Solches Frage- und Antwortspiel, solche Kontrollen sind erschöpfend; ihr befriedigender Ausgang entscheidet darüber, ob eine Kredittranche ausgezahlt, ob eine Umschuldung empfohlen wird, ob andere Finanzierungen in Gang kommen, ob die Entwicklungsplanung sich wie vorgesehen fortsetzen kann.
Der Einfluß ist groß. Nicht nur die Finanzierung von Staatsaufgaben kommt in vielen Ländern von außen, sondern auch ihre Planung, Konzeption und Ausführung. Darüber hinaus gibt es eine sich verfeinernde Praxis zur Außenorientierung zentraler Bereiche nationaler Wirtschaftspolitiken. Sicherlich müssen sich nur Staaten in der Krise diesen Programmen öffnen, aber welcher Staat der ›Zweiten‹ und ›Dritten‹ Welt wäre nicht hoffnungslos überschuldet – nicht zuletzt durch Kredite der Entwicklungsinstitutionen – und damit in der Krise, also Außeneinflüssen leicht zugänglich. Wenn ich diese wesentlich an IWF und Weltbank festgemacht habe, dann deshalb, weil sie die einzigen universalen Institutionen mit dem höchsten Prestige und dem größten Gewicht sind. Die Finanzierungsbedingungen, Rezepte und Orientierungen anderer Entwicklungsinstitutionen unterscheiden sich, wenn überhaupt, nur in Nuan-

cen. Selbst die großen regionalen Entwicklungsbanken wie die Asiatische, Afrikanische und die Interamerikanische Entwicklungsbank, geschaffen als Instrument und Sprachrohr der Staaten ihrer Region, unterscheiden sich in ihren Kreditbedingungen und ihrer Projektpraxis wenig von der Weltbank; an Strukturanpassungprogrammen nehmen sie in Ko-Finanzierung teil, ohne daß bisher eine kontrastrierende Grundhaltung erkennbar wäre.
Die internationale Finanzierung und Konzeptionierung der Auf- und Ausgaben der Staaten in Entwicklung sowie die nichtnationale Formulierung von zentralen Politiken demonstriert, daß es sich um öffentliche, um staatliche, nicht aber notwendig um nationalstaatliche handelt. Eher im Gegenteil: Wer sich hinter nationaler Souveränität verschanzt, um sich den weltweit gleichförmigen Notwendigkeiten der Warenproduktion zu widersetzen, läuft Gefahr, wegstrukturiert zu werden. Das wird von Bevölkerungen häufig deshalb nicht bedauert, weil der Widerstand der Mächtigen im Staate nicht selten persönlichen Interessen geschuldet und infolgedessen höchst selektiv ist. Allerdings ist einschränkend zu bemerken, daß IWF, Weltbank und andere Entwicklungsinstitutionen sich gern mit den Mächtigen arrangieren und sie von den Zwängen der Strukturanpasssung verschonen, d. h. mit der Disziplinierung beim gemeinen Volk ansetzen. Das gilt insbesondere dann, wenn sich Regierungen als überzeugte Gegner des Kommunismus darzustellen wissen und autoritär genug regieren, um die sozial häufig bitteren Programme gegen ihre Bevölkerungen durchzusetzen. So kann es vorkommen, daß einer der ganz großen Korrupten, nämlich Mobuto, in der Hitliste der US-Außenpolitik und damit des IWF zu einem der Weisen Afrikas avanciert.
Die Intensität der staatlichen Aufgabenerfüllung und -finanzierung durch extraterritoriale Institutionen schwankt von Staat zu Staat beträchtlich. Wesentlich aber ist, daß sie existiert und in hohem Maße gleichförmig, standardisiert ist, da sie sich orientiert an den Notwendigkeiten der rentablen Investition von Kapital und damit an den ›entwickelten Staaten‹. Diese werden so genannt, weil in ihnen kapitalistische Produktion und Kommerzialisierung auf Märkten eine längere Tradition haben, mit der Folge der Existenz von zu diesem Zweck ausgebildeten Institutionen. Das nationalstaatlich Spezifische manifestiert in dieser Perspektive meist das Unterentwickelte. Das liegt daran, daß es sich in Verhandlungen um Finanzierung und Konzeptionen nicht als Garant und selbstbewußter Konservator der eigenen wirtschaftlichen, sozialen und kulturellen Tradition und Lebensform ausdrückt, die sich im übrigen zum europäisch-modernen Begriff der Nation nicht zusammenfassen lassen. Vielmehr teilen die politisch verantwortlich Verhandelnden die Grundorientierungen

von Warenproduktion und Märkten und werfen das Konzept der Souveränität nur in die Debatte, um persönliche Souveränitätsrenten zu erzielen und/oder politische Macht zu erhalten, oder bestenfalls um sich einen nationalen Entwicklungsweg offenzuhalten.

5. Wie Nationalstaat und Staat in der Entwicklungspolitik aufeinanderstoßen

Die Debatte gibt Anlaß zur Zusammenfassung: Die zweite Variante, der genuin nationale Entwicklungsweg, hat in den Augen der Verhandlungspartner die Dimension des Honorigen dann, wernn sie sich dem den Industriestaaten teuren Entwicklungsstufenmodell unterstellt. Sie versichert bescheiden, auf der Stufenleiter noch nicht so weit oben zu sein, aber in Analogie und mit Hilfe der entwickelten Staaten den Aufstieg als nationale Aufgabe, als autozentrierte Entwicklung definieren und ins Werk setzen zu wollen. Es läßt sich dann auf die Geschichte verweisen und darauf, daß die technologischen und finanziellen Außenanleihen temporärer Art seien. Sie entsprächen im übrigen der (zeitweiligen) Praxis aller Staaten, die stets und ohne Rücksicht auf Verschuldung ihren jungen Nationalökonomien vielfach Förderung haben zukommen lassen, auch durch öffentliche Ausgaben nützlicher wie luxurierender Art sowie durch Staatsaufträge.

Damit wären wir wieder bei der Annahme, daß die jungen Staaten und ›ihre‹ Ökonomien Zeit brauchen, um die Geschichte nachzuholen und das Evolutionsniveau zu erreichen, auf dem die alten sich jetzt befinden. Je nach Geburtsort in unterwürfiger oder arroganter Manier kann diese Annahme die Welt in niedriger und höher entwickelte Gesellschaften einteilen, wobei in den Plazierungen und Klassifizierungen regelmäßig Gesellschaft und Staat durcheinandergeraten. Das geschieht im Konzept der »self-reliance« ebenso wie in dem der »Interdependenz«, in der Analyse des »Neo-Imperialismus« wie in der der »Stufen«. Allen diesen Annahmen liegt die Vorstellung mehrerer Welten zugrunde, die durch ökonomisch bedeutungsvolle politisch-territoriale Grenzen bestimmt seien. Zwischen den extraterritorialen Institutionen, die die Rezepte der entwickelt genannten Staaten übertragen, und den nationalen Politikern und ihren nichtnationalen Beratern, die eurozentriert die nationale Entwicklung nachahmen wollen, besteht im Grunde ein nur geringer Unterschied. Die Sicht überhöht den Staat, setzt ihn vorschnell in den Mittelpunkt der Geschichte und verkennt, daß er Teil eines historisch umfassenden (Produktions-)Verhältnisses ist, in dem die Sphäre des Politischen

und die des Ökonomischen, die Macht der öffentlichen Souveränität und die der privaten Verfügung über Eigentum getrennt, gleichzeitig aber voneinander abhängig sind. Der Staat entwickelt weder sich selbst noch etwas anderes, sondern er entwickelt seine Strukturen, Institutionen, Aufgaben, Funktionen innerhalb eines umfassenderen gesellschaftlichen Verhältnisses. Die Besonderheiten dieses Verhältnisses werden übersehen (nicht aber: real eingeebnet), wenn jedes Herrschaftsverhältnis Staat genannt wird und wenn jedes gesellschaftliche Verhältnis nach Kriterien analysiert werden soll, die nur für den Staat gelten. In solchen Vergleichen werden dann Pyramiden mit dem Mondflug, Sklavenunterdrückung mit Hexenverfolgungen, Äpfel mit Birnen verrechnet, um die ›Höhe‹ oder ›Tiefe‹ des Evolutionsniveaus auszumessen. Schon dies scheint mir keine harmlose Beschäftigung zu sein, da sie in der Regel nicht dem Zeitvertreib, sondern der Rechtfertigung von Einfluß dient. Ungleich gefährlicher und folgenreicher aber ist es, für positiv erachtete Teile aus dem Gesamtverhältnis herauszubrechen und in einem ganz anderen Verhältnis nutzen zu wollen. Während kaum jemand auf die Idee käme, die Konzeption des privaten und damit definitionsgemäß ungleich verteilten Eigentums in Gesellschaften ohne Staat zu transplantieren, wird mit der Konzeption des Staates ganz anders herumgesprungen: er gilt als isolierbarer Exportartikel.
Der Staat im Unterschied zu anderen Herrschaftsverhältnissen – bei den Römern oder den Inkas – ist Teil eines gesellschaftlichen Verhältnisses, in dem private Personen ihren individuellen Nutzen kalkulieren und zu mehren trachten und zu diesem Zweck ihr privates Eigentum gegen Geld hingeben und Geld, wenn sie davon übrig haben, in Kapital verwandeln, weil sie auf Rentabilität hoffen. Wir hatten gesehen, daß der Staat in dieser Form der Produktion unerläßlich ist trotz der hohen Kosten, die er verursacht, da Aufgaben bleiben, die erfüllt werden müssen, um das Produktionsverhältnis insgesamt aufrechtzuerhalten, auch wenn sie nicht rentabel sind. Der Private kann sich der Erfüllung solcher nützlichen Aufgaben nicht widmen, da er isoliert vom und in Konkurrenz zum jeweils anderen Privaten Rentabilität zur ausschließlichen Richtschnur seines Handelns machen muß. Er darf die Jagd nach mehr im Geld verkörperten Eigentum nicht unterbrechen, um nicht unterzugehen. Es wird seit langem darüber gestritten, ob sich in dieser gesellschaftlichen Organisation eine hohe Stufe menschlicher Vervollkommnung ausdrückt, die es nahelegt, egalitäre, solidarische, kontemplative, passive Formen des gesellschaftlichen Lebens aufzugeben oder als geringerwertig zu bezeichnen. Dieser Frage will ich nicht nachgehen. Hier war zunächst zu betonen, daß der Staat nur in diesem Verhältnis seinen allerdings unersetzbaren Platz hat, daß die Beschreibung ohne territoriale oder nationale Abgrenzung auskommt und

endlich ahnen zu lassen, daß die abstrakte Messung des Reichtums in Geld, die Privatheit des Nutzenkalküls und die daraus notwendig folgende Konkurrenz aller gegen alle seine in jeder Beziehung grenzenlose Ausdehnung ermöglichen. Dadurch werden Aggressivität und Eroberungswille auf dem Markt und anderswo Beweise für und Grundlage von Überlegenheit.

Selbstverständlich ist nicht zu übersehen, daß für eine lange Zeit Politik und Ökonomie territorial abgegrenzt und national aufgeladen waren. Damit hat sich eine besondere aggressive Dynamik ›schöpferischer Zerstörung‹ entfesselt. Sie wurde verstärkt durch den aus einer anderen gesellschaftlichen Organisation herüberragenden Glauben, daß Macht und Reichtum durch Verfügung über Boden, d. h. über große Territorien, und nicht über das bodenunabhängige Kapital begründet seien. Der Preis, der in nationalen und kolonialen Kriegen für diese Dynamik gezahlt wurde, war enorm.

Dreh- und Angelpunkt meiner Argumentation ist, daß die Periode der territorialen Begrenzungen und der nationalen Zusammenfassungen des kapitalistischen Produktionsverhältnisses vorüber ist und daß auch die territorialen Grenzen des Staates ihren Sinn verlieren. Damit hat die ebenso kurze wie gewaltsame Episode des Nationalismus ausgespielt. Er kann durchaus als ernstes Gefühl überdauern, doch als manipulierbares Instrument und Waffe im (Konkurrenz-) Krieg liegt er beim alten Eisen. Nicht beim alten Eisen oder im Stadium der Fäulnis liegt der Kapitalismus, d. h. die private Ökonomie der Warenproduktion und die von ihr getrennte, durch sie bedingte und sie bedingende öffentliche Politik des Staatlichen. Während Kapital aber seine Transnationalisierung unter dem *einen* Kriterium der Rentabilität mit Macht und unbekümmert durchsetzt, tut sich der Staat schwer, ihm zu folgen, da die Politik eine ungleich stärkere Propagierung des Nationalen gepflegt hat als die Ökonomie. Ich hatte gezeigt, daß die Aufgaben von der Verwaltung des Geldes über die Erstellung und Finanzierung der Infrastruktur, daß die produktiven Investitionen, die soziale Organisation, die Fiskal-, Preis-, Investitions- und andere Politiken strukturell zwar staatlich organisiert und besorgt werden müssen, nicht aber notwendigerweise nationalstaatlich. Dies setzt sich auch teilweise schon durch, freilich ohne Kohärenz, widersprüchlich, ängstlich, immer bedacht auf historische Absicherung und damit stets in Gefahr, einerseits in überholte, irrational gewordene Politiken zurückzufallen, andererseits der denationalisierten Ökonomie nicht den ihr entsprechenden politischen Rahmen zu geben.

Diese Konstellation chaotisiert die Verhältnisse ohne progressive Perspektive und vernebelt die realen Probleme und sozialen Konflikte. Sie mündet in unproduktiver Verschwendung, in der Zerstörung von Identitäten und in vielfältigen Diskriminierungen, die dem Begriff der Entwicklung anhaften. Alle Versuche, über die kolonial aufgezwungene Definition der politisch-juristischen Dekolonisierung hinaus auf nationale Souveränität zu setzen, sind bisher gescheitert. Wo existierte das Volk, das die Souveränität über seine Bodenschätze ausübte, wo der Staat, der als Staat die Wahl eines Wirtschaftssystems getroffen und umgesetzt hätte, das sich auf Dauer der Integration in die kapitalistische Weltökonomie entzöge? Wo wäre dieser Integration, die sich in der Mitgliedschaft beim IWF und in der Unterwerfung unter seine wirtschaftspolitischen Rezepte manifestiert, eine eigenständige emanzipatorische, progressive und nichtrepressive Perspektive entgegengesetzt? Am Ende des 20. Jahrhunderts ist die Karte der Nationalökonomien ausgereizt, und die Staaten, die sie weiter spielen oder zu spielen beginnen wollen, verlieren, wobei Bevölkerungen, die das Spiel nichts angeht und die unter Umständen tatsächliche Alternativen leben, die Spielschuld begleichen sollen.

Es gehört zum Erbe der Denkschule der deutschen Romantik des 19. Jahrhunderts, diesen Gang der Dinge der »Macht der Multis« oder dem als »black box« beliebten Verrat an den Zielen nationaler Befreiungsbewegungen anzukreiden und auf diese Weise die Reinheit der Ideen zu bewahren. Bei näherem Hinsehen erweist sich, daß Unvereinbares vereinbart werden soll. Der Territorialstaat ist nur denkbar als Teil der warenproduzierenden Gesellschaft. Wer ihn als Staat davon abzukapseln versucht, begründet nicht das Reich der Freiheit, sondern ein andersartiges Herrschaftsverhältnis, das um so repressiver werden muß, je weiter es sich von der Ökonomie abhebt und mehr tut, als den Zwangs- und Gewaltverhältnissen des Kapitalismus die Form des Allgemeininteresses zu geben.

Die Annahme aber vom in der Nation aufgehenden Volk entspricht der aggressiven Fiktion und dem schlechten Mythos des 19. Jahrhunderts, unter den Menschen gezwungen und mit dem gegensätzliche Lebensformen und antagonistische Interessen ideologisch verkleistert wurden, um die Rentabilität ›nationalen‹ Kapitals mit Blut und Wunden zu schützen. Während im 19. Jahrhundert, eventuell noch bis 1918, sich eine national gebende Unternehmerschaft als Kriegsgewinnler fühlen konnte und so die Millionen Leichen gut angelegt schienen, ist diese Rechnung inzwischen überholt. Die Transnationalität der Produktion hat den internationalen Handel bei der strukturellen Prägung der Weltwirtschaft überwunden. Das heißt nicht, daß Trachtenvereine und nationale Diskurse ebenso wie religiöse aufgehört haben, schöne und aggressive Gefühle, insbesondere das einer in Ausgrenzungen sich versichernden kollektiven Identität zu wecken. Es fehlt aber der mächtige, auf die Rationalität seiner Interessen

bauende, finanzierende und nationales Kriegsgerät produzierende Bundesgenosse. Ein nationaler Krieg bedeutete heute einen Berg von Leichen ohne ›nationalen Kriegsgewinn‹.
Für die Nationen in Entwicklung führt dies unterhalb der Schwelle des Krieges dazu, daß die Mehrheit der Menschen mit ihrem Elend, ihren (Kopf-)Steuern und dem Verlust ihrer kulturellen Identitäten in Kassen einzahlen, die nicht das Glück wenigstens ihrer Kindeskinder finanzieren werden, da sie keinen Boden haben. Anstatt die mehr und mehr nicht nur strukturell mögliche, sondern reale anationale Produktion von abstraktem Reichtum bei ihren Zwängen *und* bei ihrer Freiheit, bei ihrer Armut *und* bei ihren Zusagen, bei ihrer Gleichgültigkeit *und* bei ihrer Gleichheit zu nehmen, werden die Menschen in der ›Dritten Welt‹ mit der jeweils schlechten Hälfte abgespeist. Dabei ist der Territorialstaat das Mittel, solche Aufteilung durchzuhalten und zu legitimieren. Bewaffnet mit dem amortisierten Geschütz der nationalen Souveränität gelingt es weder, Dominanz abzuschütteln oder im imaginären Staatenrennen aufzuholen, noch sich anders denn als Unterentwickelte zu präsentieren und um Hilfe zu bitten. Einmal auf diese konzeptionelle Ebene gezogen, können sie bestenfalls trotzig das Argument kolonialer Folgelasten in die Debatte werfen, beherrscht aber wird die Debatte von nach Moral und Großzügigkeit klingenden Ausdrücken der Entwickelten. Die Begriffe der Solidarität und Entwicklung erheben sich über ihren technischen Gehalt der Interessenabwägung, den sie in anderem Zusammenhang haben, in die lichten Höhen der verbalen Großzügigkeit.

Teil V:
Wie die reale Entwicklung zum säkularen Universalismus in juristische Form und Ordnung gebracht werden könnte

Das Gewicht der Tradition verbietet es, eine umstandslose Auflösung des Begriffs der nationalen Souveränität in einer Weltordnung zu erwarten. Der Territorialstaat existiert und bietet ihm eine Heimstatt. Es mag allerdings sein, daß diese Heimstatt eher die Konturen und Festigkeit der Bourgogne, Schottlands, der Lombardei oder Thüringens hat, als die des die Heimat(-gefühle) mediatisierenden Nationalstaates. Wieder schließe ich daran die Frage an, ob es den hohen Preis lohnt, weiterhin zu versuchen, dem alten Modell zu folgen und Heimaten in Südostasien, Afrika und Amerika zu Nationalstaaten zusammenzuschweißen. Denn obwohl es sich verbietet, die Auflösung bloß festzustellen, leben wir nicht mehr in einer Zeit, in der sie aus humanitären, idealistischen und deduktiven Erwägungen für die Zukunft lediglich gefordert werden müßte. Wir stehen mitten in der Auflösung, nur präsentiert sie sich nicht als Verwirklichung eines universalistischen Menschheitstraumes, sondern als Antwort auf die Notwendigkeiten der Weltökonomie. Gleichgültig, ob sie in begrenzten Domänen für nötig und möglich gehalten wird – etwa um den Frieden zu sichern, während der Umweltschutz national bleiben müsse,[288] oder um die Umwelt zu schützen, während die Friedenssicherung national bleiben müsse[289] –, überall rührt sich etwas, treffen hohe Gefühle und schlichte Funktionsschichtungen brüsk aufeinander.
Im vorigen Kapitel habe ich Beispiele versammelt, die ich als Symptome gegen die Kraft der nationalen Souveränität und für den schon im Leben begriffenen Universalismus für Trans- oder A-Nationalität deute. Sie sind widersprüchlich, sperrig, unausgegoren, unordentlich und unangemessen, bedienen sich häufig einer zu ihnen nicht passenden, traditionellen Begrifflichkeit. Im folgenden will ich deshalb versuchen, sie zu ordnen, um vielleicht zu Ergebnissen zu kommen, welche die heutigen Disparitäten von ihrer politischen Künstlichkeit befreien.

1. Warum die Universalisierung der Staatsaufgaben nicht die Eigenstaatlichkeit der Territorialstaaten aufheben müßte: der Bundesstaat und die Europäische Gemeinschaft als Modelle

In einem Urteil aus dem Jahre 1986 hat das Bundesverfassungsgericht die Auffassung vertreten, daß sich Eigenstaatlichkeit und Autonomie »real« nur entfalten können, wenn sie durch eine angemessene »Finanzausstattung« gestützt seien. Die »Solidargemeinschaft« von Gliedstaaten verlange daher einen Ausgleich zwischen einkommensschwächeren und -stärkeren Ländern. Dies geschehe nicht aus Gründen einer überrechtlichen Moral, sondern weil nur auf diese Weise das Verfassungsverhältnis »Stabilität und die Sicherheit, die Freiheit verbürgt«, erhalte und weil nur so erreicht werden könne, daß alle »am Ertrag der Volkswirtschaft sachgerecht beteiligt« werden. Es gebe ein Gleichbehandlungsgebot, das es verbiete, einen Unterschied nach der politischen Orientierung der Länder zu machen oder nach großen und kleinen zu unterteilen. Entsprechend sei der Finanzausgleich vorzunehmen. Für seine Bemessung seien die überproportionalen Kosten der Regierung, die politischen Führungskosten kleiner Länder ebenso zu berücksichtigen wie in Ausnahmefällen Sonderbelastungen, die sich etwa aus dem über das Land hinaus nützlichen Ausbau und die Unterhaltung von Seehäfen ergeben.[290] Ob Sonderabgaben für die Ausbeutung von Bodenschätzen in die Bemessung der Finanzkraft eines Landes einbezogen werden dürfen, ist unter den Richtern streitig; in einer abweichenden Stellungnahme hat einer von ihnen erklärt, die Abgabe kompensiere lediglich die Tatsache der Nicht-Regenerierbarkeit und sei deshalb »neutral« bei der Reichtumsbemessung[291] – also gerade das gegenteilige Argument zu der den rohstoffexportierenden (Entwicklungs-)Ländern zugemuteten »depletion allowance«, durch die den ausbeutenden Unternehmen kompensatorische Steuervorteile gegenüber dem den Rohstoff verlierenden Land zugeschanzt werden.[292] Es liegt auf der Ebene der vom Bundesverfassungsgericht vorgetragenen Argumentation, wenn in einem Kommentar zu dem Urteil präzisiert worden ist, daß auch die Verschuldung eines Landes zu einem Finanzausgleich verpflichten könne, wenn sie ein Ausmaß erreicht habe, das die politische Handlungsfähigkeit lähme.[293]

Dieses Urteil ist nicht ergangen, um dem Begriff der Solidarität in der Entwicklungspolitik die moralischen Obertöne zu nehmen und ihn positiv-rechtlich zu füllen und auch nicht, um der politisch feierlich gelobten »Eigenstaatlichkeit« der Entwicklungsländer eine reale Existenzgrundlage zu schaffen. Es betrifft den horizontalen und, in geringerem Maße, den vertikalen Finanzausgleich im Bundesstaat, der den Ländern des

Bundes Eigenstaatlichkeit beläßt und – wie das Bundesverfassungsgericht an einer anderen Stelle ausgeführt hat[294] – einerseits mehrere Völker umfassen kann, ohne daß andererseits notwendig ein ganzes Volk in ihm zusammengefaßt wäre. Das Gericht leitet die Verfassungsgrundsätze aus den im Grundgesetz festgelegten Verpflichtungen im föderativen Verband ab, der Bund und Länder bei aller Eigenstaatlichkeit und -verantwortung auf Kooperation und Solidarität verpflichte, insbesondere zur Wahrung der »Einheitlichkeit der Lebensverhältnisse im Bundesgebiet« (Art. 107 Abs. III GG).

Solidarität und Kooperation sind in dieser Argumentation rechtstechnische Begriffe. Sie ergeben sich aus einer politischen, in den Verfassungsrang erhobenen Organisationsentscheidung und bedürfen keiner moralischen Überhöhung. Die Entscheidung ist in der Nachkriegszeit gefallen; die Länderaufteilung folgte in Teilen den historischen Zufällen der damaligen Situation. Eine Abwägung, für die etwa Kriterien wie Größe und Leistungsfähigkeit, landsmannschaftliche Verbundenheit, geschichtliche und kulturelle Zusammenhänge oder wirtschaftliche Zweckmäßigkeit den Ausschlag gegeben hätten, gab es nicht: Art. 29 GG listet derartige Kriterien für eine eventuelle zukünftige Neugliederung auf. Die aktuelle Aufteilung aber, auch der Bestand von Kleinstaaten, sowie das Prinzip der Bundesstaatlichkeit mit seinen historisch schwierigen Souveränitätsbestimmungen und Kompetenzabgrenzungen sind eine im Moment zu respektierende Entscheidung. Der Respekt verlangt, daß ihre Kosten auf eine Weise getragen und aufgeteilt werden, die weder die Stabilität des Ganzen noch die seiner Teile gefährdet und alle an den Ergebnissen der »Volkswirtschaft«, die offensichtlich den politischen Grenzen nicht folgt, sachgerecht beteiligt.

Die im Finanzausgleich sich realisierende horizontale Solidarität der Länder untereinander ergänzt nur die vertikale, die sich darin bekundet, daß der Gesamtstaat den Ländern Finanzhilfe für besonders bedeutsame Investitionen leistet. Diese werden definiert nach ihrer Nützlichkeit für das gesamtwirtschaftliche Gleichgewicht, für den Ausgleich der unterschiedlichen Wirtschaftskraft einzelner Länder und Regionen und für das wirtschaftliche Wachstum (Art. 104 a GG). Damit wirkt der Bund bei der Erfüllung von Aufgaben mit, die an sich »Sache der Länder« (Art. 30 GG), aber für die Gesamtheit bedeutsam sind und der Verbesserung der Lebensverhältnisse dienen (Art. 91 a GG).

Wie um sich gegen ausufernde und folgenreiche Analogiebildungen zu verwahren, beschränkt das Bundesverfassungsgericht seine Begründung ausdrücklich auf den Bundesstaat und zieht überraschend, wie einer Ahnung folgend, einen scharfen Trennungsstrich zu den »minder verbind-

lichen Regelungen im Bereich des Völkerrechts (»softlaw«).«[295] Und doch: die Argumente verlieren ihre Plausibilität nicht, wenn vom spezifisch Föderativen, vom typisch Deutschen abstrahiert wird: Kleine Staaten haben überproportional hohe Führungskosten; Staatlichkeit kann sich ohne Finanzausstattung nicht entfalten; die Verhältnisse destabilisieren sich und Freiheit verbürgende Sicherheit zerrinnt ohne sie; nicht regenerierbare Bodenschätze gehen für immer verloren, und das gilt auch für den (Tropen-)Wald; von einem gewissen Maß der Verschuldung an geht auch die (politische) Handlungsfähigkeit verloren; eine politische Entscheidung zur Begründung und Aufrechterhaltung von Eigenstaatlichkeit muß finanzielle Folgekosten mit ins Kalkül ziehen, das vor der Anerkennung neuer Staaten anzustellen ist. Auch dem Argument der sachgerechten Beteiligung am Ertrag der Volkswirtschaft ist keine nationale Beschränkung immanent. Das Gericht hat für die bundesdeutsche Situation dargelegt, daß »infolge der zunehmenden Konzentration der Wirtschaft Verzerrungen« auftreten, die regional auszugleichen sind.[296] Da dieser Prozeß längst die nationalen Grenzen gesprengt hat, muß der Begriff der Volkswirtschaft denationalisiert werden, mit der Folge, daß ihr Ertrag und seine Aufteilung mit den überkommenen Instrumenten der Nationalökonomie nicht mehr korrekt gemessen werden können.
Die jüngere Entwicklung in der Europäischen Gemeinschaft, der Aufbau ihrer Institutionen und Fonds sowie die Orientierung der Pläne zu weiterer Vereinheitlichung demonstrieren denn auch folgerichtig, daß Regional- und Strukturpolitik sowie die sie materiell begleitende Finanzierung nicht einer nationalen oder (bundes-)staatlichen Solidarität verpflichtet sind, sondern einer tiefergreifenden wirtschaftspolitischen Argumentation. Es wird in der Einheitlichen Europäischen Akte von 1986 ausdrücklich anerkannt, daß der wirtschaftliche und soziale Zusammenhalt der Gemeinschaft nur bestehen kann, wenn es gelingt, »den Abstand zwischen den verschiedenen Regionen und den Rückstand der am wenigsten begünstigten Gebiete zu verringern« (Art. 130 a EWG-V). Um dies zu erreichen, erhalten alle Strukturfonds der europäischen Gemeinschaft – der Europäische Ausrichtungs- und Garantiefonds für die Landwirtschaft (EAGFL), der Europäische Sozialfonds (ESF) und der Europäische Fonds für regionale Entwicklung (EFRE) – Vertragsrang (Art. 130 b EWG-V). Sie werden in Mittelausstattung und Verwaltungskompetenz gestärkt, um die Durchführung der gemeinsamen Politiken und die Errichtung des Binnenmarktes zu unterstützen. Die im EWG-Vertrag aufgelisteten Ziele der Fonds lesen sich nicht unähnlich entwicklungspolitischen Grundsatzerklärungen. So sollen die Produktivität der Landwirtschaft gesteigert, die Lebenshaltung der landwirtschaftlichen Bevölke-

rung verbessert, sollen die Märkte stabilisiert und die Versorgung mit landwirtschaftlichen Produkten sichergestellt (Art. 39 EWG-V) werden; die Beschäftigungsmöglichkeiten der Arbeitskräfte und ihre Lebenshaltung sind zu verbessern (Art. 123 EWG-V); endlich müssen die strukturelle Anpassung der rückständigen Gebiete sowie der Ausgleich der wichtigsten regionalen Ungleichgewichte erleichtert (Art. 130c EWG-V) werden. Es geht nicht darum, »Einkommen zu subventionieren und lediglich Ungleichheiten im Lebensstandard abzubauen«, sondern darum, »mit Hilfe von Investitionsprogrammen beispielsweise für materielle Infrastrukturen, im Kommunikations-, Verkehrs- und Bildungswesen die Produktionsbedingungen zu vereinheitlichen und auf diese Weise zu vermeiden, daß umfangreiche Wanderungen von Arbeitskräften zum wichtigsten Anpassungsfaktor werden.«[297] Ebenso wie in Nationalstaaten – etwa in Frankreich südlich von Lyon, im Mezzogiorno Italiens, in den nördlichen Regionen Deutschlands – zeigt sich, daß Marktkräfte nicht ausreichen, regionale und strukturelle Unterschiede auszugleichen und wirtschaftliche Kohäsion herbeizuführen. Daher sind bewußte politische Eingriffe erforderlich, um national und europaweit das endogene Entwicklungspotential aller Gebiete zu fördern und so zur Einheitlichkeit der Lebensverhältnisse und damit zur Funktionsfähigkeit der Gemeinschaft beizutragen.[298] Wo sich Opposition gegen den Ausbau von Finanzausgleichsmechanismen formiert, geht es neben parteipolitischen Kleinfehden offensichtlich nicht um das Prinzip der Entwicklung, sondern um die Sorge vor Korruption, Betrug und Verschwendung, die die europäische Landwirtschaftsfinanzierung »behext« und diskreditiert haben. Eine enge und effiziente Kontrolle wird deshalb angeregt.[299]

Nimmt man die bundesstaatlichen und europagemeinschaftlichen Argumentationen zusammen, so ergeben sich Akzentverschiebungen insoweit, als im Zusammenhang mit der ersten die Garantie von Autonomie und Eigenstaatlichkeit voransteht, während bei der zweiten der Struktur- und Regionalausgleich als Bedingung für die Möglichkeit der (Teil-)Aufgabe nationaler Souveränität in den Vordergrund rückt. Diese unterschiedliche Akzentuierung versteht sich vor dem Hintergrund verschiedenartiger Ausgangslagen. Der Bundesstaat ist eine politische Einheit, in der das föderale Prinzip als Organisationselement seinen Platz ebenso hat wie das der Gewaltenteilung: In beiden Fällen kombinieren sich funktionale Kompetenzverteilungen in instrumenteller Absicht mit politischen Überzeugungen von der Zuträglichkeit und Effizienz der Dezentralisierung von Macht, die hier nach sektoralen, dort nach territorialen Kriterien vorgenommen wird und insgesamt die Sphäre des Politischen prägen. Beide – Gewalten wie Gebietsaufteilung – sind in ähnlicher Weise durch

Zentralisationstendenzen gefährdet und müssen deshalb in ihrer jeweiligen Unabhängigkeit auch durch zureichende Finanzausstattungen geschützt werden. In den Ländern des Bundesstaates wie in der Teilung der Gewalten manifestieren sich nicht eine von der Struktur der Ökonomie unabhängige Sphäre des Politischen und auch nicht konkrete kollektive Identität, wie die landsmannschaftliche Vielfalt der Bundesrepublik belegt. Bei der Entscheidung für einen föderalen und gewaltengeteilten Aufbau des Staates geht es um die praktische Feinorganisation und die Funktionszuordnung des Politischen. Es werden dezentrale Interessenpole geschaffen, die nach festgelegten Prozeduren miteinander kommunizieren und sich austauschen müssen. Auf diese Weise soll in einer komplexen Welt eine höhere Gewähr für die Richtigkeit von Entscheidungen im Interesse des Ganzen erreicht werden, als dies von einer hochzentralisierten, machtvollen Entscheidungsinstanz zu erwarten ist.

Die Europäische Gemeinschaft hingegen ist erst dabei, in Antwort auf die Transnationalisierung des Kapitals die Grenzen der Nationalökonomien zu öffnen und in der Zusammenfassung eine neue politische Organisation zu finden. Sie soll in all ihrer territorialen Widersprüchlichkeit der grenzenlosen Ökonomie einen angemessenen politischen Rahmen bieten, d. h. die für die Verwertung des Kapitals notwendigen Kompetenzen konzentrieren. Die zu diesem Zweck unerläßliche Übertragung von ehedem national bestimmter innerer Souveränität sagt noch nichts über das Ausmaß von Zentralisierung von politischen und administrativen Funktionen. Aus Gründen der Praktikabilität, des Respekts vor Traditionen und der Erhaltung von »checks und balances« erscheint die langfristige Option für ein föderatives System sehr wahrscheinlich. Das aber ist die Konsequenz der Organisations- und Funktionsüberlegungen im Rahmen einer effizienten Verwaltungsstruktur und nicht die quasi vor- oder naturrechtliche Anerkennung politischer Einheiten, aus der sich jeweils auch aggressive Abgrenzungen nach außen ergeben. Nachdem der Boden seine seit unvordenklichen Zeiten bestehende Ausnahmestellung eingebüßt hat, anderen Produktionsfaktoren gleich gilt und sich in der Verfügungsbefugnis über ihn nicht mehr Herrschaft realisiert, sind neben der Flexibilität des Kapitals umfangreiche Wanderungen von Arbeitskräften zum befürchteten Mittel der Anpassung geworden, nicht im Sinne der Eroberung neuer Territorien, sondern in der Absicht der Unterwerfung unter das jeder Herkunft gegenüber gleichgültige Produktionsverhältnis. Regionale Entwicklung wird damit zu einer politischen Aufgabe, die das Moment der Fruchtbarkeit des Bodens tendenziell ersetzt.

Das gilt in den politischen Einheiten des Bundesstaates nicht anders als in der Europäischen oder anderen Gemeinschaften, ohne in der Substanz der Argumentation auf diese beschränkt zu sein. Nur politisch-polizeilich und mit einer immer unplausibler werdenden Ideologie lassen sich ja heute schon die Wanderungen der Arbeitskräfte aufhalten. Ebenso kurzschlüssig ist es, wenn Finanzausgleich, Struktur- und Regionalpolitik sich bundesstaatlich oder europäisch gemeinschaftlich vom Rest der Welt abzukapseln versuchen. Völkerrechtlich-konzeptionalistisch hilft bei solcher Abgrenzung zwar noch der Hinweis auf die Souveränität der Staaten (der Dritten Welt); bestimmend aber ist die Sorge, daß aus der Anerkennung der globalen Dimension dieser Politiken ein »Anspruch auf Entwicklungshilfe«, auf die Finanzierung des »Rechts auf Entwicklung« abgeleitet werden könnte.[300] Damit ist einer richtigen Forderung ein falsches Etikett aufgeklebt.

Läßt man die vorrechtlichen, personifizierenden, sozialpsychologisierenden Gesänge für die Bestimmung der Souveränität beiseite, so scheint es mir nicht unangemessen, festzustellen, daß die Gründung der vielen neuen Staaten im Zuge der Dekolonisierungen sowie ihr Zuschnitt ohne Rücksicht auf »Größe und Leistungsfähigkeit (und) wirtschaftliche Zweckmäßigkeit« (Art. 29 GG) *politische* Entscheidungen gewesen sind, an denen ehemalige Befreiungsbewegungen, Kolonialmächte sowie alle Mitglieder der Organisation der Vereinten Nationen verantwortlich teilhatten. Zur Anerkennung der Staatlichkeit aller Nationen »groß und klein« sowie zur Beförderung ihrer Handlungsfähigkeit und Unabhängigkeit haben sich die Mitglieder gemeinsam mit harter juristischer Verbindlichkeit verpflichtet – die Charta der Vereinten Nationen ist kein »soft-law«. Solange diese Prinzipien gelten, hat die Substanz der Argumentation des Bundesverfassungsgerichts Gewicht, daß Eigenstaatlichkeit und Unabhängigkeit über die bloße Deklaration hinaus real, d. h. in einer Grundfinanzausstattung gewährleistet sein müssen, um Stabilität, Sicherheit und Freiheit zu gewährleisten. Falls das eigene Finanzauskommen nicht ausreicht, besteht in der Logik dieser Argumentation eine Pflicht der Weltstaatengemeinschaft zum Ausgleich, nicht im Sinne von Transferleistungen zur Herstellung von Lohngerechtigkeit, sondern im Sinne politischer und administrativer Handlungsfähigkeit. Sie umfaßt die Errichtung von Infrastrukturen, von allgemeinen Produktionsbedingungen und politische Führungskosten.

Dies ist die Konsequenz der politischen Option, einem strukturell und zunehmend auch real anationalen Produktionsverhältnis nicht eine »Weltrepublik« (I. Kant) an die Seite zu stellen, sondern die von der Ökonomie getrennte Politik sich in vielen Staaten – Subsystemen, wenn man so will – artikulieren zu lassen. Ob damit ein Beitrag zur Diversität der Welt geleistet ist, wie gern behauptet wird, und nicht eher zu forcierter Uniformität, ist kaum zu beweisen, läßt sich aber mit guten Beobachtungen bezweifeln.
Um möglichen und verbreiteten Verkürzungen der Definition der allgemeinen Produktionsbedingungen vorzubeugen, ist zu wiederholen, daß Bereitstellung und Schutz der Arbeitskraft sowie die freie Verfügung über sie, also die Abwesenheit von Zwangsarbeit und Sklaverei ebenso wie die Vorsorge für ihre Regeneration nach erschöpfender Arbeit, Krankheit und Unfällen, und endlich ihre abstrakt gleiche Messung, d. h. die Abwesenheit konkreter Beimischungen wie »Rasse, Farbe, Geschlecht, Sprache, Religion, politische oder sonstige Überzeugung, nationale oder soziale Herkunft, Vermögen, Geburt oder andere Umstände«,[301] zu den allgemeinen Produktionsbedingungen des Kapitalverhältnisses gehören und von dem Staat/den Staaten zu garantieren sind. Ohnehin liegt hier ein Pulverfaß, das sich in der Migration immer schneller zu öffnen beginnt.
In dieser Perspektive wird der Begriff der Entwicklungszusammenarbeit normalisiert und von seinen hohen moralischen Tönen befreit, wie auch die internationale Solidarität die gebührende juristisch-technische Dimension eines historischen, ökonomisch notwendigen Ausgleichs zur Herstellung und Erhaltung der Funktionsfähigkeit des politischen Weltsystems erhält. Die weitgehende Ähnlichkeit in der technischen Terminologie zur Begründung ›nationalen‹ Finanzausgleichs, der europäischen Regionalpolitik und der weltweiten Entwicklungshilfe ist denn auch kein Zufall, sondern bezeichnet Identisches – es geht nicht um nationale oder sonstwie territoriale Abgrenzung, sondern um die Herstellung und Erhaltung von weltweit gleichförmigen Produktionsbedingungen, um die Gewährleistung der Flüssigkeit von Kapital und Arbeit und insoweit um einheitliche Lebensverhältnisse. Das Strapazieren von Ost-West-Konflikten oder die Berufung auf die Bereinigung kolonialen Unrechts oder Hinweise auf Großzügigkeit der reichen Länder können als deplazierte Rhetorik nur stören und den Charakter der Entwicklungshilfe als Lenkung von Finanzströmen im Rahmen der Struktur- und Regionalpolitik in der einen Welt vernebeln. Um Entwicklungshilfe zu begründen, ist es weder notwendig noch hilfreich, an ›alle Menschen guten Willens‹ zu appellieren, ärmliche, aber dankbare Negerkinder auf Hochglanzbroschüren der

im Kampf gegen die Armut stets wachsamen Entwicklungsbürokratien zu veröffentlichen, ethische und moralische Ansätze und Heuchelei zu verbreiten. Andererseits wird sie nicht durch die neumodische Betroffenheit diskreditiert, daß sie nicht einen gesellschaftlichen Zustand herzustellen trachte, in der Gleichheit, Solidarität und Güte herrschen.[302] Finanziert werden in der ›Dritten‹ Welt Erstellung und Erhaltung der allgemeinen Produktionsbedingungen der Warenökonomie und damit auch die Voraussetzungen ihrer gesellschaftlichen Zwänge. Die indignierte Überraschung angesichts der Erkenntnis, daß es sich dabei um ein ebensolches ›Geschäft‹ handelt wie bei dem Aufbau von Infrastrukturen in der ›Ersten‹ Welt, in der ebenfalls Korruption, (politischer) Ehrgeiz und andere häßliche Dinge an der Tagesordnung sind, läßt sich wohl nur mit der professionellen Bigotterie erklären, mit der das Geschäft der Entwicklungshilfe sich selbst darstellt und in Selbstzufriedenheit hingenommen wird. Auf dieser Linie liegt die Annahme, daß es irgendwo draußen den guten Wilden geben müsse, der in antizipierter Dankbarkeit darauf wartet, daß ihm die schönen Begriffe der Solidarität und des Fortschritts in die naturmenschliche Brust gepflanzt würden. Die Tatsache, daß es weder dankbare »Primitive« noch den zur höheren Evolutionsstufe leitenden guten Entwicklungsfunktionär noch die Verwirklichung des Guten gibt, ist jedoch selbstverständlich kein Argument gegen Entwicklungshilfe.[303] Dieser Schluß wäre ebenso absurd wie derjenige, keine Infrastrukturen mehr in Bayern oder in den Midlands zu erstellen, nachdem entdeckt worden ist, daß einige Provinzpolitiker korrupt und die lokalen Bevölkerungen weder dankbar noch ›gut‹ seien.

Im Entwicklungsgeschäft hält sich intensiver und länger als anderswo das Falsett des Missions- und Kirchengesangs früherer Zeiten, als die Kirchenfunktionäre noch nicht nach höheren Beamtenbesoldungstarifen entlohnt wurden und es gewohnt waren, Barmherzigkeit zu erregen. Im schönen Gefühl der eigenen Überlegenheit und Güte wird die strukturell banale und notwendige Regionalpolitik, Infrastrukturerstellung und Organisierung der Voraussetzungen für Warenproduktion in Geschenk, Subvention, Hilfe umgeschwindelt. Noch die Kredite vergebenden (Entwicklungs-)Banken lassen sich ›Geber‹ nennen, kommen zwei zusammen, heißen sie Geber-Gemeinde. Wen wundert's, daß bei so viel selbstetikettierter Großzügigkeit die Aufregung groß ist und gleichzeitig noch einmal süß schmeckt, wenn die Unterentwickelten nicht dankbar sind, mehr verlangen oder gar ankündigen, Entwicklungskredite nicht zurückzahlen zu können. Was niemandem in den Sinn käme, vom Land Bremen oder den Bewohnern des Mezzogiorno zu fordern, nämlich Dankbarkeit gegenüber der Erfüllung strukturpolitischer Aufgaben, gilt in der Entwicklungspolitik, die sich ja in Struktur und Begründung nicht von jeder anderen Regionalpolitik unterscheidet, als selbstverständlich zu erwartende Gefühlsbekundung.[304] Ein Gutteil der Kritik an und der Verteidigung von Entwicklungspolitik ließe sich als Dialog zwischen Tauben qualifizieren, der beiden nützlich ist, da er sie über die Banalität der Definition von Entwicklungshilfe als Vollstreckung regional- und infrastrukturpolitischer Zwänge im Kapitalismus erhebt in die wärmeren Sphären der sich in der Ausgrenzung bestätigenden eigenen Güte und Menschlichkeit.

Mit dieser Pointierung soll eine zweite Diskordanz unterstrichen werden. Meine Auffassung ist nicht harmonisierbar mit Texten zum Recht auf Entwicklung in nationaler Souveränität. Sie sieht nationale Souveränität nicht in Entwicklung. Ich halte die Texte – in der Terminologie einer vergehenden Zeit – für Papiertiger, und dies nicht, weil sie gegen einen übermächtigen (Neo-)Imperialismus nicht ankämen, sondern weil sie auf einem alteuropäisch evolutionären Idealismus aufbauen, der die Wirklichkeit nicht zu bewegen vermag. Wenn Staaten verlangen, daß der Zufluß von Entwicklungshilfemitteln verstärkt wird unter Einbeziehung wirtschaftlicher und technischer Hilfe, daß Welthandel gefördert und ausgeweitet wird, daß ausländische Investitionen zwar kontrolliert, aber gleichzeitig verstärkt werden und das heißt rentabel sein sollen, daß Technologie zur Umformung ihrer Volkswirtschaften transferiert wird,[305] dann haben sie eine eindeutige Wahl über ihr Wirtschaftssystem getroffen, die für weitere Wahlen keinen Platz läßt. Wenn Entwicklungshilfe angefordert wird, um die Herstellung allgemeiner Produktionsbedingungen mit zu finanzieren, wenn der Anschluß an Währungsunionen gesucht wird, wenn die regelmäßige Mitgliedschaft beim IWF und der Weltbank zur Hinnahme und Beachtung der Konditionen und Strukturanpassungen führt, dann konkretisiert sich diese Wahl in einer Weise, die inhaltlich präziser ist als die meisten uns bekannten Programme politischer Parteien. Freiheit in Souveränität ist dann reine Deklamation.

In der Konsequenz der Entwicklungshilfe liegt Standardisierung, Vereinheitlichung, Integration in den Weltmarkt, Annahme der Verhältnisse zur Produktion abstrakten Reichtums und der in ihr angelegten Trennung der politischen von der ökonomischen Sphäre, ohne daß die Option eines nationalen Weges (noch) offenstünde. Die Entwicklungshilfe hat den nämlichen Preis wie das ihr Identische, die Struktur- und Regionalpolitik: ihre Basis ist die *eine* Welt(-Ökonomie), die nach der substantiell *einen* Politik verlangt, selbstverständlich nicht im Sinne der Verwischung parteipolitischer Nuancen oder politischer Organisationsformen, sondern in wirtschaftspolitischen und politischen Grundorientierungen. Die Vielfalt

in der Einheit der Europäischen Gemeinschaft, in der Monarchien und Republiken, sozialistische und konservative Regierungen friedlich koexistieren, steckt wahrscheinlich nicht einmal den äußeren Rahmen für die Grenzen der akzeptablen Unterscheidungen. Die Bereitstellung normierter allgemeiner Produktionsbedingungen im weitesten Sinne, d. h. von der physischen Infrastruktur über den Schutz der Arbeitskraft bis zur Garantie der Flüssigkeit des Kapitals über territoriale Grenzen hinweg, sind unverzichtbar für dieses Produktionsverhältnis. Diese Bedingungen werden unabhängig von der Regierungsform ebenso durchgesetzt wie die Kontrollen der zur Verwirklichung dieser Prinzipien dienlichen Verwendung der Finanzmittel. Im Bundesstaat heißt dies bundesfreundliches Verhalten, in der regionalen (europäischen) Gemeinschaft Unterordnung und (Teil-)Preisgabe der nationalen Souveränität. Diese ist nicht mehr das umfassende, selbstverständliche Attribut des Territorialstaates, sondern ein nach Funktionalitätskriterien bestimmtes Organisationselement in der Sphäre des Politischen.
Die von Entwicklungshilfe überzogenen und mit schlechten Terms of Trade am Welthandel beteiligten (jungen) Staaten entkommen diesem Prozeß nicht. Die trotzige Versicherung, daß jeder Staat das souveräne und unveräußerliche Recht habe, sein Wirtschaftssystem entsprechend dem Willen seines Volkes frei zu wählen,[306] ist – in aller Klarheit – nichts als ein frommer Wunsch. Er stellt sich, wie bei frommen Wünschen üblich, in rhetorischen Widerspruch zu eigenem Handeln, präziseren Forderungen und Politiken, betet fürs Diesseits nicht überprüfbare und imaginäre Zustände herbei und verspielt dabei das für eben dieses Diesseits Erreichbare zu Lasten der Masse der Erdbevölkerung.

3. Warum Menschen durch den Verlust der nationalen Souveränität gewinnen

Es ist imaginär, bestenfalls folgenlos und schlechtestenfalls gefährlich, das zur Nation zusammengefaßte Volk zum Träger der Souveränität über natürliche Ressourcen zu erklären. Diese Deklaration verschleiert, daß das Volk eine Konstruktion ist, die Träger unterschiedlicher, antagonistischer Interessen zusammenschließt. Nicht besser ist es, den Staat zum Träger der Entwicklung zu stilisieren, denn der Territorialstaat ist integraler Teil eines gesellschaftlichen Verhältnisses und hat in diesem Verhältnis eine wichtige, fördernde, treibende Rolle; er ist jedoch keine autonome Person, in der Individuum und Gesellschaft aufgehoben wären. Das Gefährliche der Nationalstaatsillusion liegt einmal darin, daß sie erfahrungsresistent immer wieder politisches Handeln anleitet, das in Enttäuschungen enden muß, nicht ohne zunächst einen hohen Preis von der Mehrheit der im Staat Zusammengepferchten verlangt zu haben, und zum anderen darin, daß die Fixierung auf Staat und Nation Chancen vernachlässigt, die an ihren Rändern liegen.

Das mag bitter klingen und wie ein Aufruf zur Resignation, jedoch bin ich der Meinung, daß Schwäche und Resignation eher aus wiederholtem, voraussehbarem Scheitern imitierender Konzepte folgt. Zu Völkern und Staaten werden in der Absicht der Formung von Identität, Einheit und Stärke heterogene, in eigentümlichen Lebensumständen ruhende Einheiten zusammengefaßt und gleichzeitig zerrissen. Wie stark diese anderen Identitäten sind, die sich der (Groß-)Familie, dem Clan, der Ethnie, dem Stamm verpflichtet fühlen, zeigt sich am Ausmaß von Propaganda und Gewaltsamkeit, die zum »nation-building« aufgewendet werden. Es ist tragisch festzustellen, daß am Ende solcher Prozesse starke Identitäten zerstört sind und mit ihnen das Potential des Widerstandes gegen unzumutbare (Fremd-)Herrschaft. Die neue Identität hingegen bleibt schwach, nicht nur, weil sie erst eine kurze Existenz hat, sondern auch, weil sie zu nichts führt, da mit der Nation kein Staat mehr zu machen, d. h. keine homogene Gesellschaft mehr vorzustellen ist.

In Artikel 1 der Charta der wirtschaftlichen Rechte und Pflichten der Staaten kommt diese Tragik unfreiwillig zum Ausdruck. Da werden Wirtschaftssystem und kulturelles System nebeneinandergestellt, als ließen sie sich voneinander trennen. Dann wird dem im Staat zusammengefaßten Volk das Recht eingeräumt, die Systeme ohne Einmischung von außen frei zu wählen. Eine solche selbstherrliche Formulierung ignoriert, daß gerade in den jungen Staaten eine Vielfalt von Wirtschaften und lebendigen Kulturen bestehen, die nicht »gewählt« werden müssen. Deren Vereinheitlichung in Nationalstaaten schützt sie nicht, sondern ebnet sie zu Folklore ein, da doppelter Druck ausgeübt wird. Zum einen wird nationale Souveränität beschworen und mit dem propagierten Ziel umfassender Unabhängigkeit eingepreßt, indem die einer anderen Rationalität verpflichteten Identitäten als tribalistisch, aufrührerisch, spalterisch etc. denunziert, kontrolliert, verfolgt und auf Dauer geschwächt werden; zum anderen findet faktisch – über Entwicklungshilfe, Investitionen, Mitgliedschaft in den Organisationen der UNO-Familie – die Integration in die Weltökonomie statt, und deren Zwänge sind mit denen des Nationalstaates nicht (mehr) identisch, verlangen nicht mehr das gewaltige Werk des Zusammenschweißens und Ausgrenzens in einer gegen den äußeren Feind einigen Nation. Im Gegenteil, in der Verabsolutierung der Rentabilität, in der Rastlosigkeit der Konkurrenz und in der Überheblichkeit gegenüber allem ›Traditionellen‹ steht die Weltökonomie an einem Punkt, an dem sie dringend auf die Inspiration durch komplexere Weltverständnisse angewiesen ist, als sie in der undifferenzierten Fixierung auf die rentable Produktion abstrakten Reichtums denkbar sind. Die Umweltzerstörung, die Vernachlässigung von Kindern und Alten, Armut und Angst vor Verarmung bei ungeheurer Anhäufung von Reichtum, Vereinzelung, die Krise von Parteien und Demokratie sind Symptome einer weitgetriebenen Versimpelung des Lebens in komplexer Organisation. In Debatten wie der um Eigenrechte der Natur, um eine neue Solidarität zwischen den Generationen, um die Emanzipation von Frauen jenseits der Gleichberechtigung brechen unabhängig von ›Richtigkeit‹ zunächst einmal solche gesellschaftlichen Probleme auf. Was aber ist der Animismus sogenannter primitiver Gesellschaften, wenn nicht die Anerkennung von Eigenrechten der Natur, was ist die Entscheidung für eine geldlose Wirtschaft, wenn nicht die Entscheidung gegen grob ungleiche Vermögensverteilung und für eine soziale Organisation von Überleben und Sicherheit, in der Kinder und Männer und Frauen nicht diskriminiert werden können, was ist das Palaver, das sich bis zur Lösung eines Problems nicht durch den Mechanismus der Abstimmung abkürzen läßt, anderes als direkte Demokratie? Nur der kolonisierende Ethnologe und der auf Evolution fixierte Gesellschaftstheoretiker konnten auf die Idee kommen, daß die genannten Organisationsmuster sich einer ›Natürlichkeit‹ verdanken, daß sie nicht Ausdruck von erfahrungsgesättigten gesellschaftlichen Optionen, daß sie primitiv und in Geldwirtschaft und Nationalstaat zu überwinden seien. Die jungen Staaten schlossen und schließen sich solchen kolonisierenden Auffassungen an und unterdrücken traditionelle Äußerungen und Weltverständnisse als rückschrittlich und gegen die Einheit der Nation gerichtet. Am Ende läßt sich weltweit einheitlich in der Sprache der Moderne über Umweltschutz, Frauenemanzipation und Demokratie konferieren, und auf Konferenzen können die Repräsentanten der Industriestaaten wieder das große Wort des Entwickelten führen, ohne über Alternativen der gesellschaftlichen Organisation nachdenken zu müssen.

Natürlich empfehle ich nicht, die ›primitiven‹ Gesellschaften in New York und Tokio zu imitieren. Ich will lediglich die Ansicht unterstreichen, daß (kollektive) Identität im Nationalstaat nicht aufgehoben ist und daß es sich nicht lohnt, um den Preis der Zerstörung anderer Identitäten und Lebensformen die der Nation zu formen. Die Weltökonomie ist über die in ihr liegende Ausgrenzung inzwischen hinweggegangen und verlangt sowohl nach anderer Staatlichkeit als nach anderer Identität.

Die Eigenstaatlichkeit der Territorialstaaten folgt aus dem Funktions- und Organisationskalkül des grenzenlosen Produktionsverhältnisses. Sie dezentralisiert auf der politischen Ebene die Bearbeitung ökonomisch uniformer Probleme. Das gilt für die Länder des Bundesstaates und die (Bundes-)Staaten in größeren supranationalen Gemeinschaften ebenso wie weltweit. Es ist sinnlos, gegen eine solche Aussage protestierend das starke Wort der Souveränität zu setzen und gleichzeitig den Technologietransfer, international normierte Produktionsbedingungen und Strukturanpassungen – mit oder ohne IWF und Weltbank – zu befördern. Nicht sinnlos, kein frommer Wunsch und der Logik der politischen Ökonomie entsprechend ist es, solange und in dem Umfange, in dem Staatlichkeit sich politisch noch über eine Vielzahl von Territorialstaaten artikuliert, deren funktionelle Eigenstaatlichkeit zu honorieren, ohne die politischen Trennungen zu dezisionistischen Diskriminierungen zu nutzen. Einerseits dürfen die innerhalb von Staatengrenzen oder über sie hinweg lebenden Gesellschaften – etwa die noch nomadisierenden Roma und Haussa oder die an ein Ökosystem gebundenen Pygmäen – in ihrer Existenz nicht bedroht werden. Weder ökonomische Notwendigkeit noch staatstheoretisches Argument zwingen dazu, und sie mögen in ihren Traditionen ebensoviel Zukunft bewahren wie die bürgerlich-staatlich verfaßte Gesellschaft. Andererseits muß Eigenstaatlichkeit auch durch Grundfinanzausstattungen real und materiell unterfüttert werden, solange Territorialstaaten statt einer einheitlichen weltstaatlichen Ordnung oder in der Art eines föderativen Aufbaus neben, besser: unter einer solchen Ordnung existieren.
Die Finanzierung bedeutet in dieser Perspektive nicht Hilfe zu einer wie auch immer definierten Entwicklung. Sie bedarf nicht moralischer Wertungen, die den nur scheinbaren Trennungen in Erste, Zweite, Dritte usw. Welten eine humanitäre Kohäsion verleihen sollen. Vielmehr sind die aus scheinbar humanitären Erwägungen eingeführten Trennungen zugunsten der Realität der Einen Welt aufzulösen. Dies hat nicht nur zur Folge, daß endlich die weltweiten (sozialen) Konflikte sich klarer, von nationalen, rassischen und anderen Ablenkungen befreit äußern könnten, sondern auch, daß der arrogante und diskriminierend benutzte Begriff der Entwicklung aus dem Vokabular der transnationalen Beziehungen verschwinden könnte. Das emphatisch in Anspruch genommene und großzügig gewährte Recht auf Entwicklung ist in Wahrheit nichts als die Pflicht zur Erfüllung von Staatsfunktionen, die nicht für ein nationales, sondern ein anationales Produktionsverhältnis unabdingbar sind.

4. Warum die Ausgaben für weltweite Regional-, Struktur- und Sozialpolitik nicht über Kredite finanziert werden können und welche Auswirkungen diese Erkenntnis für die ›Verschuldung der Dritten Welt‹ hat

Der Anspruch der Regierungen armer Staaten auf Finanzierung und technische Assistenz bei Projekten und Programmen regionaler Entwicklung, wirtschaftspolitischer Orientierung, des Straßen-, Schul- und Eisenbahnbaus, des Aufbaus staatlicher Gesundheitsdienste und anderen Entwicklungaktivitäten findet in dieser Argumentation eine Legitimation diesseits des Humanitätsprinzips. Gleichzeitig legitimiert sie die Gewährung von Finanzierungen und die Orientierung und Kontrolle der Mittelnutzung durch die Vielfalt der Entwicklungsinstitutionen. Wenn die Staaten ihre Investitionsprogramme und ihre Fünfjahrespläne formulieren, beziffern und sich an ›runden Tischen‹ mit finanzkräftigen Institutionen treffen, um gemeinsam die Finanzierung zu beschließen, wenn die Weltbank in Sonderbroschüren, Jahresberichten oder Weltwirtschaftsprognosen eine Finanzbedarfsplanung der Entwicklungsländer erstellt und Mindestausstattungen berechnet, unter deren Schwelle Zusammenbruch und Katastrophe im Sinne der Auflösung von Staatlichkeit lauern, dann handelt es sich um Übungen im Bereich klassischer Staatsfunktionen. Sie sind hoch uniform und könnten im Prinzip auch ohne Vermittlung von Nationalstaaten erfüllt werden. Es handelt sich nicht um Entwicklung von primitiven Gesellschaften auf eine höhere Stufe, sondern um die Bereitstellung allgemeiner Bedingungen der Produktion innerhalb einer spezifischen Gesellschaftsstruktur. Sie wenden sich folgerichtig auch nicht an ›primitive‹ Gesellschaften, sondern an ›unvollkommene‹ Staaten.[307]

Regionalpolitik und Finanzausgleich, politische Führungskosten und nicht kostenneutrale wirtschaftspolitische Orientierungen, Erstellung und Erhaltung von Infrastruktur, Sozialausgaben und produktive Investitionen in Sektoren, die für gesellschaftlich nützlich, aber nicht mehr oder noch nicht profitabel gehalten werden – all dies sind Staatsaufgaben, da die Ausgaben nicht den Grundsätzen privater Rentabilität gehorchen. Sie müssen aus allgemeinen (Staats-)Einnahmen – Steuern – finanziert werden, weil sie in der Regel keine Erträge generieren, die andere Finanzierungsformen, etwa Kredite, erlaubten.

Daran ändert sich nichts, wenn für Sonderbereiche Fonds gegründet werden, um spezifischen Verwaltungsanforderungen Rechnung zu tragen. Diese Fonds nehmen an der Finanzierung öffentlicher Auf- und Ausgaben teil, bei denen sich regelmäßig das Leistungs- und Gegenleistungsprinzip nicht in Zahlung und Rückzahlung, sondern in Zahlung in der

Erwartung allgemeiner Nützlichkeit realisiert. Für die Geber-Gemeinde des Entwicklungsgeschäfts gilt unabhängig von ihrer Bezeichnung – ob Fonds, Bank, Anstalt, Körperschaft oder Gesellschaft – nichts anderes. Die Institutionen nehmen mit ihren Finanzierungen, Evaluierungen, Konzeptionierungen und Kontrollen substantiell an der Erfüllung staatlicher Funktionen teil. Daran ändert nichts, daß in den Finanzverträgen die nominale Projekt- und Programmverantwortlichkeit in Ausübung von Souveränität ganz auf den Empfängerstaat übertragen wird. Verhandlungen im Entwicklungsgeschäft dürfen nicht mit der Austragung des Streits um Grundsätze der Entwicklungskonzeptionen oder um gegenläufige öffentliche Interessen verwechselt werden, an deren Ende ein Kompromiß steht. Die Grundsätze liegen in der Standardisierung fest, ebenso wie die wesentlichen Bestandteile der juristisch-technischen Projektmodalitäten. Das Ritual der Verhandlung knüpft sich an (protokollarische) Details und besteht in seinen ernsten Momenten eher in einseitigen Erläuterungen der vorgefertigten Texte durch die Experten der Entwicklungsorganisationen. Der größere Teil der Vertragswerke ist also nicht verhandelbar. Deshalb ist es unangemessen, von der Eigenverantwortung der souveränen Regierungen für Projekte zu sprechen, was im übrigen nur dann geschieht, wenn sie scheitern.
In der Praxis werden die Basis-Texte für Projekte und Programme denn auch ohne viel Federlesen unterzeichnet, wie sehr die Unterzeichnenden auch an der Realisierbarkeit zweifeln mögen. Mit den Unterschriften ist freilich nicht viel gewonnen, denn die soziale Realität setzt sich mit Macht gegen die Texte durch, was sich dann in ihrem beklagten Scheitern dokumentiert. Aus dem politischen Charakter ihrer Tätigkeiten und der Verantwortung sind die Entwicklungsorganisationen aber durch die Vertragsreform nicht entlassen.
Die Staaten wenden sich zur Finanzierung an die Entwicklungsinstitutionen und diese akzeptieren sie, weil beide davon ausgehen, daß Projekte und Programme von allgemeiner Nützlichkeit sind und daß die Staaten nicht die Finanzkraft haben, sie durchzusetzen. Das Entwicklungsspezifische liegt darin, daß es sich um junge Staaten handelt (was nicht mit jungen Gesellschaften zu verwechseln ist), die derartige Staatsfunktionen nicht aus sich heraus, in Antwort auf die Notwendigkeiten der endogenen gesellschaftlichen Reproduktion entwickeln, sondern in Antwort auf den Appell zur Integration in die Weltökonomie. Es geht nicht um Wiederaufbau nach kriegerischer Zerstörung, um Ausbau, Erhaltung, Umstrukturierung, sondern um die erstmalige Einrichtung der allgemeinen Bedingungen für eine Produktion, die unter Umständen (noch) nicht beginnt und die deshalb auch nicht ein System der allgemeinen Staatseinnahmen

hervorgebracht hat. Das wissen Staat und Entwicklungsinstitutionen, ja, es ist ihre Geschäftsgrundlage.

Um gleich den Wind aus den Segeln der Korruptions-Klagen zu nehmen: Wo die politische Herrschaft existiert, um anfallende Einnahmen als Geschenk an die Herrscherfamilie einzusammeln, fehlt dem (jungen) Staat Finanzkraft ebenso, als wenn es keine Steuereinkünfte gäbe. Wenn Entwicklungsinstitutionen in dieser Situation die fehlende Finanzkraft ausgleichen, etwa weil die Herrscherfamilie über extrafunktionales Charisma oder über antikommunistische Grundüberzeugungen verfügt, ändert sich am Schema der Verantwortlichkeit für Staatsfunktionen nichts. Für völlig unangemessen halte ich es, etwa die Steuern des zur Nation zusammengefaßten Volkes zu erhöhen, um sich unter Hinweis auf das nicht antastbare Privatvermögen der Herrscher Kredite zurückzahlen und gleichzeitig freundschaftliche Beziehungen zwischen lokalem und Entwicklungs-Establishment nicht trüben zu lassen. Es liegt in der Logik des Arguments, die politischen Führungskosten mehr oder weniger zu kalkulieren, um die vom Bundesverfassungsgericht so genannten (politisch-systemisch geweckten) Sonderbedarfe effektiv aus der Transfer-Finanzierung auszuschließen. Das ist bei der Fungibilität von Geld nicht ganz einfach, könnte aber über eine Neubestimmung der Regimeschulden versucht werden.

Insgesamt zwingen die hier vorgetragenen Überlegungen dazu, nicht nur das Selbstverständnis der *Entwicklungs*hilfe zugunsten dessen der *Finanzierung von Staatsaufgaben* zu ersetzen, sondern insbesondere auch die Entwicklungs*kredite* fallen zu lassen. Wenn über die Staatlichkeit eines Gebiets einmal entschieden ist, wenn ein Finanzbedarf errechnet und akzeptiert und diese Ausstattung die Schwelle staatlicher Funktionsfähigkeit ist, dann verpflichtet der Grundsatz der Solidarität im juristisch-technischen (nicht im moralischen) Sinne die Staatengesamtheit, die eigenstaatlich nicht finanzierbare Lücke zu schließen. Das gilt erst recht, wenn sich der Bedarf aus der Notwendigkeit der Erstausstattung mit einer Infrastruktur im Sinne der Öffnung für Warenproduktion ergibt.

Die juristisch-konzeptionalistische Zuschreibung der (Finanzierungs-) Verantwortlichkeit an den Empfängerstaat, die seine Ungleichbehandlung gegenüber Gliedstaaten im Bundesstaat und Staaten in supranationalen Gemeinschaften aus der Vollständigkeit seiner Souveränität rechtfertigt, verfängt nicht. Die Souveränität ist nicht nur faktisch in der Öffnung zur Weltökonomie relativiert. Gerade in der Außenfinanzierung von Staatsaufgaben springt ihre weitgehende Beschränkung auf protokollarische Dimensionen ins Auge, weil nicht nur die Finanzierung, sondern auch die Konzeption, Standardisierung und Ausführung von ›Gebern‹

besorgt wird. Es läßt sich keine Angelegenheit, keine Entscheidung denken – von der Dimensionierung einer Flughafenpiste oder Landstraße über das Abstimmungsverhalten in internationalen Gremien bis zur Bestimmung der Höchstkosten bei der Einführung des Parlamentarismus –, die so sehr »ihrem Wesen nach zur inneren Zuständigkeit eines Staates« gehörte, daß sie nicht Gegenstand von Bedingungen der (Entwicklungs-) Finanzierung sein könnte und gewesen ist. Damit ist die ›Einmischung‹ programmiert. Das Beharren auf Souveränität hat nicht Unabhängigkeit zur Folge, sondern lediglich Geheimniskrämerei. Die Aufrechterhaltung des Scheins technisch-professioneller Verhandlungen verhindert demokratische, öffentlich-politische Entscheidungsprozesse. Die Souveränität hat kaum substantielle Kraft, ihre protokollarische und juristische Fingierung führt zu Zuschreibungen von Risiken, wo alle Welt einräumt, daß die Verantwortung geteilt ist.
Nur wenn die Entwicklungshilfe auch in ihren Zahlungsbedingungen an Finanzausgleich, strukturpolitische Zuwendungen und Subventionen angeglichen ist, verlieren im übrigen die in den weltweit gestreuten Entwicklungsruinen verkörperten überstandardisierten und unangepaßten Planungen und Finanzierungen das Monströse, das ihnen anhaftet, solange die Bevölkerungen über Steuereintreibung und/oder Vorenthaltung minimaler sozialer Dienste gezwungen werden, die kontraktierten Schulden zu tilgen. Nur dann läßt sich das Bekenntnis der Weltbank ohne Verbitterung lesen, daß die Hälfte der von ihr mit Darlehen finanzierten Landwirtschaftsprojekte in Afrika gescheitert ist.[308] Dies ist bedauerlich, wenn es als Verschwendung gesehen wird; es wird zum Skandal, wenn die zu Staaten gefaßten Bevölkerungen, die nichts damit zu tun haben, die Ausgaben für nicht erfüllte, unnütze und von ihnen nicht geplante Aufgaben tragen sollen.
Wer meint, die hier aus einer grundsätzlichen Argumentation entwickelte Qualifizierung der bisher Entwicklungsfinanzierung genannten Ausgaben – und dies nicht nur für die Zukunft, sondern gerade auch für die Vergangenheit – sei eine naive und beliebige Forderung, der übersieht, daß sie sich bereits in großem Umfang in die Tat umsetzt. Sie heißt lediglich falsch und wird in der entwicklungspolitisch üblichen Terminologie in der Mogelpackung der Moral, Partnerschaft und Großzügigkeit verkauft. Nicht wenige Entwicklungsinstitutionen aus dem bi- und multilateralen Bereich finanzieren Projekte und Programme inzwischen in Form von Subventionen aus den allgemeinen Haushaltsmitteln und Steuereinnahmen. Es entstehen Pläne zu weltweiter Besteuerung zur Finanzierung spezifischer Aufgaben, etwa eine Weltholzsteuer zur Rettung des tropischen Regenwaldes. Darüber hinaus realisieren sich seit einigen Jahren

umfangreiche endgültige Entschuldungen (und nicht bloße Umschuldungen), indem Darlehensverträge nachträglich in Schenkungsverträge umgewandelt werden. Freilich handelt es sich dabei ebensowenig um Schenkungen wie bei den Zuwendungen aus den Strukturfonds der Europäischen Gemeinschaft, sondern um die Übersetzung der strukturellen Einsicht in die Notwendigkeit staatlicher, nicht aber unbedingt nationalstaatlicher Finanzierung öffentlicher Aufgaben. Es wird damit die Konsequenz aus den Tatsachen gezogen, daß Darlehen für Aufgaben gegeben worden sind, die gemeinhin als allgemeine Staatsausgaben über allgemeine Einnahmen finanziert werden – unabhängig vom Ort der Einnahmen und Ort der Ausgabe –, und daß die Verträge mit Parteien abgeschlossen worden sind, die erkennbar nicht in der Lage waren, die Darlehen zurückzuzahlen, nicht einmal um den Preis der Gefährdung ihrer Existenz. Die beiden allgemeinen Prinzipien des Rechts- »falsa demonstratio non nocet« und »nemo potest ultra obligatur« – kommen, sich wechselseitig verstärkend, zusammen. Die (Teil-)Entschuldung verwirklicht übrigens praktisch die Überlegung, daß die Handlungsfähigkeit von Staaten durch Überschuldung nicht vollständig aufgehoben werden darf. Die ›naiven‹ Forderungen an die Zukunft entpuppen sich also als entmoralisierende Beschreibungen einer gegenwärtigen Praxis.
Es wäre deshalb systematisch in Ordnung gewesen, wenn etwa die Einheitliche Europäische Akte den Europäischen Entwicklungsfonds (EEF) in die Reihe der Strukturfonds des Art. 130b EWG-V aufgenommen und ihm so eine sichere juristische Basis verschafft hätte. Auch der EEF hat die Stärkung des wirtschaftlichen und sozialen Zusammenhalts der Gemeinschaft zum Ziel (Art. 130a EWG-V), wenn diese nicht in der aggressiven Ausgrenzungsperspektive eines neuen Supernationalstaates interpretiert wird. In offiziellen Dokumenten heißt es immerhin, daß die Errichtung der europäischen Wirtschafts- und Währungsunion auch die Möglichkeiten verbessern soll, »die wirtschaftlichen Beziehungen zwischen Industrie- und Entwicklungsländern zu beeinflussen«.[309]
Daß ein Statut als (Entwicklungs-)Bank nicht hinderlich ist, Subventionen zu vergeben, wie es etwa von der universellen Weltbank, den regionalen Afrikanischen, Asiatischen und Interamerikanischen Entwicklungsbanken, der bilateralen französischen ›Caisse Centrale de la Coopération Economique‹ behauptet werden könnte, belegt die Praxis der Deutschen Kreditanstalt für Wiederaufbau, die seit etwa 1980 an eine ganze Ländergruppe nur Subventionsfinanzierungen vergibt, deren Mittel sie systemkonform aus Steuereinkünften erhält.
Es handelt sich also keineswegs um eine unrealistische Forderung, noch ist eine Revolution des Denkens in der Entwicklungspolitik erforderlich,

um die hier geäußerten Auffassungen durchzusetzen; es handelt sich im Gegenteil um eine realistische Charakterisierung und Benennung der ›Entwicklungshilfe‹ sowie um eine Generalisierung des ohnehin sich Vollziehenden.
Auch der Gesichtspunkt einer sachgerechten Beteiligung am Ertrag einer denationalisierten Volkswirtschaft findet bereits materielle Berücksichtigung. Doch wieder geschieht dies ohne klare, bewußte Konturen, nämlich in den europäischen Systemen der Stabilisierung von Erlösen bei der Ausfuhr von Grundstoffen – den oben beschriebenen Stabex- und Sysmin-Systemen. Diese gelten wie der Fonds als Teil der finanziellen Zusammenarbeit und Entwicklungshilfe (Art. 194 EWG-V). Damit ist jenseits ebenso expliziter wie schwammiger Solidaritätsbekundungen der Präambel anerkannt, daß die Grundstoffe Teil einer integrierten Ökonomie sind, in der infolge territorialstaatlicher Grenzziehungen ökonomisch nicht begründete Ungleichgewichte der Ertragsbeteiligung entstehen können. Diese werden in der national und handelsfixierten Sprache der Wirtschaftswissenschaften ungünstige »Terms of trade« und Handelsbilanzungleichgewichte genannt. Im Effekt von Stabex und Sysmin aber bestätigen die Überweisungen an Staaten, in denen Grundstoffe produziert werden, aus Staaten, in denen Weiterverarbeitung bis zu Fertigerzeugnissen stattfindet, die Künstlichkeit der politischen Aufteilungen, wenn auch in praktisch unzulänglicher Weise. Nicht die Staaten produzieren Grundstoffe oder Fertigwaren, sondern (wesentlich integrierte) Unternehmen. Deren Besteuerung nimmt nicht das Prinzip des einheitlichen Produktionsvorgangs auf, die darin bestünde, einen globalen Steuersatz auf verschiedene Länder aufzuteilen, sondern sie folgt den künstlichen Linien der Territorialgrenzen in mehrfacher Teilbesteuerung.
Vollständig absurd wird die Situation, wenn ein ›Grundstoff-Staat‹ Steuererleichterungen gewährt, um Investoren anzulocken: Da Unternehmen häufig erlaubt ist, in fremden Staaten von unternehmenseigenen Gesellschaften gezahlte Steuerschulden abzuziehen, nützt die Steuererleichterung nicht dem Unternehmen, sondern dem Fiskus eines (Industrie-) Staates.
Stabex und Sysmin erkennen im Transfer implizit die grenzüberschreitende wirtschaftliche Integration an und können als ein winziger Schritt zur politischen Überwindung der ökonomisch längst überwundenen Nationalökonomien charakterisiert werden. Auch die genannte Weltholzsteuer nähert sich, von einem anderen Ausgangspunkt, diesem selben Prinzip.
Die Institutionen, die über Entschuldung und Subventionen die Staatsaufgaben der finanzschwachen Länder mitfinanzieren, sind der pein-

lichen juristischen Klärung der Frage enthoben, ob die Verpflichtung zur Rückzahlung von Entwicklungskrediten auch dann besteht, wenn die zu finanzierende Entwicklung nicht stattgefunden hat. Der faktische Sprung von der entwicklungspolitischen zur infrastrukturpolitischen Basis rettet sie vor einer derartigen Überprüfung und orientiert auf andere Formen der Wirtschaftlichkeits- und Rechnungsprüfungen. Die Institutionen aber, die den Sprung nicht machen können, da sie (noch) nicht aus allgemeinen Einnahmen refinanziert werden, müßten sich dieser Frage stellen, auch wenn sie bis heute weitgehend von einer unheiligen Allianz unterdrückt wurde. Diesseits des moralisierenden »nostra culpa« müßte die Aussage von der geteilten oder gemeinsamen Verantwortlichkeit für die Entwicklungsruinen, die technologischen Verschwendungen, die scheiternden Projekte, die leer laufenden Programme[310] juristische Konsequenzen für die Verteilung des Risikos bei der Rückzahlung von Darlehen haben. Wenn es stimmt, daß korrupte Regierungsmitglieder sich beim Abschluß von Verträgen bestechen lassen, was in offiziellen Berichten behauptet wird,[311] dann bindet in der Normalität der nationalen Zivilrechte der Vertrag die vertretenen Staaten und Völker nicht und ist von ihnen nicht zu honorieren. Wenn die zum Vertragsgegenstand erhobenen Verpflichtungen nicht erfüllt werden und Ergebnisse sich nicht einstellen, dann läßt sich der Zahlung die Einrede der Nichterfüllung der Gegenleistung entgegenhalten. Wenn die feierlichen Versprechungen, Präambeln, und die Rentabilitäts- und Funktionalitätsprognosen von Feasibility-Studien trotz der Stabilitiät der angenommenen Parameter sich nicht erfüllen, dann ist die Geschäftsgrundlage betroffen und zumindest eine Vertragsanpassung fällig. An anderer Stelle habe ich versucht zu zeigen, welche schuldenerleichternden Konsequenzen der Transfer von geläufigen Regeln und Doktrinen nationaler Privatrechte auf die Überprüfung der öffentlichen und kommerziellen Vertragsbeziehungen von Entwicklungs-Staaten haben könnte. Es ist an der Zeit, die Lehre von den Regimeschulden neu zu überdenken und auszuweiten, gemäß der zu unterscheiden ist zwischen den öffentlichen Schulden des Staates und den persönlichen des Regierungschefs und seines Anhangs, die als öffentliche nur bezeichnet werden können, weil er seine faktische Macht zur Erzielung von Souveränitätsrenten mißbraucht.[312] Vertragspartner, die von solchen Situationen profitieren, tun dies auf hohes Risiko und sollten kein Recht haben, auf der Rückzahlung zu bestehen. Eine Institution wie die Weltbank, die öffentlich die Korruptheit (afrikanischer) Regierungen anprangert[313] und trotz Kenntnis dieser Umstände weiterhin freundschaftliche Zusammenarbeit pflegt, Kredite einräumt und an korrumpierende Unternehmen auszahlt, sollte bereits diesseits der hier angestellten Strukturübereignungen kein Recht haben, auf Rückzahlung dieser Darlehen zu pochen. Wenn es zur juristischen Überprüfung solcher Probleme kommen sollte, müßte den finanzierenden Institutionen nicht nur aus moralischen, sondern auch aus juristischen Gründen der Einwand abgeschnitten sein, die Finanzierungsverträge seien von den Ausführungsverträgen getrennt und es sei in Allgemeinen Geschäftsbedingungen ausdrücklich vorgesehen, daß Mängel des Ausführungsvertrages ohne Konsequenz für die Rückzahlungsverpflichtung des Darlehens seien. In dieser Auffassung begegnet uns erneut – wie bereits bei der Haftungsbeschränkung in den Fällen der Aufteilung eines einheitlichen Unternehmens in viele juristisch als selbständig anerkannte Gesellschaften – die konstruktive Aufspaltung eines wirtschaftlich einheitlichen Sachverhalts in der schlauen Absicht, Verantwortlichkeit juristisch zu begrenzen, wo sie moralisch-politisch volltönend übernommen wird. Es gäbe sicherlich weniger unsinnige, gescheiterte, nachlässig geplante Projekte in der (Dritten) Welt, wenn die politische Verantwortung sich in Haftung und Wegfall von Zahlungspflichten der Gegenpartei bzw. Partner des Fortschritts übersetzte. Wenn es überhaupt Sinn macht, von einem spezifischen Entwicklungsrecht zu sprechen, dann wäre es damit zu begründen, daß die Verwaltungen in jungen Staaten häufig nicht über dieselben professionellen Fähigkeiten, über dasselbe »know-how« auf dem Gebiet der Technik, des Managements und der Vertragsgestaltung verfügen wie die ihnen gegenüberstehenden (Vertrags-)Parteien. Diese Kompetenzungleichheit müßte kompensiert werden durch Vertragsrecht, das eine Haftungs- und Verantwortungsausdehnung auf die professionell Kompetenteren erzwingt und auf diese Weise das Risiko bei professioneller Schlamperei, wie sie heute im Entwicklungsgeschäft verbreitet ist, erhöhte und damit zu vorsichtigem, den allgemeinen Regeln der Kunst und des Gewerbes entsprechendem Verhalten nötigte. Statt dessen wird durch advokatorische Winkelzüge versucht, die politisch nicht geleugnete Verantwortung juristisch ins Leere laufen zu lassen und alle Fehlschläge auf den krummen Rücken lokaler, im souveränen Staat zusammengefaßter Bevölkerungen abzuwälzen.

Um diese Risiken zu vermeiden, ist zu bedenken, daß es in juristischer Doktrin durchaus Konstellationen gibt, die zur Durchbrechung des Trennungsprinzips und zur Anerkennung der wirtschaftlichen Einheitlichkeit von Geschäften genötigt haben. Das ist etwa dann der Fall, wenn die Einheit sich manifestiert in regelmäßiger Geschäftsbeziehung zwischen Kreditgeber und Lieferanten oder in Versuchen, den Kreditnehmer/Abnehmer zu bewegen, mit einem bestimmten Lieferanten zu kontrahieren.[314] Die Versuche solcher Konstruktionen, die aus rigidem Festhalten an anderen juristischen Konstruktionen resultierenden Unbilligkeiten zu

vermeiden, müßten fürs Entwicklungsgeschäft schon wegen des Informations- und Kompetenzgefälles anwendbar gemacht werden. Offensichtlich bestehen regelmäßige und enge Kontakte zwischen Entwicklungsinstitutionen und Lieferanten, Consultants, (Bau-)Unternehmen, die mehr oder weniger formalisiert in Besuchen wie auf Tagungen oder ›Zufalls‹-Treffen gepflegt werden. Sie schlagen sich nicht selten in akkreditionsähnlichen Listen nieder, die dem Kreditnehmer-Staat vorgelegt werden, um ihm die Auswahl zu erleichtern. Obwohl vor jeder Entscheidung über Vertragszuschläge verbal betont wird, daß sie der Freiheit und Verantwortlichkeit des Kreditnehmers zukommen, besteht doch ein ganzes Ritual, das vom formalen Geschäftsbesorgungsvertrag für die unverbindliche Hilfe bei der Auswahl bis zu informellen Drei-Parteien-Treffen in schönen Hotels reicht, um den Kandidaten des Kreditgebers für die Ausführung der Projekte zur Kür zu verhelfen. Dies mag in der besten Absicht geschehen, ohne daß es die enge Verbindung minderte. Wenn dann die Projektausführung nicht plangemäß verläuft, wenn die den Staaten in den Studien mit wissenschaftlicher Genauigkeit prognostizierten Ergebnisse sich nicht einstellen, ohne daß ein Akt Gottes oder des Staates für das Scheitern verantwortlich gemacht werden könnte, dann müßte sich die Rückzahlungsverpflichtung des Darlehens mindern oder entfallen.
In dieselbe Bresche des scheinbar festen Ringes der Schuldenfalle, in der bestimmte Staaten sitzen,[315] schlüge die Anpassung der Haftungs- und Verantwortlichkeitsgrundsätze bei professioneller Auskunft und Beratung. Unabhängig davon, ob diese Expertenhaftung quasi-vertraglich oder quasi-deliktisch abgeleitet wird, feststeht, daß eine rollenspezifische Vertrauensbeziehung zu Haftung führen kann. Wer sich mit der Autorität des Experten umgibt, wer als Spezialist für das »ausgewogene Wachstum des Welthandels«, des Gleichgewichts »der internationalen Zahlungsbilanzen« (so Art. 1 des Übereinkommens über den IWF) oder der »Entwicklung von Produktionsanlagen und Hilfsquellen in weniger entwickelten Ländern« (so Art. 1 des Abkommens über die Internationale Bank für Wiederaufbau und Entwicklung-Weltbank) auftritt, wer von sich weltweit behauptet, bereit zu sein, »eine neugestärkte Rolle bei den fundamentalen Aufgaben der Entwicklung zu übernehmen«,[316] der muß dafür haften, daß seine Ratschläge, Auskünfte, Bedingungen, Ankündigungen, Informationen richtig sind und nicht leichtfertig gegeben werden. Das gilt um so mehr, je stärker die Empfänger von Rat und Information auf sie angewiesen sind und je weniger sie die professionelle Kompetenz haben, ihre Richtigkeit zu überprüfen.[317]
Solange der Vorschlag, die Konzeption von Entwicklung gegenüber Gesellschaften und Staaten fallen zu lassen zugunsten der einer weltweiten,

dezentral organisierten Staatlichkeitspolitik, nicht in die Tat umgesetzt wird, läßt sich das Verhältnis von Expertenorganisationen in Entwicklung zu ihren Klienten-Staaten auf die oben genannte Weise charakterisieren. Die Folge besteht in der juristischen Verantwortlichkeit der finanzierenden Experteninstitutionen für das Scheitern von Projekten. Diese Auffassung hat eine Verminderung des Schuldenberges zur Folge und hoffentlich eine kompetentere Planung der Zukunft. Es handelte sich um eine Form der Entschuldung, die den unschätzbaren Vorteil hätte, sich auf anderswo anerkannte juristische Prinzipien berufen zu können und nicht auf Moral, Großzügigkeit und politisches Fingerhakeln angewiesen zu sein, wie es sich in Baker-, Brady- und anderen Initiativen darstellt. Gleichzeitig nähme es dem Korruptionsvorwurf die Funktion der Verantwortungsentlastung. Wer Kredite in Kenntnis von Korruption gibt, kann mit Rückzahlung nicht rechnen. Wer einwendet, daß Nichtauszahlungen von Krediten nicht den Korrupten, sondern das Volk treffen, übersieht geflissentlich, daß viele kleine und große Herrscher sich nur halten können, weil alle Rechtsverstöße die freundschaftlichen Außenbeziehungen nicht trüben.

Es ist hinzuzufügen, daß diese Argumentation über Haftung und Verantwortlichkeit selbstverständlich nicht nur für Entwicklungsinstitutionen gilt, sondern auch für kommerzielle Beziehungen. Für den gescheiterten Aufbau eines schlüsselfertigen Unternehmens hat ein unter den Regeln des ICSID verfahrendes Schiedsgericht in verallgemeinerungswerter Klarheit diese Meinung vertreten: »Es handelte sich um ein gemeinsames Projekt, zu dessen Realisierung ein multinationales europäisches Unternehmen sich mit einem Entwicklungsland verbunden hatte. Die zu errichtende Fabrik war ein Beispiel moderner, importierter Technologie und Ingenieurwissenschaft. Kamerun verfügte über keinerlei Erfahrung im Bereich der Düngemittelproduktion [...]. Kamerun baute auf K. bei der Lieferung alles für den Projekterfolg Notwendigen [...]. In einer derartigen Situation hat sich die Regierung K. ganz anvertraut [...]. Diese hat sich dem Partner gegenüber zwar nicht zu einer bedingungslosen Rentabilität verpflichtet, wohl aber zu einer weitgehenden Offenheit und Loyalität [...]. K. hat diese Verpflichtungen nicht erfüllt«[318] – mit der Folge, daß die Schiedsrichter einen Zahlungsanspruch Kameruns verneinten.

Vorstellungen von Souveränität, Unabhängigkeit und (formaler) Gleichheit unter der Drei-Elemente-Lehre der Staatlichkeit kommen diesen Problemen nicht bei. Sie dienen auch Autoren, die sonst die Rolle des Staates möglichst zurückdrängen wollen, als Vorwand, ihn für unbeschränkt kompetent, haftbar und verantwortlich beim Empfang von Krediten, Technologie und Entwicklungshilfe zu erklären. Wiederum wird Zusammengehöriges ohne Not getrennt, beschränkt sich die substantielle Funktion der Souveränität auf die Fortschreibung unfairer Handelspraktiken und Risikoverteilungen, rettet sie vor der in wirtschaftlichen Beziehungen selbstverständlichen Überprüfung von Rechts- und Verhaltenspflichten. Die Rückführung der Souveränität der Staaten – nicht etwa: der Entwicklungsstaaten – auf die Dezentralisierung von weltweit zu erfüllenden Funktionen in einer Art territorialer Gewaltenteilung wird es ermöglichen, Verantwortlichkeitszusammenhänge jenseits der Moral zu erkennen.

Nur scheinbar rückt jedoch die Problematik der Verschuldung in den Vordergrund, obwohl ihre Lösung drängend genug ist. Sie ist lediglich ein – wichtiges – Symptom einer aus den Fugen geraten(d)en Welt. In ihr trifft grenzenlos mobiles, notwendig ausschließlich der partikularen Rentabilität verpflichtetes Kapital nicht auf die Grenzen der bürgerlichen Vernunft, auf die Durchsetzung des Allgemeininteresses durch einen Staat, der nur effektiv sein könnte, wenn er ebenfalls grenzenlos wäre, wenn auch etwa föderativ organisiert. Wo sich Ansätze und Überlegungen zu solcher Weltregierung zeigen, bleiben sie zaghaft und widersprüchlich, orientiert am überkommenen Ideal des souveränen Nationalstaates, auf den sich nach wie vor Hoffnungen auf Stärke und soziale Gerechtigkeit, auf Ordnung und Chancengleichheit, Sicherheit und Verantwortlichkeit für die Wirtschaft richten. Dabei lösen sich die Versprechungen und Gerechtigkeitsvorstellungen der bürgerlichen Gesellschaft weltweit immer weniger ein, obwohl sie nicht großzügigen Ideen, sondern kalkulierenden Funktionsüberlegungen entsprechen. Die Privatrechtsgesellschaft mit ihrer notwendig ungleichen Verteilung des Eigentums an Produktionsmitteln wurde legitimiert durch ihre Offenheit, durch die Möglichkeit für jeden und jede, Produktionseigentum zu erwerben, durch die Dynamik und die Annahme, daß in der Verfolgung des privaten Interesses sich die allgemeine, öffentliche Wohlfahrt mehre. Der Staat war in dieser Konzeption der Garant der Ordnung und des rechtlichen Rahmens, in dem sich der Wettbewerb aller gegen alle in Fairneß abspielen konnte. Er war der Ersteller allgemeiner Produktionsbedingungen, deren Notwendigkeit im Prinzip auch in Wettbewerb, geregeltem Konflikt und offener Meinungsäußerung streitig erkannt wurde, keineswegs aber der Beschützer reicher Leute. Der längste und heftigste Konflikt hatte sich an der Verallgemeinerung der Einsicht entzündet, daß auch soziale Sicherung, Erziehung, Ausbildung, Krankheitsschutz, Altersversorgung und freiheitliche Lebensäußerung zu den allgemeinen Produktionsbedingungen im Kapitalismus gehören. Da diese Geld kosten und partikulare Gewinne schmälern, ist der Kampf nie ganz entschieden, doch immer wieder gibt es mit Nachdruck Fordernde und Einsichtige genug, um ein ungefähres Gleichgewicht zu wahren.

5. Warum und wie die Organisationen der UNO-Familie sich angesichts der Weltlage demokratisieren müssen

In diesem liberalen System spielt der Staat eine wichtige Rolle, ohne daß territoriale Abgrenzung erforderlich wäre. Tatsächlich ist ja Adam Smith als Systematisierer und Begründer dieser Ideen von der deutschen nationalökonomischen Wissenschaft als atomistischer Kosmopolit beschimpft worden, bevor Karl Marx ihm den Rang als vaterlandsloser Geselle ablief. Inzwischen sind die theoretischen Annahmen von der Grenzenlosigkeit des Kapitalismus und die Gleichgültigkeit von Rasse, Geschlecht und Hautfarbe real bestätigt, in der politischen Organisation aber wirkt sich dies nicht aus. Die Zentralisierung von Reichtum, von Realisierung sozialer Forderungen, von Erstellung der Produktionsbedingungen in kleinen geographisch abgegrenzten Gebieten einer sich abschottenden ›Ersten Welt‹ bleibt unterhalb der ›Logik‹ des Kapitalismus und der in ihm geltenden Fairneß-, Gerechtigkeits- und Gleichgültigkeitsvorstellungen.

Es gibt keine ökonomische Legitimation dafür, daß ein afrikanischer, asiatischer oder südamerikanischer Arbeiter für dieselbe Arbeit geringer entlohnt wird als sein nordatlantischer Kollege. Nur über politische Repressivität kann der Unterschied aufrechterhalten werden: in den ›südlichen‹ Territorialstaaten durch die Gewaltsamkeit abverlangter nationaler Opfer, in den ›nördlichen‹ durch die gewaltsame Verhinderung der Ausgleich suchenden Arbeitskräfte-Wanderungen. Der weltweit integrierten Produktion entspräche es, diesen Ausgleich weltweit herzustellen. Je länger er hinausgezögert wird, um die Inseln des Wohlstandes zu bewahren, desto repressiver muß die Politik werden. Dabei besteht bei aller Entschlossenheit zu Brutalität keine Hoffnung, auf Dauer dem Druck der vaterlandslosen und flexiblen Arbeitskraft standzuhalten und Migration zu unterbinden.[319]

Die Wandernden geben ihre Antwort auf die Entwicklung armer Nationen und das darin beschlossene Wohlstandsgefälle. Anstatt auf sie zu hören, werden mühsam genug weltweit physische Infrastrukturen in der unangemessenen Form der Entwicklungshilfe erstellt, standardisieren sich Maße, Gewichte und Geld, müssen sich soziale und Menschen-Rechte zumindest verbale Anerkennung erkämpfen. An einer globalen Instanz fehlt es, in der diese wichtigen Probleme als universelle diskutiert und beraten, ihre Lösungen geplant und ins Werk gesetzt werden könnten. Es ist eine Ironie, daß die Organisation der Vereinten Nationen als einzige universelle Institution sich nicht als Katalysator der Durchsetzung von Weltregierung präsentiert, sondern als sich in Papierschlachten verzettelnder Verteidiger nationaler Souveränitäten. Wie weit diese imaginären Kämpfe den Blick von der Weltökonomie und ihren Strukturanforderungen ablenken, zeigt sich daran, daß ausgerechnet der Schutz der Menschenrechte, der nach der allgemeinen Erklärung der Menschenrechte den Sozialschutz umfaßt, zu inneren Angelegenheiten eines jeden Staates gezählt werden.[320] Diese Auffassung übersieht, daß Sozial- und Menschenrechtsschutz zu den allgemeinen Produktionsbedingungen und Voraussetzungen der (kapitalistischen) Warenproduktion gehören, an Bedeutung dem Bau der physischen Infrastrukturen nicht nachrangig. Wenn Staaten sich in die Weltökonomie integrieren, was auch bei einem ›autozentrierten Ansatz‹ der Fall ist, solange sie am Welthandel teilnehmen, wenn sie Entwicklungshilfe beantragen, die anderen ›Pflichten und Rechte der Staaten‹ geltend machen und Anpassungsprogramme des IWF und der Weltbank durchführen, dann haben sie einen Schritt vollzogen, der es verbietet, ein Stück aus dem Ganzen herauszuschneiden und eine der interdependenten Politiken zur inneren Angelegenheit zu erklären. Die gesamte UNO-Familie und dabei insbesondere die auf wirtschaftliche Entwicklung orientierten IWF und Weltbank sollten auf Menschenrechten und Sozialschutz mit mindestens derselben Rigorosität bestehen wie auf der Unterhaltung einer Landstraße. Jedoch verbreitet sich gerade auf diesem Gebiet eine merkwürdige Scheu vor Souveränität, während sonst vor keiner politischen Auflage und Bedingung zurückgeschreckt wird. Dies verstärkt sich, wenn Unterdrückung und Identitätszerstörung mit dem Argument des Nationen-Aufbaus legitimiert werden. Es bleibt dann Organisationen wie »amnesty international« vorbehalten, die falschen Argumente beiseite zu schieben und sich aus humanitären Erwägungen in Angelegenheiten einzumischen, die keine inneren sind und auf diese Weise – pointiert gesagt – den Produktionsbedingungen des Kapitalverhältnisses zum Durchbruch zu verhelfen.

Ich wähle dieses Beispiel, um zu zeigen, wie komplex die Fragen sind, wie fragil die politischen Strukturen und wie offen und riskant die Zukunft. Angesichts dieser Lage ist es ganz unmöglich, die tastenden Schritte zu einer denationalisierten Staatlichkeit und Weltordnung internationalen Funktionären, Experten, Bürokraten zu überlassen, die sich auf die scheinbar neutrale Technizität ihrer Arbeit zurückziehen wollen.

Bei allen Institutionen, also insbesondere der Weltbank und dem IWF, in denen ein (kleines) Stück Weltregierung praktiziert wird, etwa bei der Verwaltung und Entwicklung des Weltwährungssystems, bei der weltweiten Erstellung von Infrastrukturen, bei der Finanzierung produktiver Investitionen, handelt es sich um politische Akteure in einem politischen Gesamtsystem. Damit müssen an ihre Verfassungen und Organisation dieselben Fragen gerichtet werden, wie an die jeder politischer Körperschaft. Das gilt um so mehr, als die bisherigen Ergebnisse der mit hohem finanziellen Aufwand durchgeführten Projekte und Programme der ersten Entwicklungsdekaden, die weitestgehend der Verantwortlichkeit der Wirtschaftswissenschaftler, Ingenieure, Juristen und anderer Experten überlassen worden waren, nach weitem Konsens als äußerst mager qualifiziert werden müssen.

Am Beispiel der beiden finanzmächtigen universellen Institutionen IWF und Weltbank will ich dieser Frage nachgehen. Liest man über enttäuschende Projektergebnisse in allgemeinen Analysen oder konkreten Evaluierungen von Projekten der Weltbank, aber auch anderer Entwicklungsinstitutionen, so fühlt man sich in unkontrollierten Momenten an Rechenschaftsberichte leninistischer Organisationen erinnert: Kritik ist immer Kritik an anderen. Verantwortlich können der fehlende Reformwille oder die mangelnde Kompetenz einer Regierung, eine unerwartete Dürreperiode, die Marktverhältnisse, die Verhältnisse überhaupt oder die mangelnde Lernfähigkeit lokaler Bevölkerungen sein. Selbstkritik ist – wenn man den ritualisierten Hinweis auf Risikopotentiale eines jeden Projektes vernachlässigt – nur präsent als Kritik an vergangener (Weltbank-)Praxis, die durchaus heftig ausfallen kann, weil ohne Selbstzweifel versichert wird, daß die Fehler der Vergangenheit getilgt seien, nachdem man aus ihnen in Selbstanalyse die nötigen Schlüsse gezogen habe: Wenn für die 70er Jahre in Afrika eine Krise ausgemacht wird, also für ein Jahrzehnt hohen Weltbank- und IWF-Engagements, die zu einem »politischen, ökonomischen und sozialen Desaster« führen könne, dann behauptet die Weltbank, das Rezept für eine kurz-, mittel- und langfristige »stabile Entwicklung« zu kennen und setzt dies auch ›im Felde‹ in mit Krediten finanzierte Praxis um.[321] Wenn fünf Jahre später wieder eine tiefe Krise in Afrika ausgemacht wird, dann kennt die Weltbank wieder das Rezept für ›dauerhaftes Wachstum‹[322] und setzt dies auch ›im Felde‹ in mit Krediten finanzierte Praxis um. Immer wieder schaffen es die Verantwortlichen, mit fester Stimme den an Jugendweihen gemahnenden Satz auszusprechen: »Die Weltbank ist bereit!«[323] Wer Skepsis äußert, wer selbst an Rezepten zweifelt und um Selbstzweifel nachsucht, um wenigstens zu erreichen, daß nicht immer wieder aufs neue mit demselben missionarischen Eifer und mit großdimensionierten Krediten das jeweils aktuelle Rezept in die Länder gestoßen wird, ist rasch als nicht ernst zu nehmender, marxistischer, akademischer Kritiker verschrien. Wo sich größere Versammlungen bilden, um eine fundamentale Auseinandersetzung zu suchen, wie 1988 anläßlich der Jahrestagung von IWF und Weltbank,[324] gelten sie als von einigen Drahtziehern aus linken Kirchenkreisen und Professoren manipulierte Masse. Auch dieses Freund-Feind- und Drahtzieher-Schema steht dem Wagenburg-Denken autoritärer Regimes nicht fern.

Eine Mischung aus guter Bezahlung, weit ausgebauten Privilegien, sozialem Prestige und praktischer Unkündbarkeit bei Wohlverhalten einerseits und aus strikter Hierarchisierung und dauernder Kontrolle andererseits schwört den Beamtenstab auf Loyalität und Corpsgeist in den ›Schwesterorganisationen‹ ein. Dieser wurde in der Weltbank gerade da sichtbar, als sie zur Zeit der großen Reorganisation um 1986 kurzfristig an den Rändern ins Wanken zu geraten drohte. Der Corpsgeist erleichtert die reibungslose Durchsetzung operationeller Wenden bis auf die unteren Ebenen. Der Grundschwur geht auf die liebevoll Orthodoxie genannte Ideologie des Monetarismus. Dies war für den IWF schon so, seitdem 1957 die bis heute gültige Doktrin der »stand-by«-Konditionalität entwikkelt wurde,[325] und das gilt für die Weltbank, je stärker sie sich in der Programm-Finanzierung der Strukturanpassungen engagiert. Wer in Chicago studiert hat, hat gute Chancen für Karriere, während bereits ein milder Keynesianismus oder Sozialdemokratismus dem Bann des Ideologischen unterliegt. Die Direktoren als die für die allgemeine Geschäftsführung Verantwortlichen rekrutieren sich aus den Ministerialbürokratien der Mitgliedsländer, und der Gouverneursrat, das höchste Gremium in IWF und Weltbank, setzt sich aus (Finanz-)Ministern und/oder Zentralbankpräsidenten der Mitgliedsländer zusammen.

Die Organisation der beiden universellen Institutionen, in denen Infrastruktur-, Investitions-, Wirtschafts-, Finanz- und Geldpolitik für eine große Anzahl von Ländern konzipiert und ins Werk gesetzt werden, sind also völlig beherrscht von der Exekutive. In ihren politischen Grundüberzeugungen sind sie hoch uniformisiert, in einem sehr viel engeren Spektrum als dies für die relevante politische Vielfalt in den Mitgliedsländern der Fall wäre. Die Konsequenzen aus diesem Aufbau werden dadurch verstärkt, daß selbst juristische Auslegungsfragen und Streitigkeiten zwischen Mitgliedern und der Bank/dem Fonds innerhalb der Organisation entschieden und nicht einem unabhängigen Gericht vorgelegt werden (vgl. Art. IX des Bank- und XXIX des IWF-Abkommens).

Für das technische Funktionieren der Institutionen mag diese Organisationsform erleichternd sein. Für die Bewertung ihrer Arbeit kommt es aber nicht *darauf* an, sondern auf den Erfolg bei der Arbeit an den Satzungszielen. Wenn die Schere zwischen Armut und Reichtum, zwischen Arbeitslosen und Beschäftigten sich weltweit immer mehr öffnet, wenn das Produktionspotential in vielen Ländern regrediert und verschleudert wird, wenn Zahlungsbilanzen sich dauerhaft im Ungleichgewicht befinden und das Wachstum des Welthandels unausgewogen verläuft, wenn die private ausländische Investitionstätigkeit sich auf wenige Regionen der Welt konzentriert und die Produktionsanlagen in weniger entwickelten Ländern sich nicht entwickeln,[326] wie es der Fall ist, dann hat die auf Technizität vertrauende Exekutive ihre Versprechungen nicht eingelöst. Ich bin weit davon entfernt, die Verantwortung für die Mängel allein in der rein exekutivischen Organisation zu suchen. Ich meine lediglich, daß die beobachtete Geschichte dazu berechtigt, die bisherige Funktionsweise in Zweifel zu ziehen. Erfolglos geblieben, läßt sie sich nicht verteidigen. Es ist vielmehr Zeit, andere Organisationsformen auszuprobieren, die größere Öffentlichkeit, kontroverse Diskussionen, die Konfrontation verschiedenartiger Politiken, Kontrollen, »checks and balances« garantieren, kurz: Überlegungen fruchtbar zu machen, die seit John Locke und Montesquieu die Debatte zur Verfassung von politischen Körperschaften bestimmen und die zu Unrecht auf Gebietskörperschaften beschränkt werden.

Die auf nationale Souveränität fixierten Reformvorschläge haben die Demokratisierung der supranationalen Institutionen bisher regelmäßig als Problem der Stimmengewichtung in den Entscheidungsgremien dargestellt. Sie haben es als Erfüllung demokratischer Forderungen ausgegeben, wenn der Grundsatz der ungewichteten, von der Finanzkraft unabhängigen Stimmenverteilung durchgesetzt ist.[327] Diese Auffassung ist ganz dem Konzept des traditionellen Völkerrechts verhaftet, das die (Völkerrechts-)Subjektivität der internationalen Organisationen aus der Subjektivität der sie schaffenden Staaten ableitet. Nicht nur im Hinblick auf die inneren Strukturen der Staaten erscheint es mir wenig aussichtsreich, auf diese Weise zu weltweiter Durchsetzung demokratischer Verfahren zu gelangen. Der Prozeß muß sehr viel tiefer ansetzen und insbesondere nicht seinen Ausgangspunkt bei der nationalen Souveränität suchen.

Die einer beschränkten Laissez-faire-Ideologie anhängenden Finanzinstitutionen IWF und Weltbank definieren die Rolle des Staates und Infrastrukturpolitik eng. Entsprechend konzipieren sie ihre Programme und Projekte. Daß Menschenrechte und Sozialschutz ähnlich der materiellen Infrastruktur Produktionsbedingungen des Kapitalismus sind, leuchtet ihnen möglicherweise schon deshalb nicht ein, weil diese Voraussetzungen gegen ein imaginäres freies Unternehmertum von Gewerkschaften und Massenbewegungen erkämpft worden sind und deshalb den Geruch des Antikapitalistischen an sich haben. In »stand-by«-Programmen des IWF und in Strukturanpassungsprogrammen wird man deshalb zwar ausführlich (Gesetzes-)Vorschläge zu Liberalisierung und zu öffentlichen Investitionen finden, nicht aber zum Aufbau einer Sozialversicherung, eines Krankenschutzes, zur Aufhebung von Rassen- oder Geschlechtsdiskriminierung. Das liegt nicht am Respekt vor den inneren Angelegenheiten und der Souveränität der Länder, wie schon daraus hervorgeht, daß andere Programmpunkte tief in sie eingreifen. Vielmehr fehlt die Einsicht in die Notwendigkeit dieser Politiken für eine funktionsfähige kapitalistische Produktion. Mit diesen Aussichten können sie bei Klienten-Regierungen, die nicht an einer Souveränitäts-Einnahmen kurzfristig schmälernden Sozialpolitik interessiert sind, auf rasches Einverständnis hoffen.

Um die folgenreiche Diskussion anderer wirtschaftspolitischer Positionen möglich zu machen, müßte die politisierende, auf weltanschauliche Homogenität zielende Rekrutierungs- und Karrierepraxis der Stäbe in den Institutionen aufgegeben, d. h. allein die technische Kompetenz und nicht das politische Credo in den Vordergrund gestellt werden. Dieser Depolitisierung auf der professionellen Ebene müßte eine Politisierung auf der Leitungsebene entsprechen. Es widerspricht den rudimentären Annahmen demokratischer Institutionenbildung, wenn sie ausschließlich von Repräsentanten der Exekutive beschickt werden. Dies muß ganz besonders bei Institutionen gelten, die einen so großen politischen Einfluß haben wie Weltbank und IWF.

Wenn schon nicht ein eigenes Organ der Politikbestimmung gewählt werden kann, dann müßten die Legislativorgane der Mitgliedsländer angemessen beteiligt sein. Dann müßten im Verfassungsleben der Mitglieder anerkannte gesellschaftliche Institutionen, dann müßte Sachverstand verschiedener politischer Orientierung mit institutionellem Gewicht – und nicht nach dem Zufallsprinzip der Kooptation und persönlicher Beliebtheit in Beiräten und ähnlichen Gremien – an den Entscheidungsfindungen der politischen Orientierung beteiligt sein. Endlich wäre zu gewährleisten, daß Interpretations- und andere juristische Streitigkeiten vor einer gerichtsähnlichen, unabhängigen Instanz öffentlich ausgetragen und mit für die Institutionen verbindlicher Wirkung von ihr entschieden würden.

Wem diese Reformvorschläge zu aufwendig und kostspielig erscheinen, der überlege sich, wie kostspielig im weitesten Sinne scheiternde Programme sind. Die Vorschläge wollen nicht zum effizienteren Funktionieren der Geschäftsabläufe beitragen, sondern zu einer besser vorbereiteten Politik und damit zu größeren Erfolgen bei der Zielverwirklichung. Der Hinweis aber auf die Tatsache, daß die Organisationen so gut oder schlecht organisiert sind wie ihre Mitglieder, verfängt nicht angesichts des Wissens von der Verselbständigung großer Bürokratien. Er ist ebenso wie der Kampf um die Stimmenverteilung dem traditionellen Konzept der Organisationen als bloßer Emanationen der (Mitglieds-)Staaten verpflichtet.

Doch über die Reform von Institutionen hinaus erscheint es wichtig, anderen, häufig wenig strukturierten Manifestationen der Beteiligung an einem die nationalen Grenzen überschreitenden politischen Prozeß Gehör zu verschaffen und Stimme zu geben. Angesichts der Unbeweglichkeit der Territorialstaaten und der Zaghaftigkeit der transnationalen Organisationen, ihre Aufgaben wahrzunehmen, bilden sich mehr oder minder informelle, nicht regierungsabhängige Bewegungen. Sie nehmen sich globaler Probleme an, für welche die in ihren eingefahrenen Denkschemata und Selbsterhaltungsinteressen lebenden Bürokratien keine Lösungen anzubieten haben und die doch gefunden werden müssen. Ich habe bereits das Beispiel des Schutzes der Arbeitskraft vor Zerstörung und des Schutzes der Intelligenz und Meinung vor perspektivenloser Unterdrükkung genannt, den »amnesty international« dort zu gewährleisten versucht, wo kurzsichtige Regierungen und Organisationen nicht erkennen, daß es sich um Konstitutionselemente der bürgerlichen Gesellschaft handelt und die sie deshalb (noch) nicht als Staatsaufgabe wahrnehmen. Andere (Nichtregierungs-)Organisationen widmen sich dem Schutz der weltweit bedrohten Umwelt, den bürgerlichen Freiheiten, der Abschaffung der Sklaverei, der Stellung der Frau. Cassese hat in einem »Epilog« zu einer Studie über internationales Recht Zeichen der Ankündigung einer neuen internationalen Ordnung beschrieben, Indizien einer möglichen Evolution der aktuellen Weltgemeinschaft. Er meint, daß der Fetischismus der Souveränität und die Relikte einer vergangenen Epoche überwunden werden könnten, obwohl immer noch Rückfälle möglich seien. Er hat geschildert, wie in ihrem Narzißmus gekränkte Nationalstaaten indigniert auf derartige Zeichen reagieren: die USA auf das staatlich nicht sanktionierte Russell-Tribunal, das die Menschen- und Völkerrechtsverletzungen des Vietnam-Krieges verhandelte, die Tschechoslowakei auf die Bewegung ›Charta 77‹, die ebenfalls Menschen- und Völkerrechtsverletzungen veröffentliche und verurteilte.[328] Inzwischen ließe sich als weiterer Fall von Indignation die Reaktion von IWF und Weltbank auf das Lelio-Basso-Tribunal nennen, das 1988 in der Tradition des Russell-Tribunals die Politik der beiden Institutionen beurteilt hat.

6. Wie die Transnationalisierung der Produktion die Aufhebung des Völkerrechts im Weltrecht notwendig macht, wie sich in diesem Prozeß der Universalismus säkularisiert und wie aus allen Personen Rechtssubjekte ohne territoriale Begrenzung werden

An diesen wie anderen Erscheinungen läßt sich erkennen, daß das alte System des europäisch begründeten Völkerrechts und der Weltordnung die heutige Welt weder ordnen noch beherrschen kann. Das Beharren auf ihm durch eine weltweite Generalisierung souverän genannter Territorialstaaten mag ängstliches »Klammern«[329] an überkommenen Konzepten und Mangel an Phantasie signalisieren. Es wird nichts nützen, da die politischen Probleme der Welt angesichts einer denationalisierten Ökonomie in dieser Organisationsform nicht zu lösen sind.

Es überrascht deshalb nicht, wenn überall Dogmen und scheinbar eherne Prinzipien aufbrechen, eine unübersichtliche Vielfalt von Regeln, Verträgen, Abkommen, Resolutionen, Überzeugungen entstehen, die die Betulichkeit der früher bei der Gewohnheitsbildung für unabdingbar gehaltenen langen Dauer über Bord geworfen haben. All dies macht den Eindruck des Vorläufigen, auf Notwendigkeiten einer sich integrierenden Weltökonomie bloß Reagierenden. Es fehlt an politischer Synthese und rechtlichen Grundlagen.

Bis ins 20. Jahrhundert hinein waren die Ideen und Ideale über eine die gesamte Menschheit umfassende, auf der Gleichheit aller ruhenden (Rechts-)Ordnung den Realitäten national verfaßter Ökonomien stets vorausgeeilt und konnten von den Technikern der Macht als billige Utopie beiseitegeschoben werden. Inzwischen hat sich die Tendenz umgekehrt: die gesellschaftliche Realität läuft auf eine weltweit einheitliche Ökonomie der Warenproduktion zu und entzieht dem Territorialstaat die Substanz. Die Ideen aber wollen sich von den Grundlagen der überkommenen (Völkerrechts-)Ordnungen nicht lösen; sie bleiben an das Konzept der nationalen Souveränitäten gebunden. Die kühnen Entwürfe universalistischer Welt- und Friedensordnungen scheinen jedoch von ihrem Glanz zu verlieren, je mehr sie sich umfassend als anationale Staatlichkeit in einer anationalen Ökonomie aufdrängen und der Legitimation einer übergesellschaftlichen Würde nicht (mehr) bedürfen.

Noch 1927 hatte der Rechtspositivist Kelsen trotzig erklärt, der naturrechtliche Charakter einer »Grundlegung des Völkerrechts kann und soll nicht geleugnet werden«, sofern sie auf die »rechtliche Gleichordnung der einer Rechtsordnung gleichermaßen unterworfenen Subjekte«[330] ziele. Durch die Gleichheit aller Staaten hindurch drängte er auf die Gleichheit aller Menschen in einer »civitas maxima«. Tatsächlich haben sich natur-

rechtliche Argumentationen im Völkerrecht sehr viel länger gehalten als in den nationalen Rechten. Der Universalismus in seiner zunächst territorialstaatsfreien wie in seiner späteren territorialstaatsverbindenden Orientierung blieb eng an überpositive, religiöse oder quasi-religiöse Annahmen über den Menschen geknüpft. Die Säkularisierung der Legitimation von politischer Macht im positiven, durch politischen Akt veränderbaren Recht formte sich gerade gegen den supraterritorialen Machtanspruch eines religiös fundierten Universalismus. Sie bestand – wie wir gesehen haben – schon bei Bodin nicht in der Anerkennung einer vom Recht gelösten Macht in einem bis heute falsch genannten Absolutismus, sondern in der Rechtfertigung der politischen Macht aus gesetztem und nicht aus altem Recht. Dieses hatte überwunden werden müssen, da es nur feudale Herrschaft sichern konnte und der gesellschaftlichen Rationalität entsprechend nicht dazu taugte, dem jungen gesellschaftlichen Verhältnis der kapitalistischen Warenproduktion den juristischen Rahmen zu schaffen.
Solange dieses Verhältnis territorial begrenzt und der Nationalstaat in der Lage war, den (Rechts-)Rahmen und alle anderen allgemeinen Produktionsbedingungen herzustellen, zu erhalten und den historischen Veränderungen anzupassen, reichte es aus, die Praxis und Theorie des Positivismus und der nicht aus einer höheren Quelle gespeisten Gewalt-, Gesetzgebungs- und Münzmonopole auf diesen Nationalstaat zu begrenzen. Dabei sollte niemanden überraschen, daß bei allen religiösen, kulturellen, sprachlichen und politischen Unterschieden von Staat zu Staat die Gleichheit der Produktionsverhältnisse – bei allen Nuancen im einzelnen – einen unüberwindlichen Zwang zu hoher Konformität der grundsätzlichen Bestimmung und Erfüllung von Staatsfunktionen ausübte. Der Schutz des Eigentums im weitesten Sinne, die Erstellung der Infrastrukturen, die Organisation des Geldes gehören zu den Herzenssachen protestantischer und katholischer, autoritärer und demokratischer, monarchistischer und republikanischer Regierungen. All dies konnte parallel entstehen, ohne daß es fundamentale Unterschiede gegeben hätte.
Das historisch Besondere, nämlich die Existenz der vielen warenproduzierenden Gesellschaften in vielen Staaten, erzwang eine dem Kapitalismus entsprechende säkularisierte Weltstaatlichkeit zunächst jedoch nicht. Im Völkerrecht blieb daher Platz für übergesellschaftliche gottes- und naturrechtliche Argumentationen und Denkweisen. In ihnen erhielt sich ein Stück des Universalismus der alten Art.
Das scheinbar Überhistorische der fundamentalistisch-christlichen Überzeugungen oder die dem langen Atem der Evolution verpflichteten Vernunft-Theorien genügten, um die Formen des Verkehrs der Staaten un-

tereinander in Ordnung zu halten. Um die kapitalistische Dynamik und Klassenauseinandersetzungen, um die Variabilität der allgemeinen Produktionsbedingungen und die Notwendigkeit der dauernd neuen Setzung von flexiblem Recht ging es in den Sphären des Völkerrechts nicht. Ich habe bereits dargelegt, daß dieses Völkerrecht niemals Recht der Völker war, sondern seine Entstehung der Notwendigkeit verdankt, die Konflikte von im wörtlichen Sinne verwandten Souveränen um den Zugriff auf Territorien und Boden in Regeln zu fassen. Wem dies salopp und simplistisch erscheint, der werfe einen Blick in traditionelle Völkerrechtstheorien. Es geht um die Bestimmung und Definition des souveränen Staates mit dem doppelten Ziel, das je eigene Territorium zu schützen und Territorien nicht souverän genannter Staaten und Gesellschaften zur kolonialen Besetzung frei zu geben; es geht um den Krieg und die Festigkeit seiner Ergebnisse, d. h. wesentlich um Gebietseroberung im aufgezwungenen Friedensvertrag; es geht um vertragliche Ehe- und Erbfolgeregelungen, in deren Mittelpunkt immer die Zuordnung von Territorien steht; es geht schließlich um Diplomatie genannte Prozeduren des Verhandelns.

a) Warum der Staat eine juristische Person neben anderen ist

Auch nachdem christliche Kaiser und Könige als Akteure von der weltpolitischen Bühne und als Auftraggeber der Rechtsgelehrten abgetreten waren, konnte sich die intellektuelle Fixierung des Völkerrechts auf das Territorium noch eine Weile halten, solange nämlich Wirtschaftsbeziehungen über Grenzen wesentlich als internationaler Handel verliefen und der Zugriff auf Rohstoffe an das Eigentumsrecht am Boden gebunden war. Diese Zeiten sind vorbei. Die Transnationalisierung der Produktion läßt auch die nationale Zuordnung der Handelsströme künstlich werden. Nachdem die Dekolonisierung und ihre Folgen anschaulich gemacht haben, daß einerseits Eigentumstitel keine vollständige Sicherheit gewähren und daß andererseits der Zugriff auch über Gesetze, Abkommen, Verträge und Versicherungen organisiert werden kann, d. h. mit den klassischen Instrumenten des Rechts der Warenproduktion, verlor die Fixierung ihre Bedeutung. Sie mag bei geschickter Inszenierung sicher noch immer Gefühle affizieren wie jede Erinnerung an heroisch herüberscheinende Zeiten. Das bislang letzte Beispiel eines Territorialkonfliktes zweier Staaten, in dem sich Argentinien und Großbritannien beim Streit um eine Inselgruppe gegenüberstanden, trägt trotz großer Besetzung jedoch eher den Zug des Provinziell-Gruselig-Burlesken. Gespenstisch

sind auch der Grenzkrieg zwischen Burkina Faso und Mali oder die Diskussionen um Deutschland in den Grenzen von 1937. Kapital und Arbeit haben ihre Lektionen gelernt und sind dabei, mit Freizügigkeit und Eigentumsgarantien wirkungsvoller als mit Territorialgewinnen die Bedingungen für eine anationale Produktion zu schaffen.
Bemerkenswert und zureichende Analysen erschwerend ist, daß die zunehmende Trennung des Staates von der Person des Souveräns, daß die in der Abschaffung der Monarchien zum Ausdruck kommende Depersonalisierung der Souveränität die Völkerrechts- und Staatslehre besonders des 19. Jahrhunderts zu einer Personalisierung des Staates ermuntert hat. Die Periode dieser praktisch folgenreichen Annahmen könnte deshalb mit Gründen eher als das 18. Jahrhundert als Zeitalter des Absolutismus bezeichnet werden. Die vorher geläufige Einsicht wurde in den Hintergrund gedrängt, daß der Staat integraler Bestandteil eines umfassenden gesellschaftlichen (Produktions-)Verhältnisses ist, in dem er bestimmte, notwendige, anders nicht zu erfüllende Aufgaben zu erledigen hat. Das Besondere der Trennung von Ökonomie und Politik in der bürgerlichen Gesellschaft war für eine Weile überinterpretiert worden, so als bestünde der Staat für sich, aus eigenem, absolutem Recht, als bedeute die Trennung Unabhängigkeit oder wenigstens Vorherrschaft der Politik über die Ökonomie. Die letzte, inzwischen ebenfalls ad acta gelegte Lehre von der Verabsolutierung des Staates wurde mit der sogenannten Theorie des staatsmonopolitischen Kapitalismus aufgelegt, die – ›bürgerlichen‹ Varianten nicht unähnlich – eine Politisierung der Ökonomie und eine Ökonomisierung der Politik im Interventionsstaat beobachtet hatte. In der Absicht der Diskreditierung moderner Zeiten werden da vergangene Perioden, in denen zwischen Staat und Gesellschaft, Politik und Ökonomie fundamentale Trennungen bestanden haben sollen, in die Neuzeit hineingeträumt. Nachdem eine solche imaginäre Periode konstruiert war, konnte eine ebenso imaginäre Verschmelzung und Konvergenz als Symbol für Endphasen und Fäulnis ausgemacht werden.
Damit ist aus dem theoretischen Blick – keineswegs aus der praktischen Politik – verloren, daß die Trennung nie absolut war und die modernen staatlichen Interventionen ebenso wie die Sozialisierung von Verlusten bei privaten Gewinnen gerade Belege dieser Trennung und nicht der Verschmelzung sind. Die Notwendigkeit der Existenz des Staates resultiert aus einem Produktionsverhältnis, das keine unvermittelten sozialen Bindungen akzeptiert. Eigentum und Sicherheit erhalten sich ausschließlich durch die individuelle Mehrung materiellen Reichtums, die in die Konkurrenz zwingt. Wir hatten gesehen, daß in einem solchen Produktionsverhältnis Gesellschaftlichkeit nicht aufgeht und es einer Instanz bedarf,

die außerhalb der Konkurrenz, außerhalb des unmittelbaren Zwangs zur Rentabilität steht. Nur eine solche Instanz, die ihre materielle Existenz nicht der profitablen Verwertung individuellen Eigentums verdankt, kann den Schutz des Eigentums aller übernehmen, kann Sozialausgaben bestreiten, unrentable, aber nützliche Infrastrukturen herstellen, kann das gesellschaftlich Notwendige, aber partikular nicht Profitable durchsetzen, kann das Allgemeininteresse vertreten. Die Definition der Steuern als materielles Substrat des Staates holt diesen von seinem idealistisch überhöhenden Sockel.

Die notwendigen Aufgaben des Staates sind wesentlich Ausgaben, deren Finanzierung über allgemeine Einnahmen und nicht über rentabel eingesetztes Eigentum bestritten werden muß. Die Höhe der Ausgaben und damit die Belastung der Privateigentümer und Bürger hängen von der Definition des gesellschaftlich Notwendigen ab. Was aber notwendig sei, ist angesichts der Konflikthaftigkeit der gesellschaftlichen Organisation, der strukturellen Unsicherheit und Instabilität oder positiv gesagt: angesichts seiner Dynamik weder dem Inhalt noch der Höhe nach ein für alle Male fixiert. Was gestern noch für ein einzelnes Unternehmen rentable Produktion war, kann heute für unrentabel, aber dennoch für gesellschaftlich nützlich gehalten werden, etwa der Personenverkehr. Was lange über ideologische, gewaltsame und/oder religiöse Bindungen als Gratisarbeit zur Verfügung stand, kann sich auflösen und zur staatlichen Aufgabe werden, etwa die (Kleinkind-)Erziehung. Was für eine Weile dem konjunkturellen Zyklus, dem ›erzieherischen‹ Einfluß der Arbeitslosigkeit und Verelendung sowie den anderen ›selbstheilenden‹ Kräften des Marktes überlassen werden konnte, kann sich angesichts der Organisierung der Lohnarbeiter und der Konzentration des Kapitals als Staatsaufgabe etablieren.

Neben der schönen, emphatischen Betonung von öffentlicher Freiheit und Selbstregierung hat die »demokratische Frage«[331] in diesem Zusammenhang auch eine funktionalistische Dimension. Was nicht ein für alle Male fixiert und stabil ist, muß dem Inhalt und Umfang nach immer neu bestimmt werden, wenn nicht die inhaltliche Fixierung künstlich, das heißt auf Dauer repressiv, also kontraproduktiv festgehalten werden soll. Neubestimmungen können durch Experten erfolgen oder dem Ausgang von Konflikten, Dialogen und Diskussionen überlassen werden, sofern Prozeduren und Grundorientierungen zur Verfügung stehen, die das Ergebnis zu einer politischen Entscheidung in allgemeinverbindlicher Form bündeln. Nachdem die Hoffnung auf die technokratische Rationalität neutraler Sachverständiger nicht nur wegen ihres geringen Loyalitätsgehaltes, sondern auch wegen dauerhafter Fehlerhaftigkeit in Diagnose,

Prognose und Therapie stark gelitten hat, nachdem also weder autoritäre Fixierung noch sachverständige Anleitung Überzeugendes für die Erhaltung der bürgerlichen Gesellschaft leisten, stehen kanalisierende demokratische Prozesse zu Recht in hohem Ansehen.

In einer solchen Perspektive ist für die Personifizierung des Staates kein Platz. Er ist kein selbständiges, unabhängiges, biologisches Wesen, mit eigenen Organen ausgestattet und mit einem Willen begabt, den er autonom zu äußern berechtigt und imstande wäre.[332] Wie wenig überflüssig diese Versicherung ist, belegt das Bundesverfassungsgericht, das noch 1975 vom Beamtenkörper spricht und Treue und innerliche Verbundenheit und warme Gefühle gegenüber dem Staat wie gegenüber einer geliebten Person fordert.[333]

Die Biologisierungen kommen zustande, weil es der Rechtstheorie lange schwergefallen ist, den Begriff der Person in der bürgerlichen Gesellschaft zu erfassen. Für das Phänomen der Verselbständigung von Vermögen und Aktivitäten in den sogenannten juristischen oder moralischen Personen – der Aktiengesellschaft ebenso wie der Gebietskörperschaft – wurden Analogien zur natürlichen, physischen Person gesucht, entweder über den Kunstgriff der juristischen Fiktion oder den der Entdeckung lebendiger Organismen. Um die juristische Person zum Subjekt erklären zu können, verstieg sich die Theorie zu den Annahmen, es handele sich um vernunft- und willensbegabte, leidens- und liebesfähige Wesen. Daß dann der Staat im 19. Jahrhundert zum Mann wurde,[334] erklärt sich aus der patriarchalischen Rechtsüberzeugung, daß nur der Mann, genauer: der weiße, christliche, erwachsene Mann, ein vollständiges Subjekt sei.

Die Fragestellung führt schon deshalb in die Irre, weil nicht das Konstrukt der juristischen Person naturalisiert werden muß, um es zum Rechtssubjekt erklären zu können. Vielmehr ist auch die natürliche Person nicht Rechtssubjekt, weil sie Mensch ist, sondern weil sie Inhaberin von Eigentum, Trägerin von Rechten und Pflichten ist:[335] »Die sogenannte physische Person ist somit nicht ein Mensch, sondern die personifizierte Einheit der ein und denselben Menschen verpflichtenden und ermächtigenden Rechtsnormen. Es ist nicht eine natürliche Realität, sondern eine juristische, von der Rechtswissenschaft geschaffene Konstruktion, ein Hilfsbegriff in der Darstellung rechtlich relevanter Tatbestände. In diesem Sinne ist die sogenannte physische eine juristische Person.«[336] Wer und was in welchem Umfang und für welche Gebiete als Rechtssubjekt be- und gehandelt wird, bestimmt sich also nicht aus irgendeiner Natur der Sache, sondern nach der von der »Rechtswissenschaft geschaffenen Konstruktion«. Patriarchalisch und/oder kolonial Unterworfene wurden nicht deshalb zu Rechtssubjekten, weil ein Naturwissenschaftler überra-

schend die Menschenqualität von Frauen und Schwarzen erkannt hatte, sondern weil nach Kämpfen und in der Einsicht, daß die kapitalistische Warenproduktion gegen konkrete Geschlechts-, Rassen- und sonstige Merkmale gleichgültig sein kann, die Subjektivität juristisch-konstruktiv bestimmt wurde. Ebensowenig konstruktive Schwierigkeiten bereitet es, anderen Vermögens- oder Gebietszusammenfassungen, Institutionen und Agenturen mit distinkten Zwecken den Charakter juristischer Personen und Subjekte zuzusprechen. Sie können als Folge einer expliziten Verleihung und Anerkennung oder als automatische Konsequenz der Konformität mit festgelegten Kriterien und Definitionen entstehen. Es bedarf dazu weder der Überhöhungen noch muß der Personencharakter Unbehagen auslösen, da es sich um endliche, d. h. veränderbare rechtliche Konstrukte handelt. Selbstverständlich ist, daß alle diese Personen am Rechtsverkehr teilnehmen können, wobei ihnen aber keine Organe und Befindlichkeiten anfingiert werden müssen, sondern die Rechtsprinzipien der (gesetzlichen) Vertretung ausreichen, um Rechts- und Geschäftsfähigkeit zu praktizieren. Auf diese ebenso banale wie anspruchsvolle Weise läßt sich das ›Wesen‹ des Territorialstaates bestimmen.
Von all diesen Konstruktionen, Überlegungen, Regeln und Theoriebildungen sind die internationalen Beziehungen zwar schon infiziert, aber ohne daß sich über Diagnose und/oder offenen Ausbruch der Krise eine grundsätzliche Neuorientierung vollzöge. Die vielen Veränderungen bleiben reaktiv, konturenlos, widersprüchlich und ineffizient.
Sicherlich gibt es heute keine völkerrechtliche Abhandlung mehr, die nicht die Aufweichung des Begriffs der Völkerrechtssubjektivität erwähnte. Dennoch bleibt das Völkerrecht bis heute Gefangener des Territorialstaates. Die internationalen Organisationen und anderen Personen hingegen bleiben Gefangene des Völkerrechts. Die »Götterdämmerung« der souveränen Staaten, so wird behauptet,[337] sei noch fern. Die internationalen Organisationen mit eigener Rechtspersönlichkeit gelten im Grunde immer noch als von ihnen abgeleitet. Der Subjektcharakter von Menschengruppen, Minderheiten und Einzelpersonen wird kaum anerkannt. Um aus dem Dilemma notwendiger Veränderung und obstinater Beharrung herauszukommen, werden neue Bezeichnungen gebildet, die sich um den Kern eines sogenannten Völkerrechts im engeren Sinne lagern. Das ›Entwicklungsvölkerrecht‹, das ›transnationale Wirtschaftsrecht‹, das ›humanitäre Recht‹ und viele andere Sondergebiete belegen vor allem anderen das transitäre Durcheinander.
Die Orientierung auf Staaten und von ihnen abgeleiteten Organisationen sowie deren ideologische Überhöhung führen einerseits zu einem folgenschweren Defizit an offener, politisch kontroverser, wenn man so will:

demokratischer Austragung von Konflikten und Ideen, andererseits läßt sie Staaten in ihrer Souveränität allein. Beide Punkte will ich an Beispielen verdeutlichen.

Ich hatte bereits erwähnt, daß die Konditionen des IWF und inzwischen auch die der Strukturanpassungsprogramme der Weltbank ideologisch an Konzepten des Marktliberalismus und des Monetarismus orientiert sind und daß bei der Entwicklung der Programme, die immerhin die Wirtschaftspolitiken vieler Staaten der Erde entscheidend beeinflussen, keine andere wirtschaftspolitische Position jemals sich mit Nachdruck hat Geltung verschaffen können. Über Jahrzehnte sind auf diese Weise außerordentlich einseitige, begrenzte und ineffiziente Politikprogramme vorgeschrieben worden. Nicht selten ließen sie sich nur unter autoritären politischen Regimes exekutieren. Daß zur Wirtschaftssanierung und damit zu einer ausgeglichenen Zahlungsbilanz auch Sozialleistungen, Löhne, Erziehung, Krankenversorgung und die Garantie bürgerlicher Freiheiten beitragen, blieb der ideologischen Voreingenommenheit, die sich der politischen Auseinandersetzung nie zu stellen brauchte, verborgen. Auf dem Gebiet der sogenannten Entwicklungspolitik konnten die Finanzierungsinstitutionen, allen voran die Weltbank, jahrzehntelang und ohne auf Widerspruch zu hören das ganz überwiegende Gewicht auf den Aufbau physischer Infrastrukturen und produktiver Anlagen legen, wiederum unter Vernachlässigung der sozialen Infrastrukturen und des Aufbaus von Institutionen zur Formulierung kontradiktorischer sozialer Interessen. Stets waren diese Politiken das Werk von Experten, denen an Gegenpositionen abgearbeitete Begründungen nicht abverlangt wurden und von denen für den Scherbenhaufen, vor dem heute die Entwicklungspolitik steht, keine (politische) Verantwortung eingefordert wird. Trotz solcher Erfahrungen betrachten IWF und Weltbank noch heute jede Artikulation politischen Widerspruchs, etwa in einer Demonstration, mit der Indigniertheit des professionellen Besserwissers. Schnell ist man bei der Hand mit dem Hinweis auf die Souveränität des Darlehensnehmers. Er wird insbesondere dann vorgebracht, wenn ihm Bedingungen nicht zugemutet werden sollen, die auch nicht ins eigene ideologische Konzept passen, während bei den passenden Konzepten kein Eingriff gescheut wird.

Die Staatsschulden liefern das andere Beispiel. Würde der Staat als eine juristische Person wie jede andere betrachtet, die bestimmte satzungs- oder verfassungsmäßige Aufgaben zu erfüllen und zu finanzieren hat, so fiele es leichter, das Überschuldungsproblem nach Grundsätzen zu lösen, die in den meisten nationalen Rechtsordnungen gängige Praxis bei überschuldeten Personen ist, die, aus welchen Gründen auch immer, nicht (durch einen Konkurs) »liquidiert« werden. Bei Staaten folgt das Verbot zur Liquidation nicht aus ihrer Sanierungsfähigkeit, sondern aus ihrer politischen Anerkennung. In solchen Fällen werden im Privatsektor Sanierungspläne aufgestellt, durchgeführt und kontrolliert, deren Finanzierung durch »fresh money« und einen massiven endgültigen Schuldenerlaß erreicht wird. In der Bundesrepublik kann der effektive Schuldenerlaß bis zu 65% betragen (§ 7 VerglO). In Ansätzen findet ein derartiges Verfahren auch gegenüber überschuldeten Staaten statt: Im Pariser Club versammeln sich alle öffentlichen, im Londoner Club alle privaten Gläubiger eines zahlungsunfähigen Staates; sie beauftragen IWF (und Weltbank), ein Sanierungsprogramm zu entwerfen, das entweder »stand-by«-Arrangement oder Strukturanpassungsprogramm genannt wird, das vom Schuldner angenommen und in dauernder Überwachung exekutiert werden muß. Dann sind die Gläubiger bereit, einen Zahlungsaufschub zu gewähren, der bis in die jüngste Vergangenheit wegen hoher Moratoriumszinsen praktisch allerdings keinen Schuldenerlaß, sondern eine Schuldenerhöhung zum Ergebnis hatte, und selbst noch die sogenannten großzügigen Ankündigungen der Hauptgläubigerländer während des Weltwirtschaftsgipfels in Toronto von 1988[338] bleiben weit hinter den nationalen Parallelgesetzgebungen zurück.

Wiederum verhindert die Berufung auf staatliche Souveränität eine angemessene Problembearbeitung, obwohl ein Hinweis auf sie hin orientiert: Pariser und Londoner Club haben zur Voraussetzung, daß die Existenz des Staates im Sinne der UN-Charta nicht angetastet wird, daß ein Staats-Konkurs ausgeschlossen sein soll. Diese Voraussetzung hat zur Konsequenz, daß ein gewisses Maß an Autonomie zu wahren ist. Diese hat eine selbstverständliche finanzielle Dimension. Solange die Völkergemeinschaft sich nicht entschließt, den Anachronismus der souveränen Territorialstaaten als Organisationsprinzip der Weltpolitik aufzugeben, besteht die völkerrechtliche Verpflichtung der in den Vereinten Nationen zusammengeschlossenen Staaten, die Eigenstaatlichkeit auch der überschuldeten Staaten funktionstüchtig zu halten und sie so als Rechtssubjekt zu respektieren. Dazu gehören beim Stand der Verschuldung auch substantielle Entschuldungen. Sie können aus (völker-)rechtlichen Gründen nicht durch Austeritätspolitiken ersetzt werden, die den Sozialschutz bestimmter, durch Territorialgrenzen ausgesonderter Teile der Weltbevölkerung schleifen und/oder die Herstellung und Unterhaltung allgemeiner Produktionsbedingungen unmöglich machen. Das ist keine Frage der öffentlichen Moral, sondern Folge der integrierten Weltwirtschaft und ihrer Funktionsanforderungen.

Auf einem ganz anderen Blatt steht die Frage, ob es sinnvoll ist, die

Eigenstaatlichkeit der vielen Staaten nicht durch einen Weltstaat mit förderativem Aufbau abzulösen. Solange dies aber nicht der Fall ist, dürfen jedenfalls die im Territorialstaat zusammengefaßten Menschen nicht durch die Rechtsperson Territorialstaat an der Geltendmachung ihrer Rechte gehindert werden. Gerade dies freilich geschieht, solange ihnen die Rechtssubjektivität im Völkerrecht, also ein Teil ihrer Personenqualität, abgesprochen wird.
Insgesamt setzen sich die Umschuldungsverhandlungen also in ihrer bisherigen Form über die substantiellen Anforderungen an funktional wie auch immer reduzierte Eigenstaatlichkeit hinweg, gleichzeitig nehmen sie die Anforderungen an Staatlichkeit in der integrierten Weltökonomie nicht auf. Damit sind zwei negative Momente geschichtlicher Epochen der bürgerlichen Gesellschaft kumuliert. Den Preis zahlt die Masse der Armen in den Staaten der Dritten Welt.

b) Warum die Suche nach Identität weltlichem Universalismus nicht entgegensteht

Die aktuellen Beziehungen von Gläubiger- und Schuldnerstaaten sowie das inkohärente Zusammenwirken von supranational finanzierten und von internationalen Experten konzipierten Wirtschafts- und Infrastrukturpolitiken einerseits und der Vielzahl nationalstaatlicher Politiken andererseits ergeben eine Welt-›Ordnung‹, die nur noch politisch oder sozialpsychologisch, über Kriterien wie Machtstreben und Identität, zu analysieren ist. Das Bewußtsein der Einbettung von Staatlichkeit in die gesellschaftlichen Verhältnisse der (Welt-)Ökonomie verschwindet unter einem dumpfen, fragilen und kostspieligen Pragmatismus. Es ist dringlich, diesen Pragmatismus auf eine theoretische Grundlage zu stellen und zur Kohärenz zu bringen.
Wenden wir uns wieder den vielen Bewegungen zur Anerkennung nationaler, religiöser und rassischer Identitäten zu, die sich im Moment auf dem Balkan, in Osteuropa, im Nahen Osten, aber ebenso immer noch in Afrika und Asien und warum nicht morgen in Bayern und der Lombardei Gehör verschaffen. Unterstellen wir für einen Moment, daß es tatsächlich um diese Identitäten und nicht um das Abschütteln eines Wirtschaftssystems und/oder die Vernichtung von lästigen Konkurrenten geht, und unterstellen wir weiter, daß in den bewegungsgeschüttelten Gebieten sich tatsächlich eine wie immer definierte Nation, Religion oder Rasse »zu Hause fühlt«, wie es das Bundesverfassungsgericht vom deutschen Staatsbürger-Beamten verlangt.[339]

Die Forderungskataloge der Befreiungsbewegungen enthalten wohl alle das »Weg-mit-der-Fremdherrschaft«. Doch sogar die gottesstaatlichste aller Befreiungsbewegungen der letzten Jahrzehnte, die im Iran, ist niemals auf die Idee gekommen, sich mit ihrer ausgrenzenden und mörderischen Suche nach Identität aus den Strukturen der Weltökonomie auszuklinken und einen »geschlossenen Handelsstaat« zu gründen, wie ihn im 19. Jahrhundert der gemäßigte Philosoph Fichte noch vorschlagen konnte und dabei ernst genommen wurde. In der Regel gehen die Befreiungsbewegungen heute weit über das iranische Beispiel hinaus. Nicht nur koppeln sie sich nicht ab, sondern sie verlangen gleich nach dem »Weg mit...«, daß fremdländisches Kapital die Nationalökonomie denationalisiere und daß die internationale Staatengemeinschaft sowie die supranationalen Organisationen wesentliche Teile der Wirtschafts-, Finanz- und Infrastrukturpolitik übernehmen. Hinter den Fassaden der ›Identität‹, Sozialpsychologie und Souveränität tauchen also rasch die Konturen der Integration in die Weltökonomie und ihre uniforme Struktur auf.
Sicherlich ist es politisch denkbar und juristisch konstruierbar, jede echte oder angenommene Identitätsgemeinschaft in eine juristische Person zu verwandeln, die sich die Bezeichnung ›Staat‹ geben kann. Allerdings werden die Gebiete umfassenden juristischen Personen nie vollständig über Identität zustandekommen, sondern notwendig auch Zwangszusammenschlüsse sein, da immer Menschen auf dem Territorium wohnen werden, die die Identität nicht teilen. Deportationen, Zwangsumsiedlungen, Bekehrungen und Liquidierung sind in solchen Fällen die gebräuchlichsten Mittel zur Herstellung von Homogenität. Das ist um so schlimmer und unverzeihlicher, als es unnötig ist (was sich häufig genug in posthumer Rehabilitierung ausdrückt), weil ohnehin über wie immer geartete Identitäten kein Staat zu machen ist im Sinne des getrennten Teils eines gesellschaftlichen (Produktions-)Verhältnisses. Wenn heute Nationalstaaten neu gegründet werden – und bei der Differenziertheit von Identitäten kann das leicht in die Tausende gehen –, dann müssen sich die Gründungsmitglieder darüber klar sein, daß sie politischen Folge- und Herrschaftskosten ihre Zustimmung erteilen, die nicht durch nationale Souveränität im weiteren Sinne kompensiert werden. Wenn die in der Organisation der Vereinten Nationen zusammengefaßte Staatengemeinschaft diese Gründungen anerkennt, dann muß sie sich darüber klar sein, daß sie damit über den verbalen Akt hinaus eine implizite Verpflichtung übernimmt, die anerkannte Eigenstaatlichkeit finanziell in ihrer Substanz zu erhalten, was die Wirtschafts- und Infrastrukturpolitik ebenso betrifft wie die politischen Führungskosten. Dies macht den Inhalt der Entwicklungshilfe aus.

Das Pochen auf Identitäten bei der Staatenbildung gründet in aller Regel auf natur- und gottesrechtlichen, scheinbar überhistorischen, jedenfalls außergesetzlichen und nicht säkularisierten Legitimationen. Da erstaunt es nicht, daß so mancher abgesetzte Monarch von Gottes, Allahs etc. Gnaden am Ende des Jahrtausends Morgenluft wittert und seine Krone entstaubt. Wir hatten gesehen, daß das Völkerrecht von solchen Argumentationen noch voll ist und daß sich die mit dem kapitalistischen Produktionsverhältnis durchgesetzte Säkularisierung des Rechts im territorial begrenzten Gesetzespositivismus eine Stoßrichtung gegen religiösen Universalismus gab. Es handelte sich dabei um eine offensichtlich notwendige, aber keineswegs in sich abgeschlossene Geschichte, sondern eher um eine Etappe, die eine neue Phase des Universalismus einleitet. In der Universalisierung des kapitalistischen Produktionsverhältnisses ist die Notwendigkeit eines denationalisierten, eines Welt-Rechts enthalten, das die naturrechtlichen, transzendentalen und scheinbar überhistorisch-ehrwürdigen Fundamente des Völkerrechts ebenso schleifen muß, wie dies zuvor in den territorial und national organisierten Gesellschaftsverhältnissen geschehen mußte und war. Es stellt sich jetzt heraus, daß der Angriff der Theorie der Souveränität strukturell nicht dem Universalismus gegolten hatte, sondern seiner religiösen, übergesetzlichen Untermauerung. Diese hatte ja nicht nur Prinzipien Halt und Würde verschafft, sondern war gleichzeitig das Fundament der realen weltlichen Macht von Kirche und Kaisertum gewesen. Inzwischen verlangen die materiellen Verhältnisse selbst nach einer universellen Ordnung, die allerdings ebenso säkular und rechtspositivistisch und ebenso wenig gottes- und naturrechtlich begründet zu sein hat wie die nationalen Rechtsysteme. Wiederum: um Sozialpsychologie, Identität und nationale Würde geht es nicht. Positives Währungs- und Fiskalrecht, Sozial- und Arbeitsrecht, Unternehmens- und Handelsrecht, Investitions- und Umweltrecht verlieren zunehmend den Sinn für ihre nationale Beschränkung, ohne daß sie sich in das der Souveränität verpflichtete Völkerrecht einordnen ließen. Wem die schiere Raumausdehnung der Rechtsgeltung zu schaffen macht, der mag sich damit trösten, daß zu seiner Zeit der kluge Voltaire sich kaum vorstellen konnte, eines Tages würden wirklich uniforme französische Gesetze in Brie und der Bourgogne substantielle Geltung haben: »Die [Gesetzes-]Maschinen funktionieren im kleinen, im großen setzen Stöße sie außer Kraft«,[340] meinte er angesichts der gewaltig scheinenden Ausdehnung Frankreichs.

Ich habe im vorigen Kapitel ausgeführt, daß eine starke Tendenz zur Denationalisierung des Rechts und zur Auflösung der territorialstaatlichen Souveränität wirkt, obwohl diese noch nicht theoretisch zu sich gefunden hat. Diese Tendenz überlagert die scheinbar gegenläufige der Nationalismen. Sie sucht sich von ihr keineswegs abzukoppeln, sondern erhält möglicherweise aus ihr ihren politischen Bewegungsspielraum, indem sie gleichzeitig Ja zur Nation und zum IWF ruft. Die Komplexität der Tendenzen hinkt allerdings der Transnationalisierung der Produktion hinterher. Sie ist auf eine Weise zu konsolidieren und fortzuentwickeln, die verhindert, daß sich unter dem Vorwand des Beharrens auf nationaler Souveränität für einen großen Teil der Menschheit nur die Zwänge der kapitalistischen Produktion, nicht aber die Freiheiten der zu ihr gehörigen bürgerlichen Gesellschaft realisieren und daß unter dem Vorwand der Nationen-Bildung Identitäten über das Maß der systemnotwendigen ›schöpferischen Zerstörung‹ hinaus zerstört werden.

c) Warum der Universalismus aus Menschen Rechtssubjekte macht

Die Ungleichheit im kapitalistischen Produktionsverhältnis ist die Ungleichheit in der Verfügung über Produktionsmittel – nicht weniger, aber auch nicht mehr. Die einen verfügen (frei) über Kapital, die anderen verfügen (frei) über ihre Arbeitskraft. In ihren Verfügungen sind sie Rechtsträger, Personen.

Die juristische Person als Eigentümer von Produktionsmitteln kann eine ›private‹, etwa eine Aktiengesellschaft, oder eine ›öffentliche‹ sein, also der Staat. Wenn dieser Staat nicht lediglich ein inkorrekter Ausdruck der bewußten sozialen Organisation der Menschen ist, also gerade Nicht-Staat, sondern etwa sozialistisch sich nennende Herrschaftsinstanz gegenüber Menschen, die weiterhin nicht unmittelbar über Produktionsmittel verfügen, dann ist die Basis der kapitalistischen Produktion nicht aufgehoben. Mit ›realem‹ Sozialismus hat das nichts zu tun. Die Austauschbarkeit von öffentlichen und privaten juristischen Personen zeigt sich im übrigen daran, daß öffentliches Eigentum ohne juristische Komplikation in privates umgewandelt werden kann und umgekehrt. Wesentlich ist allein, daß es unterschiedlich verteiltes Eigentum gibt, und nicht, ob es dem Staat oder einer Aktiengesellschaft gehört.

Die Personen sind Personen, weil sie über ihr jeweiliges Eigentum verfügen können. Dies ist eine der zentralen Säulen der bürgerlichen Freiheit, die nicht darunter leidet, daß die ›Verhältnisse‹ zur fortlaufenden Verfügung zwingen. Wie ein jeglicher seine Freiheit ausfüllt und sich ihre Illusion erhält, ist seine Sache.

Motive, so sagt das Bürgerliche Gesetz, sind rechtsunerheblich. Das Menschenbild ist ebenso abstrakt wie die Arbeitskraft, das Kapital, die

Ware. Wie die Person körperlich beschaffen ist, dic über die abstrakte Ware, die Arbeitskraft, das Kapital verfügt, und von welchen Wünschen und Phantasmen sie angetrieben wird, ist fürs Kapitalverhältnis gleichgültig. Es ist darauf zu bestehen: Mann und Frau, Moslem und Hindu, Schwarzer, Weißer, Roter und Gelber, Linker und Rechter gelten in ihrer Kapazität als Verfügende gleich. Die konkreten Eigenschaften verschwinden hinter der Abstraktheit von Arbeitskraft und Kapital. Das heißt selbstverständlich nicht, daß diese theoretische Einsicht automatisch politische Praxis ist und daß nicht versucht würde, an konkrete Eigenschaften wie Weiblichkeit, Hautfarbe oder politische und religiöse Überzeugungen Diskriminierungen zu heften und aus ihnen Extraprofite zu schlagen. Dabei müssen häufig genug diese Eigenschaften selbst erst imaginiert werden. Nicht selten sind vorkapitalistische Institutionen wie etwa Religionsgemeinschaften und andere Bünde die Hüterinnen solcher willkommenen Diskriminierung. Es bedurfte und bedarf langer Kämpfe und sozialer Auseinandersetzungen, um wenigstens der als bürgerliche Vernunft apostrophierten kapitalistischen Logik zur Realität zu verhelfen. Gleichwohl werden sie nicht selten als antikapitalistische besungen oder beschimpft. Dies mag von Gemütslagen her verständlich sein, hindert aber die Integration der ehemals Diskriminierten unter den gleichheitsverbürgenden, keineswegs aber systemsprengenden Personenbegriff nicht.

Wir haben weiterhin gesehen, daß allein durch den aus der Verfügungsfreiheit aller resultierenden Zwang zur individuellen Nutzenmehrung um jeden Preis die Gesellschaft nicht existieren kann. Obwohl sie etwas kostet und die Ergebnisse der Verfolgung des Eigennutzes schmälert, muß mit dem Staat eine Instanz existieren, die das individuelle wie das strukturell ungleiche Eigentum vor individuellen und strukturellen Übergriffen schützt, die allgemeine Produktionsbedingungen herstellt, insgesamt also das besondere Allgemeininteresse gegenüber dem Partikularen schützt und die Voraussetzungen seiner Entfaltung schafft.

Dies setzt territoriale Abgrenzung nicht voraus. Die heroischen Zeiten, in denen Staatsphilosophen den Staat über diese Funktionen hinaus als »das an und für sich Vernünftige« mit dem »absoluten Endzweck der Souveränität« rühmten, in dem das Interesse der einzelnen aufgehoben war, um diese einzelnen zum »Bereitsein zur Aufopferung im Dienste des Staates« zu bewegen, d. h. zum »Krieg« in der Absicht der Herrschaftsausdehnung anderer,[341] sind mit der schwindenden Nationalität des Kapitals selbst im Schwinden begriffen. Es ist deshalb angemessen, die Analyse von ihren nationalen Vorurteilen zu befreien und für ein anationales Recht fruchtbar zu machen.

Das bedeutet: Die in langen Auseinandersetzungen erkämpften Verbote der Diskriminierung wegen Geschlecht, Hautfarbe oder anderer Merkmale gelten als unmittelbares internationales Recht. Kein Staat darf die unter ihm zusammengefaßten Menschen mit der Öffnung zur Warenproduktion einerseits in Personen mit Eigentum an Arbeitskraft oder Kapital verwandeln und ihnen andererseits den juristischen Status vorenthalten, den dieses Verhältnis bedingt. Die treuherzige Versicherung, daß in Indien Frauen aus langer Tradition heraus ein Leben in Unterwürfigkeit und Dienstbarkeit wünschen oder daß in Mauretanien Schwarze gewohnt seien, als Sklaven zu leben, ohne daß diese Zustände als Diskriminierung empfunden würden, und daß die von außen kommende Aufforderung zur Gleichberechtigung als Einmischung in innere Angelegenheiten und Neo-Imperialismus verwerflich sei, verfängt nicht. Die Aufforderung wendet sich ja nicht an traditionelle Lebenszusammenhänge und deren Logik. Vielmehr wendet sie sich an Personen, die ihre Arbeitskraft gegen Geld verkaufen, sowie an den Staat und nicht an einen traditionellen Herrscher. Das den Staat bedingende Verhältnis aber ist weder indisch noch mauretanisch, sondern gleichförmig kapitalistisch. Daß es im übrigen Regierungen regelmäßig nicht um die Abwehr von Einmischungen in innere Angelegenheiten geht, erweist sich daran, daß sie es zulassen, wenn international finanzierte Projekte zur Familienplanung in der Absicht der Geburtenverringerung sehr weit, bis hin zu massenhafter Zwangssterilisierung mit moderner Technologie, in traditionelle Lebenszusammenhänge eingreifen. Die Nicht-Diskriminierung in der Lohnarbeit ist demgegenüber vergleichsweise harmlos.

Nun existieren bereits mehrere völkerrechtlich verbindliche Dokumente zum Verbot der Diskriminierung, deren praktische Wirkungslosigkeit allerdings beklagt wird. Artikel 23 der Allgemeinen Erklärung der Menschenrechte von 1948 begründet ein Recht auf Arbeit und verpflichtet zu gleichem Lohn für gleiche Arbeit. Artikel 7 des Internationalen Paktes über wirtschaftliche, soziale und kulturelle Rechte von 1966 bestätigt diesen Grundsatz und präzisiert ihn zugunsten von Frauen. Wenn solche Grundsätze über das übliche Maß von Regelverletzungen hinaus folgenlos bleiben, dann deshalb, weil die aus ihnen resultierenden Rechte ebenso wie das Recht auf Entwicklung in der weiter oben ausgeführten Grundannahme der Staatengemeinschaft und der Vereinten Nationen in der blind verfolgten Tradition des eurozentrischen Völkerrechts nicht den ›privaten‹, ›natürlichen‹ Personen unmittelbar zustehen. Sie können von ihnen nicht geltend gemacht werden, sondern sollen in den Staaten für sie aufgehoben sein. Die Internationale Arbeitsorganisation ILO, eine Sonderorganisation der UNO, deren Aufgabe es wäre, Diskriminierungen weltweit zu denunzieren, dümpelt (selbst-)vergessen und in diplomatischer Privilegiertheit auf den Stereotypen des Ost-West- und des Nord-Süd-Konflikts und kann jede gezielte Aktivität mit dem Hinweis auf die Souveränität der Mitgliedsnationen unterlassen. Diese Souveränität aber dient, wie gesagt, nicht selten dazu, die zur Nation zusammengefaßten Menschen besonders billig auf dem Arbeitsmarkt anzubieten.

Die traditionell-eurozentrische Konzeption des Völkerrechts, entwikkelt, um einige europäische Mächte im Gleichgewicht zu halten und um Kolonisierung zu legitimieren, taugt nicht, um soziale Konflikte von international mobilen Personen zu lösen. Der Wille des individuellen Eigentümers von Kapital oder von Arbeitskraft geht im Willen des Territorialstaates nicht auf. Sollen die Resolutionen der Vereinten Nationen, sollen die Pakte und Abkommen zum Schutz und zur Sicherung dieser Personen und ihres Eigentums nicht unnütz beschriebenes Papier bleiben, so ist es unausweichlich, allen Personen, juristischen wie natürlichen, in jedem Rechtsgebiet, also auch im Völkerrecht, Subjektstatus zu verleihen und sie aus der Vormundschaft des Staates zu entlassen. Was zögerlich, ohne rechte Begründung und Richtung, bald auf einen unbestimmten Humanismus, bald auf Parteilichkeitserwägungen gründend, die Ränder des Völkerrechts seit geraumer Zeit auszufransen beginnt, sollte ohne den Umweg um Sondervölkerrechte konzeptionell generalisiert werden. Kein zwingender allgemeiner Rechtssatz hindert daran, allen Personen in allen Rechtsgebieten Rechtssubjektivität zuzugestehen. Die Beweislast für die Subjektqualität haben heute nicht die, die sie behaupten, sondern die, die sie leugnen. Es ist schwer verständlich zu machen, warum eine einzelne Frau nicht unmittelbar von ihrem Staat und den Vereinten Nationen einklagen kann, Diskriminierung zu unterlassen und zu unterbinden, wenn dieser in einem internationalen Pakt ausdrücklich das Recht anerkennt und gewährleistet, daß »Frauen keine ungünstigeren Arbeitsbedingungen als Männer haben« (Art. 7 des Paktes über wirtschaftliche, soziale und kulturelle Rechte). Es ist ebenso schwer verständlich zu machen, warum Gruppen von Frauen, richtiger: von Personen, die ebenfalls Arbeitsbedingungen aushandeln müssen, also etwa Gewerkschaften, dieses Recht international nicht sollten geltend machen, durchsetzen und einklagen können. Dazu gehörte etwa auch die Forderung von solchen Personen und Gruppen an IWF und Weltbank, den Respekt vor solchen Pflichten mit nicht geringerer Rigorosität durchzusetzen als den Respekt vor Zahlungspflichten oder vor technischen Standards beim Straßenbau.

Ich hatte bereits zitiert, daß eine solche Auffassung, die jeder Person völkerrechtliche Ansprüche auf Sozialschutz, auf Hilfe, auf Nicht-Diskrimi-

nierung einräumt, als Utopie abgetan wird, da sie die »Eine Welt« und ein »abstraktes Menschenbild« zugrundelege.[342] Ich meine, daß es nicht um Auffassungen und Forderungen geht, sondern daß in der Weltwirtschaft die abstrakte Person längst agiert und daß die Korrektur traditioneller Auffassungen überfällig ist. Voltaire etwa hat in seinen reichen Schilderungen der vielen Völker der Erde eine »einzige Gattung aller Menschen« ausgemacht, denen der Wunsch nach Freiheit und die Einsicht in fundamentale Rechtssätze gemeinsam sei. Auf diese universelle Basis hat er die konkrete Buntheit und Unterschiedenheit der Rassen, Völker, Nationen gesetzt.[343] So sehr man hoffen mag, daß die Buntheit der Welt trotz transnationaler Fast-Food- und Bekleidungsunternehmen noch lange erhalten bleibt, so wenig spielt sie für die gesellschaftlichen Verhältnisse der Warenproduktion eine Rolle: in ihr geht es um abstrakte Arbeit und Eigentum, deren Inhalt sich nicht dadurch ändert, daß ein Deutscher oder Japaner, Ägypter oder US-Amerikaner über sie verfügt.
Hohnlachend wird gleichwohl der Realpolitiker die Naivität solcher Auffassungen mit dem Hinweis belegen, daß das Forum fehle, vor dem solche Ansprüche und Rechte geltend gemacht werden könnten. Dieser Hinweis wiegt schwer, und ich halte es in der Tat für einen hegelianischen Anachronismus, daß der Internationale Gerichtshof noch hinter dem moderneren Völkerrecht zurückbleibt, nur Staaten als Parteien anerkennt (§ 34 Statuten des IGH) und diesen auch noch das Recht einräumt, seine Zuständigkeit anzuerkennen oder abzulehnen (Art. 36). Schon bei der Auflistung der anzuwendenden Rechtssätze (Art. 38) hatte sich gezeigt, daß die Statuten des IGH nicht auf der Höhe der Zeit sind und es schon 1945 nicht waren. Ihre grundlegende Reform wäre dringlich, um dem IGH zu einem aktiveren, der Wichtigkeit seiner Existenz angemessenen Leben zu verhelfen. Doch bleibt die Zeit nicht stehen. Angesichts der praktischen Notwendigkeit, an der die Enge der IGH-Statuten vorbeigeht, haben sich Auswege eröffnet. Das im organisatorischen Zusammenhang mit der Weltbank errichtete ICSID ist ein solcher Ausweg. Es stellt Staaten mit natürlichen und juristischen Personen auf eine Stufe und eröffnet ihnen unter Vernachlässigung der diffizilen Fragen des klassischen Völkerrechts nach der Subjektqualität die Möglichkeit eines internationalen Schiedsverfahrens. Bei der einseitigen ideologischen Orientierung der Weltbank erstaunt es nicht, daß es sich um Rechtsstreitigkeiten handeln muß, die mit einer Kapitalanlage zusammenhängen (Art. 25). Jedoch ist damit nicht ausgeschlossen, daß auch in der Weltbank die Erkenntnis reift, daß Nicht-Diskriminierung von Frauen und Farbigen, daß die Garantien von sozialen Rechten, daß die Abwesenheit von Korruption, Folter, Sklaverei und Menschenrechtsverletzungen, daß

also die in der Allgemeinen Erklärung der Menschenrechte zusammengeführten Grundrechte für die »wirtschaftliche Entwicklung« ebenso wichtig sind wie »private Kapitalanlagen«. Die bereits zitierte Studie von 1989[344] gibt da zu Hoffnung Anlaß. In einer solchen Perspektive ließe sich erwarten, daß die restriktive Sorge um Schutz und Mobilität des Kapitals, wie sie schon für das ICSID und nun auch wieder für MIGA gilt, sich auf die für Warenproduktion gedeihlichen Bedingungen insgesamt erstrekken wird.

Das sind mehr als fromme Wünsche: Art. 28 der Allgemeinen Erklärung der Menschenrechte von 1948 verpflichtet die Staaten der Vereinten Nationen, eine internationale Ordnung zu schaffen, in der jeder Mensch seine Grundfreiheiten und Menschenrechte voll verwirklichen kann. Dies läßt sich als Ordnung der Lebensverhältnisse interpretieren, geht aber darüber hinaus. Die Bestimmung verpflichtet auch zur Errichtung einer internationalen (Verfahrens-)Ordnung, ohne die dem ›Menschen‹ verwehrt ist, seine Rechte gegenüber dem menschenrechtsverletzenden Staat geltend zu machen. Auch wenn er Angehöriger dieses Staates ist, bleibt er in der hier entwickelten Aussicht Person und Subjekt und steht damit der Person und dem Subjekt Staat gegenüber.

Während dieses Ergebnis für die weltweite Geltung der Menschenrechte durch eine Interpretation erreicht werden kann, die Recht und Gesellschaftsstruktur auf einen Nenner bringt, geht das positiv ausformulierte europäische Recht bereits erheblich weiter: über die Kommission für Menschenrechte haben natürliche Personen, nicht-staatliche Organisationen und Personenvereinigungen Zugang zum Europäischen Gerichtshof für Menschenrechte (vgl. Art. 25/48 der Konvention zum Schutz der Menschenrechte und Grundfreiheiten vom 4. 11. 1950).

Freilich braucht das Reifen solcher Erkenntnisse bis zu ihrer Operationalisierung offensichtlich Zeit und druckvolle Erinnerungen, da sich ihnen immer wieder mächtige Ideologien entgegenstellen. Deshalb bleiben andere Foren wichtig, die gemeinhin nicht unter die gerichtlichen oder völkerrechtlichen subsumiert werden, aber dennoch für eine angemessene Ordnung der Weltökonomie und der Staatlichkeit eine nicht zu unterschätzende Bedeutung haben. Es sind dies die vielen informellen und formellen Gruppen, die Solidaritäts-Komitees, »amnesty international«, das Lelio-Basso-Tribunal, Vereinigungen gegen die Folter, die Sklaverei, die Frauenunterdrückung sowie endlich die Presse. Sie alle zeugen von der Existenz der Einen Welt und negativ vom Versagen der internationalen Organisationen.

Hinzu kommt das mit dem Zerfall traditioneller Lebensbeziehungen weltweit um sich greifende Bewußtsein von Lohnarbeitern, keinem

Vaterland verpflichtet zu sein. In moderner Weise nomadisierend versuchen sie, durch Migration die Gleichheit der Lebensverhältnisse mit ihren begünstigten Kollegen des Nordens herzustellen. In atemraubend wachsender Anzahl machen sie sich auf den Weg und dokumentieren so die Realität der Einen Welt(-Ökonomie). Dieser Strom wird so gewaltig anschwellen, daß selbst die Entschlossenheit, auch Gewalt anzuwenden, ihn nicht stoppen wird; er wird die Inseln des Wohlstands überschwemmen. Die einzige Möglichkeit, dem Problem beizukommen, scheint mir darin zu liegen, auf die weltweite ›Einheitlichkeit der Lebensverhältnisse‹ hinzuarbeiten, wie es für den Bundesstaat, die Europäische Gemeinschaft rechtlich verbindlich verlangt ist. Für eine territoriale Beschränkung dieses Grundsatzes gibt es keinen Grund.

Teil VI:
Schlußbetrachtung

In den beiden letzten Teilen habe ich dokumentiert, daß es in Ansätzen bereits eine Weltpolitik und ein Weltrecht gibt, obwohl noch widersprüchlich und ohne Konsistenz, in jeweiliger Reaktion auf drängende Notwendigkeiten. In diesem Zusammenhang sind ICSID und MIGA bereits embryonal-institutionelle Ausformungen für die voranschreitende De-Nationalisierung. Die Übereinkommen zu diesen der Weltbank zugegliederten Institutionen zeugen von ideologischer Einseitigkeit bei der Bewertung der Essentialia für das, was in den Präambeln »wirtschaftliche Entwicklung« genannt wird. Die als Völkerrechtssubjekt gegründete MIGA verfolgt den Schutz von Kapital vor nicht-kommerziellen Risiken; das ebenfalls als Völkerrechtssubjekt geschaffene ICSID bahnt den Eigentümern von Kapital Wege zur Streitschlichtung mit Staaten.
Einseitigkeit ist gegenwärtig ein verbreitetes Merkmal von Weltbankprogrammen. Ihre Ausgestaltung – bis auf Akzente im Zeithorizont – ist stark von der politischen Orientierung des IWF beeinflußt, deren den Mitgliedsländern angediente Politik-Programme ebenfalls nur einen sehr engen Ausschnitt aus den Möglichkeiten wirtschaftspolitischer Optionen wahrnehmen. Keines dieser Programme nimmt ernst, daß zur »wirtschaftlichen Entwicklung« mehr gehört als der Schutz des Eigentums an Kapital, daß die allgemeinen Produktionsbedingungen mehr umfassen als physische Infrastruktur. Wahrscheinlich, weil es als politisch ›links‹, unorthodox und nicht-liberal gilt, weil es an der Universität von Chicago nicht zum Credo gehört und weil es von Gewerkschaften und anderen Organisationen Lohnabhängiger erstritten worden ist, sperren sich die beiden supranationalen Schwesterorganisationen und in ihrem Gefolge die meisten der regionalen und nationalen Entwicklungsorganisationen dagegen, globale Programme von Wirtschaftspolitiken im weitesten Sinne zu entwerfen und mit den Mitgliedsländern zu praktizieren. Eine solche Wirtschaftspolitik weist über das Standardpaket von Strukturanpassungsprogrammen hinaus. Liberalisierung heißt in einer solchen erweiterten Dimension auch Freiheit der gewerkschaftlichen und anderen verbandlichen Tätigkeiten sowie Freiheit der Presse, da nur auf diese

Weise soziale Probleme artikuliert und zur Kenntnis auch der Finanzierungsinstitutionen gebracht werden können. Schutz ist nicht nur dem Eigentümer von Kapital, sondern auch dem von Arbeitskraft zu gewähren, d.h. seiner Reifung, seiner Reproduktion, seiner Regeneration. Reformen in diesem Sinne umfassen auch die Systeme der sozialen Sicherung, der Arbeitslosigkeits-, Unfall-, Krankheits- und Altersversorgung, die in vielen Ländern nur als hohle Schalen bestehen und nicht selten auf die verschiedensten Weisen geplündert werden. Und Reformen bedeuten auch Einführung und/oder Ausbau von autonomen Instanzen zur Kontrolle nicht nur der Regierungen, sondern auch der Finanzierungsinstitutionen, um der üblichen augenzwinkernden Kameraderie ›auf hoher Ebene‹ ein Gewicht entgegenzusetzen.

Die Finanzierung solcher Programme und der Herstellung und Erhaltung allgemeiner Produktionsbedingungen hat ihre Notwendigkeit genau zu evaluieren. Dabei sollte endgültig vom Kriterium des großen Geldes und des raschen Mittelabflusses Abstand genommen werden. Die Evaluierung muß die Möglichkeit der Eigenfinanzierung und ernsthafte Prognosen zur Schuldendienst-Kapazität einschließen. Das klingt banal, ist es aber nicht angesichts einer Praxis, die immer mehr große Kredite in zunehmend abhängige Länder drückt, um die ›pipelines‹ zu leeren, und dies nach wie vor in bewußter Schönung der Projektergebnisse und -rentabilitäten. Wenn aber Konsens über die Notwendigkeit eines Programms oder Projektes erzielt und wenn gleichzeitig bekannt ist, daß das Land nicht in der Lage sein wird – und dies nicht, weil das Geld auf privaten Konten verschwindet –, Kredite zur Finanzierung dieser Ausgaben zurückzuzahlen, dann verlangt es die juristisch-technische Solidarität, die aus der Anerkennung der Eigenstaatlichkeit resultiert, solche Ausgaben aus weltweit allgemeinen Einkünften als nicht rückzahlbare Maßnahme in der Optik von Struktur- und Regionalpolitik zu finanzieren. Dazu müssen die ›Entwicklungs‹-Organisationen, auch IWF und Weltbank, systematisch in die Lage versetzt werden.

Während also die Definition der allgemeinen Produktionsbedingungen über die physischen Infrastrukturen hinaus erweitert werden muß, verbieten dieser Begriff und die von ihm inspirierten Statuten der Finanzierungsinstitutionen sowie die feierlichen Resolutionen und internationalen Pakte Projekte (finanziell) zu fördern, die das politische Ziel der Nationen-Bildung im Auge haben. Die Geschichte ist über dieses Ziel hinweggegangen, die Weltgesellschaft bedarf gelebter Alternativen: Es ist nicht nur ›inhuman‹ oder ›unmoralisch‹, sondern völkerrechtswidrig sowie ökonomisch und ökologisch verhängnisvoll, nomadische Gesellschaften aus territorialstaatspolitischen Gründen in die Seßhaftigkeit zu zwingen oder egalitären, geld- und staatenlos lebenden Gesellschaften über Steuern oder Abgaben für soziale Dienste Monetarisierung aufzudrängen. Internationale Organisationen dürfen sich aus Gründen des Völkerrechts nicht nur an derartigen Praktiken (finanziell) nicht beteiligen, sie müßten ihre Mitglieder dazu bewegen, sie zu unterlassen.

Die hier vorgestellten Veränderungen, Akzentverschiebungen, Erweiterungen von Programmen und Projekten der ›Entwicklungs‹-Zusammenarbeit lassen sich alle als Bedingungen und Auflagen von Finanzierungsverträgen formulieren. Ihre Durchsetzung bereitete ebensowenig Schwierigkeiten wie die der heute üblichen, ideologisch verzerrten Bedingungen. Die Sanktion für Nichteinhaltung liegt in der faktisch außerordentlich wirksamen Mittelsperrung. So grob präsentiert sich die heutige Praxis der Zusammenarbeit. Sie muß erst noch auf den Stand rechtsstaatlicher Prozeduren gehoben werden, nicht um Hoheitlichkeit und Souveränität zur Achtung zu verhelfen, sondern um zur Normalität von Vertragsbeziehungen zu gelangen.

Zunächst will ich auf zwei wahrscheinlich gleichzeitige Betroffenen-Einwände eingehen. Sie könnten scheinbar widersprüchlich lauten, nämlich einerseits, daß die meisten der hier vorgetragenen Vorschläge ohnehin gängige Praxis seien und daß andererseits die meisten der Vorschläge sich nicht verwirklichen ließen, da sie tief in die Souveränität einschnitten. Es sei deshalb geboten, Bedingungen nur auf kurze Frist und inhaltlich so eingeschränkt wie möglich aufzuerlegen. Die gesamte Praxis der »standby«- und Strukturanpassungsprogramme entspreche dieser souveränitätsschonenden Überzeugung.

Dem ersten Einwand läßt sich nur im Zeichen der Analyse vergangener Projekte und Programme und mit der Erfahrung begegnen, die eine solche Versicherung nicht bestätigt. Bestätigen läßt sich hingegen, daß die ausschnitthaften Projekttypen der ersten Entwicklungsdekaden zu häufig ihre Versprechungen nicht eingelöst haben.

Dem zweiten Einwand muß ebenfalls mit Erfahrung begegnet werden. Die Adressaten-Staaten der jeweils kurzfristigen Programme sind fast ausnahmslos Dauerklienten, mit denen ständige Diskussionen stattfinden, bei denen zu diesem Zweck häufig eigene Büros unterhalten, jedenfalls aber Experten eingesetzt werden, und bei denen ein kurzfristiges Programm auf das andere folgt. Was die Ausschnitthaftigkeit der Bedingungen angeht, so reihen sich an die wenigen verbindlichen Konditionen eine ganze Kette von Vorschlägen zu ihrer Realisierung, und die Auflagen und Ziele sind so formuliert, daß sie nur erreicht werden können, wenn umfassende (wirtschafts-)politische Veränderungen mit einer großen Anzahl von Einzelentscheidungen durchgesetzt werden. Die auferlegten oder korrekter: akzeptierten Bedingungen aber werden ohne Rücksicht auf eine eventuelle Substanz von Souveränität in ihrer Erfüllung und in den Ergebnissen sanktionsmächtig kontrolliert. Ich sehe keine Basis für konditionenlose Mittelvergabe und halte es für aussichtslos, diese Basis in der Souveränität zu suchen. Ich meine vielmehr, daß die wirtschaftspolitischen Programme und die Projekte zur Herstellung allgemeiner Produktionsbedingungen langfristig, umfassend, nach politisch kontroverser Diskussion und in der Perspektive der Weltökonomie angelegt sein müssen.

Dies öffnet aufs neue die Sicht über das Verhältnis von ›Entwicklungs‹-Ländern und ›Entwicklungs‹-Institutionen hinaus. Herstellung und Erhaltung von allgemeinen Produktionsbedingungen im weitesten Sinne sind nicht Bestandteile einer spezifischen ›Entwicklungs‹-Politik, sondern allgemeine Staatsaufgabe, die in der Vergangenheit zu Hause und in Kolonien auch in der Absicht nationaler Konkurrenzunterstützung erfüllt worden war. Dieses ausgrenzende Element beginnt sich abzuschleifen. Es bleibt die territorial nicht begrenzte Staatsaufgabe der (Infra-)Struktur- und Regionalpolitiken, die aus den verschiedensten Töpfen – nationalen, regionalen, multilateralen –, wesentlich aber aus allgemeinen Einnahmen finanziert und weltweit realisiert werden müssen. Wenn sich in bestimmten Regionen Deutschlands, Europas, der Welt für eine Weile intensivere Bedürfnisse geltend machen, so sind solche Nachholbedarfe aus Ungleichzeitigkeiten zu verstehen, die nichts mit der Unterentwicklung von Kulturen zu tun haben.

Über die Höhe und Verfügbarkeit der allgemeinen Einkünfte entscheidet die Steuerkraft, deren nationale Zuordnung in einer integrierten Weltökonomie immer zufälliger wird. Insbesondere läßt sich vom Ort der Steuereinkünfte nicht auf den Ort der vorrangig zu erstellenden Infrastrukturen schließen. Eine solche Folgerung führt im Gegenteil zu einer unerträglichen Ungleichgewichtigkeit von Konzentration einerseits, Leere andererseits. Die Entscheidung über die Einrichtung allgemeiner Produktionsbedingungen muß sich also nachdrücklicher globalisieren, als es im Moment der Fall ist. Am augenfälligsten ist dies für die allgemeine Produktionsbedingung ›Umwelt‹.

Die europäische Währungsunion und die daraus sich ergebenden Konsequenzen für eine supranational koordinierte Wirtschaftspolitik habe ich als Frucht der Einsicht in die Vergeblichkeit national isolierter Politiken in einer integrierten Weltökonomie und, im günstigen Falle, als Etappe zu einem wahrlich anationalen Weltgeld vorgestellt. Wir haben ebenfalls gesehen, daß viele souveräne Staaten bereits jetzt faktisch auf eine eigene Geldpolitik und Währung als Symbole dieser Souveränität verzichten,

indem sie ihr national genanntes Geld offen oder versteckt an andere Währungen binden. Damit ist auch die Eigenständigkeit anderer Wirtschaftspolitiken verloren. Die hohe Uniformität der wirtschaftspolitischen Programme von IWF und Weltbank, die sich ihrerseits wieder, wenn auch politisch einseitig, von Politiken der tonangebenden Mitgliedsländer leiten lassen, runden das Bild fehlender Eigenständigkeit ab. Keine der vielen »Nationen, ob groß oder klein«, kann heute noch eine national autarke Währungs- und Wirtschaftspolitik betreiben. Man wüßte sie auch kaum noch inhaltlich zu definieren, da eine solche Politik unausweichlich im Territorialstaat ansässige ›Fremde‹ begünstigte und draußen lebende ›Einheimische‹ benachteiligte. Bereits die Vokabeln, mit denen vor 70 Jahren noch jeder etwas anfangen konnte, haben einen hohlen Klang. Versucht sich ein Staat dennoch nationalistisch zu verhalten, etwa in schlechter Erinnerung an vergangene Größe, so spielt er sich auf, was nicht ungefährlich ist. Er kann nur dann erfolgreich spielen, wenn er außerökonomische Karten mit zieht, also etwa geopolitische oder militärische. Doch immer wird solches Spiel nur kurzfristig möglich sein und kostspielige Reaktionen zur Folge haben.
Es ist deshalb an der Zeit, die Integration der Weltökonomie – und nicht einer europäischen, pazifischen, amerikanischen, afrikanischen – aufzunehmen und ihr integrierte Wirtschafts-, Währungs-, Fiskal-, Sozial-, Regionalpolitiken an die Seite zu stellen. Dazu müßten sie aus den Köpfen, Phantasmen und Händen der Deutsch- etc.-Nationalen genommen werden. Im Kern hatte Keynes dies für die supranationale Neuordnung und Verwaltung des Weltwährungssystems nach dem letzten kriegerischen Desaster nationaler und rassischer Ausgrenzungen in einen Plan gefaßt. Dies ist um so bemerkenswerter, als in den 40er Jahren nicht voraussehbar war, daß in wenigen Jahrzehnten die Weltwirtschaft nicht mehr durch den Handel unabhängiger, nationaler Unternehmen geprägt sein würde, sondern durch eine integrierte Produktion bei hoher Mobilität von Kapital und wachsender Mobilität von Arbeit. Auch der ungeheure Sprung der Verkehrs- und (Tele-)Kommunikations-Technologie im Dienste und unter gleichzeitiger Beförderung dieser Integration ließ sich schwerlich erahnen.
Inzwischen ist die Erde zusammengeschrumpft, Notwendigkeit und Voraussetzungen der Überwindung territorialer und nationaler Ab- und Ausgrenzungen, der säkularisierten Universalisierung von (Wirtschafts-)Politik und -Recht präsentieren sich mit höherer Dringlichkeit als vor einem halben Jahrhundert. Das heißt nicht, daß sie sich in Kohärenz auch tatsächlich realisiert, da Folklore, Nostalgie, die Lust an der Katastrophe, die Machtansprüche von Provinzfürsten, die politische Politik stärker

sein mögen als die Einsicht in die Notwendigkeit. Vielleicht wird es wieder einmal einer zerstörerischen Krise bedürfen, nicht um das System zu überwinden, sondern um ihm zu der ihm angemessenen Struktur zu verhelfen.
Falls aber kohärente Universalisierung sich durchsetzt, bedeutet das nicht, daß nicht profunde regionale Besonderheiten blieben. Das Gezänk zwischen Unna und Hamm, München und Bremen, Paris und London, Singapur und Hongkong um Industrieansiedlungen wird sich fortsetzen; Innovationen auch politischer Art werden weiterhin aus unscheinbaren Ecken kommen; verschiedenartige kulturelle und soziale Traditionen werden die Erde bunt bleiben lassen. Allerdings setzen transnationale Fast-food-, Unterhaltungs- und Bekleidungs-Unternehmen in einer den Genießer, nicht den Juristen beängstigenden Geschwindigkeit Uniformisierung durch. Eine denationale Politik und ›Staatlichkeit‹ müßte eine derartige Uniformisierung nicht aktiv betreiben, obwohl sie an ihr beteiligt wäre. Manches an Buntem könnte bewahrt werden, was heute dem Grauen der imaginären Nation zum Opfer fällt.
Anationale Politik und Staatlichkeit kommen nicht ohne institutionellen Halt aus. Die supranationalen Institutionen der UNO-Familie – und dazu gehören IWF und Weltbank – sind in ihrer momentanen Verfassung gegenüber den globalen Herausforderungen ohnmächtig. Sie dürfen Macht nur gegenüber einer künstlichen Dritten Welt spielen lassen. Die substantiellen Entscheidungen werden in informellen Gruppen *der* Zehn, der Sieben, der Elf, bald vielleicht der Vierzehn in der Art von Frühstückskartellen und auf der Grundlage gesichtsloser Expertisen getroffen. Diese Situation ist weder der technischen noch der politischen Komplexität der Probleme angemessen, wiewohl die Akteure bis zur nächsten Katastrophe glauben, sie zu kontrollieren. Es ist hohe Zeit, daß die supranationalen Organisationen zu sich selbst kommen, daß sie endlich wahrnehmen, was sie verkrüppelt längst sind, nämlich juristische Personen, Völkerrechtssubjekte auf eigener Grundlage und nicht Gefangene der Mitgliedsstaaten. Ihre Aufgabe ist anders und mehr als die Summe der Politiken und Aufgaben ihrer Mitglieder.
Universalisierung heißt zunächst, juristisch gesprochen, die Umsetzung der Banalisierung der territorialstaatlichen Souveränität in der Anerkennung umfassender Rechtsfähigkeit aller Personen, natürlicher wie juristischer, und Handlungsfähigkeit gemäß ihren Aufgaben. Für supranationale Organisationen heißt das Übertragung und Wahrnehmung von Kompetenzen zur Schaffung und Erhaltung eines Weltgeldes (nach der Zwischenlösung der Europäischen Integration) und zur Festlegung von Wirtschaftspolitiken. Ganz im Sinne der klassischen Staatsaufgaben heißt

das weiterhin Wahrnehmung von Kompetenzen zum Schutz des Eigentums im weitesten Sinne, also nicht nur (supra-)nationaler Schutz von Kapital, sondern auch von Arbeitskraft. Es heißt Konzipierung, Herstellung und Erhaltung von allgemeinen Produktionsbedingungen, also vordringlich auch Schutz der Umwelt. Insgesamt heißt das Wahrnehmung von Aufgaben, auf deren Erfüllung durch den Staat die bürgerliche Gesellschaft angewiesen ist. Wie immer die politische Organisation aussieht, es handelt sich um Konstrukte und Rechtsformen, die mit den Veränderungen der Gesellschaft verändert werden (müssen), auch wenn das jeweils Neue als das jeweils Unmögliche erscheint.

Offensichtlich sind die hier vorausgesehenen Organisationen ›andere‹ als die bestehenden. Sie müssen über die Einnahmen verfügen, um die zur Erfüllung der Aufgaben nötigen Ausgaben tätigen zu können. Diese Einnahmen können nicht mehr als nationalpolitischen Interessenerwägungen zugängliche Beiträge von Mitgliedsstaaten zugeteilt werden. Sie müßten direkt, in der Art von supranationalen, von Weltsteuern erzielt werden. Die im Moment diskutierte Weltholzsteuer wäre ein Vorläufer.

Hand in Hand damit geht die Erinnerung daran, daß Steuerpflichtigen und Betroffenen von Politik sowie deren Interessenvertretungen Mitsprache-, Mitentscheidungs-, Partizipationsmöglichkeiten offenstehen müssen, um ihre (gesellschaftlichen) Interessen artikulieren und um Fehler von technokratischen Sachverständigen korrigieren zu können. Im Territorialstaat gehen diese Interessen, entgegen der hegelianischen Botschaft auch mancher Theoretiker der Dritten Welt, nicht auf. Die traditionelle Konzeption des Völkerrechts, der Beschränkung der Völkerrechtssubjektivität auf den Territorialstaat, baute auf dieser irrigen Annahme auf. Meine Auffassung, nicht nur ›Gruppen‹ oder ›Minderheiten‹ zur Subjektstellung zu verhelfen, sondern jede Person als (Völkerrechts-)Subjekt zu definieren, findet hier ihre Rechtfertigung.

Allerdings wird es dadurch um so dringlicher, juristische Strukturen zu schaffen, in denen sich die verschiedenartigen Interessen kontradiktorisch und mit der Hoffnung auf Gehör und Folge ausdrücken können. Die Bildung solcher Strukturen ist gemeint, wenn weiter oben von der Demokratisierung supranationaler Organisationen die Rede war. Sie verwirklicht sich nicht in der Anerkennung großer und kleiner Staaten und deren Stimmengewicht, sondern in der Möglichkeit einer Person, eines Eigentümers von Kapital oder von Arbeit, sich an ein unabhängiges Gremium wenden zu können, um etwa nachprüfen zu lassen, ob ein Strukturanpassungsprogramm der neuen Art, konzipiert von einer supranationalen Organisation der neuen Art, die aus nostalgischen Gründen ruhig weiter IWF heißen könnte, dem positiven Völkerrecht entspricht, wie es spätestens seit der

Allgemeinen Erklärung der Menschenrechte von 1948, aber auch seit den alten Statuten des IWF von 1944 gilt. Diese schreiben vor, Diskriminierungen zu verhindern, zu einem hohen Beschäftigungsgrad und Realeinkommen beizutragen, also im Grunde zur weltweiten und nicht nur deutschen oder europäischen oder amerikanischen Einheitlichkeit der Lebensverhältnisse. Wichtiger noch als Überprüfungen von Recht wäre die demokratische Öffnung der Debatten über Expertenzirkel hinaus, die es erleichterte, daß das breite Spektrum von begründeten und interessegeleiteten Auffassungen von (Wirtschafts-)Politik für die Formulierung der Programme relevant wird. Solche Überlegungen lassen sich nicht mit dem Hinweis auf die Undurchführbarkeit eines Weltparlamentarismus vom Tisch wischen, da Demokratie sich im Parlamentarismus nicht erschöpft. Von der Demonstration über die öffentliche Debatte bis zum zivilen Ungehorsam, von der Gründung und Politisierung von Beiräten bis zur Einflußnahme auf Personalpolitik gibt es Chancen, Machtmonopole wenigstens zu relativieren.

Was wäre mit all diesen Anstrengungen zu erreichen? Wenig und viel. Wenig, weil nirgendwo die Perspektive einer neuen, freien Gesellschaft auftaucht. Viel, weil die rein politisch begründeten, repressiven Unterschiede zwischen einer Arbeiterin in Seoul und in Frankfurt, einem Bauern im Tschad und in Louisiana unvermittelt aufeinanderstießen. Der ihre Unterschiedenheit legitimierende Boden der nationalen Souveränität wäre entzogen. Viel auch, weil ein nicht geringer Teil der knebelnden Schulden einer künstlich aufrechterhaltenen »Dritten Welt« juristisch in sich zusammenfiele; viel endlich auch, weil einerseits die Notwendigkeit entfiele, kollektive Identitäten und Gefühle wie das der Heimatliebe zu beheizen und als Konkurrenzinteressen dienendes Aggressionspotential in der Hinterhand zu behalten, und weil andererseits dem in der Konkurrenz strukturell aggressiven und gegenüber allgemeinen Interessen rücksichtslosen Kapitalverhältnis supranational wieder Zügel angelegt wären, denen es national entwachsen ist. Also weder ewiger Friede noch »civitas maxima«, sondern eine temporäre Synthese von Politischem und Ökonomischem und eine gewisse Versicherung.

P. S. Bemerkungen zum Golf-Krieg

Das Manuskript war im Juni 1990 abgeschlossen. Wenig später annektierte Irak den souveränen Staat Kuwait. Eine internationale Koalition unter Führung der USA vertrieb den Besetzer in einem siebenwöchigen opferreichen Krieg und stellte die Souveränität wieder her. Im Anschluß an den verlorenen Krieg tötete die Regierung des Irak systematisch religiöse und ethnische Minderheiten. Diese politischen Ereignisse sind zu schwerwiegend, um nicht die hier entwickelten Gedanken an ihm messen zu müssen, insbesondere da der Krieg und die Kriegsziele als Beweis gegen die Theorie vom Ende der territorialstaatlichen Souveränität und vom Anfang einer neuen Weltordnung zitiert werden könnten.
Eine solche Interpretation würde die Dimension des Problems verkennen. Ich bin der Auffassung, daß die Krise und der Krieg, seine Ziele, seine Finanzierung, seine juristische Begründung ein deutlicher weiterer Beleg für die hier entwickelte These sind, gemäß der territorialer Staat und nationale Souveränität ihre Bedeutung bereits verloren haben, ohne daß sie positiv durch eine neue Ordnung ersetzt wären, und daß diese ungeklärte, widersprüchliche Situation von politischer und ökonomischer Inkongruenz zu einer gefährlichen Fragilisierung der Welt führt.
Was die Charakterisierung des Emirats Kuwait angeht, so bedarf es wohl bereits einer großzügigen Auslegung der Elementen-Trias Staatsvolk, Staatsgebiet und Staatsherrschaft, um zu einer wenigstens formalen Qualifizierung als Staat zu gelangen: Das auf dem von Großbritannien abgesteckten Territorium lebende ›Volk‹ bestand nur zu einer verschwindenden Minderheit aus ›Kuwaitis‹, deren ethnische, religiöse oder sprachliche Identität wenig abgrenzbar erscheint. Die Staatsgeschäfte scheinen denn auch während der Besetzung ohne allzu große Schwierigkeiten von London aus weitergegangen zu sein. Das ursprüngliche Ziel der Annexion war auch nicht vor allem Gebietsgewinn, sondern die gewaltsame Regelung von Vermögensfragen, die erst relativ spät mit nationalem und religiösem Pathos aufgeladen wurde.
Auch die ›Befreiungs‹-Armee hatte mit dem Krieg keine Gebietsansprüche im Sinn. Die Grenzen zwischen Irak und Kuwait blieben im Ergebnis

unangetastet. Die Armee bestand aus einer großen Koalition, obschon die USA ganz im Vordergrund standen. Da diese aber nach deutlichem Bekunden keine nationale Sache verfolgten, ist es nur folgerichtig, wenn sie sich wie für die Abwicklung eines Dienst- oder Werkvertrages für die unternommene Arbeit von anderen, nicht am Krieg beteiligten Staaten – etwa Japan und Deutschland – haben entlohnen lassen.

Bereits diese Elemente stehen in deutlichem Kontrast zur klassischen Definition des Krieges als Mittel der Austragung von Konkurrenzkonflikten zwischen selbständigen Staaten, wie sie von Kant und Hegel bis hin zu Weber und anderen Theoretikern selbstverständlich vorausgesetzt werden konnte.

Nein, dieser ›Krieg‹ zwingt nicht dazu, das spätestens mit dem Briand-Kellogg-Pakt von 1928 positiv-rechtlich begründete allgemeine Kriegsverbot neu zu überdenken. Was überdacht werden muß, sind die politischen Strukturen, die Organisation, die Entscheidungsprozesse und die Methoden, mit denen auf einen Verstoß gegen das Verbot reagiert wird. Denn daß gegen das Kriegsverbot verstoßen wird, spricht ebensowenig gegen seine Existenz, wie aus Banküberfällen und Vergewaltigungen geschlossen werden kann, sie seien erlaubt.

Die Untersuchung der Rechtslage belegt, daß eine unzuträgliche und explosive Gemengelage zwischen beginnender Anationalität und fortgeschleppter juristischer Anerkennung territorialstaatlicher Souveränität besteht. Daraus entstand ein Konfliktlösungsmechanismus, der noch Züge des Faustrechts und des von Hegel so genannten »Naturzustandes« zwischen Staaten trägt, wie sie in der Formel »Irak gegen die USA« zum Vorschein kommen, und gleichzeitig Züge einer gezügelten supranationalen Polizeiaktion, wie sie auch zur Ahndung von Banküberfällen durchgeführt wird.

Es ist festzuhalten, daß alle am Konflikt Beteiligten sich bemüht haben, sich auf die Charta der Vereinten Nationen zu stützen, die die Kriegsächtung ausdrücklich bekräftigt, wenn auch in jeweils deutlich parteiinteressen-orientierter Absicht. Allerdings ist der Rahmen der Charta noch zu dünn und brüchig, um gewaltsame Selbstjustiz zu unterbinden. Sie stellt insbesondere kein obligatorisches gerichtsförmiges und kontradiktorisches Verfahren zur Verfügung, in dem streitende Staaten ihre wechselseitigen Ansprüche und behaupteten Rechte geltend machen müssen und dem sich die unterliegende Partei beugen muß. Zwar fordert Art. 33 der UNO-Charta die Staaten auf, ihre Streitigkeiten durch Verhandlungen, Vergleiche, Schiedsverfahren und gerichtliche Entscheidungen beizulegen, wofür der durch Art. 92ff. geschaffene Internationale Gerichtshof dient. Dieser hat jedoch – wie gezeigt – die schwere Unzulänglichkeit, nur dann zur unmittelbaren Streitschlichtung tätig werden zu können, wenn die Staaten tatsächlich den Streit ihm vorlegen wollen. Damit wird der Souveränität des Territorialstaates ein Tribut gezollt, der der Weltintegration längst nicht mehr entspricht, der – wie am Golfkonflikt deutlich wird – dem ›souveränen‹ Staat nicht nützt und der zu hohen sozialen, politischen und ökonomischen Kosten führt. Es ist hier zu wiederholen, daß es angesichts des Standes der Integration überfällig ist, das Verfahren vor dem IGH für alle Staaten obligatorisch zu machen. Wer eine solche Forderung illusionär nennt, sagt nichts anderes, als daß auch die gerichtsförmige Ahndung von Gewaltverbrechen illusionär ist, da sie stattfinden, obwohl sie verboten sind.

Neben diesen gerichtsförmlichen Verfahren weist die UN-Charta dem Sicherheitsrat die »Hauptverantwortung für die Wahrung des Weltfriedens« (Art. 24) zu. Dieser stellt zunächst das Vorliegen eines Friedensbruchs oder einer Angriffshandlung fest (Art. 39), was im Falle der Besetzung Kuwaits eindeutig war und bereits am 2. August 1990 einstimmig erklärt wurde. Sodann steht eine Reihe von Sanktionen zur Verfügung, die von bloßen Aufforderungen über gewaltlose, also etwa wirtschaftliche Sanktionen (Art. 41) bis zu »Blockaden und sonstigen Einsätzen der Luft-, See- oder Landstreitkräfte von Mitgliedern der Vereinten Nationen« (Art. 42) reichen. Die letztere Alternative ist mit der Resolution Nr. 678 vom 29. Nov. 1990 beschlossen worden, wobei das ständige und damit vetoberechtigte Mitglied China sich der Stimme enthalten hat, Kuba und der Jemen widersprachen und alle anderen Mitglieder inklusive der UdSSR zustimmten. In der Resolution wurden die Mitgliedstaaten ermächtigt, »alle notwendigen Maßnahmen anzuwenden«, um den Irak aus Kuwait zu vertreiben. Es muß darauf hingewiesen werden, daß nicht zu mehr ermächtigt wird. Sollte sich erweisen, daß die umfassenden Zerstörungen im Irak unverhältnismäßig oder nicht notwendig waren, lägen darin wiederum Völkerrechtsverletzungen, die unter Umständen zu Schadenersatz verpflichteten, genau wie umgekehrt Irak für die Zerstörungen in Kuwait, Israel und anderswo einzustehen hat.

Es ist streitig, ob vor einer solchen Autorisierung nicht der Versuch gemacht werden müßte, eine internationale Streitmacht unter dem Befehl eines UN-Generalstabsausschusses aufzustellen, wie es Art. 47/43 vorsieht. Unter hilflosem Bedauern wird darauf hingewiesen, daß die in der Übergangsbestimmung des Art. 106 formulierte Verpflichtung zur institutionellen Absicherung der Sanktionen des Sicherheitsrats auch mehr als 40 Jahre nach ihrer Erklärung noch nicht durchgesetzt ist.

Immerhin, die Koalition unter Führung der USA hat sich zur Durchsetzung des Rechts der Vereinten Nationen verpflichtet. Eine Einzelaktion

etwa der USA ohne vorherige Ermächtigung wäre ebenso völkerrechtswidrig gewesen wie der Angriff Iraks mit der Folge der Verpflichtung zum Schadenersatz. Für die Angriffe gegen Grenada und Panama sind die juristischen Überlegungen in diese Richtung noch nicht zu Ende geführt. Das liegt nur zum Teil an der Ungleichheit der Machtverteilung, über die keine Illusionen bestehen. Zum Teil aber liegt es an dem oben analysierten Zustand des (Völker-)Rechts, das sich noch nicht zum Weltrecht entwickelt hat. Dem entspricht es, daß die UN-Charta schwache, widersprüchliche, unentschlossene Zeichen zugunsten der Anationalisierung von Konflikten und Konfliktlösungen setzt. Die Tatsache, daß sie nicht weit genug gehen, daß am Ende doch ein Nationalstaat sich in den Vordergrund spielen und in gewisser Weise den Konflikt renationalisieren kann, trägt auch zur Fragilisierung bei. Darin liegt ein hohes Maß von Verantwortung für den Verlauf des Krisenmanagements und den Kriegsausbruch sowie die anschließenden Minderheitenverfolgungen begründet. Die Denationalisierung der UN-Charta muß vorangetrieben werden. Dazu gehört neben der Stärkung des IGH und seiner Sprüche die endliche Realisierung des Art. 106 UN-Charta, d. h. der Aufbau einer UN-Streitmacht und die Schaffung eines Generalstabsausschusses, und dazu gehört eine gründliche Reform des Sicherheitsrates: er ist im oben ausgeführten Sinne zu demokratisieren und zu einem über den Blöcken und Supermächten stehenden Entscheidungsgremium auszugestalten.
Unangemessen, den Interessen der bürgerlichen Gesellschaft insgesamt zuwiderlaufend, also reaktionär wäre es, wenn einige der in der Konkurrenz agierenden Eigentümer von Waren, also von Kapital wie von Arbeit, und einige der für die Herstellung und Erhaltung von Infrastrukturen und allgemeinen Produktionsbedingungen Verantwortlichen, also die Politiker, die sich nach dem Krieg besonders stark als Amerikaner fühlen, diese schönen Gefühle über das Schwenken von Fähnchen und das Absingen patriotischer Lieder hinaus ernst nähmen als mögliche substantielle Basis von überlegener nationaler Ökonomie und Politik in der Welt. Handeln auf dieser – imaginären – Basis ließe sich bestenfalls für eine Weile mit den Mitteln politisierender Politik, also den Solidaritätsappellen und Erpressungen gegenüber den ›Partnern‹ und Drohungen mit Repression und Liebesentzug, durchhalten. Der Stand der Weltintegration erlaubt nicht, geschichtliche Analogien in die Tat umzusetzen und eine »Pax americana« einzurichten. Der weltwirtschaftliche, soziale und politische Preis für ein solches Experiment wäre hoch, eine weitere Destabilisierung unvermeidlich. Sollte es dennoch versucht werden, was bei der Trennung von Ökonomie und Politik nicht auszuschließen ist, dann läßt sich bereits heute sagen, daß es – gemessen an den Notwendigkeiten der

kapitalistischen (Welt-)Ökonomie – scheitern wird. Es wäre lediglich eine weitere bittere Lektion, daß die Praxis der nationalen Souveränität am Ende ist und daß die Ansätze einer neuen anationalen Weltordnung konsolidiert werden müssen. Gleichzeitig wäre es ein Beleg dafür, daß die kapitalistische Konkurrenz, in die für eine Weile auch der Staat als nationaler gezwungen worden war, es außerordentlich erschwert, notwendige Strukturanpassungen über Einsicht und nicht erst im Ergebnis katastrophaler Krisen durchzusetzen.

Anmerkungen

1 Alle Zitate entnehme ich N. Luhmann, in der Reihenfolge meines Textes S. 266, 235, 230, 21, 283, 32, 336, 343, 346, 328.
2 Vgl. etwa G. Haberer, S. 13.
3 Dieses und die beiden vorstehenden Zitate entnehme ich J. Habermas, Band 1, S. 300 und 73.
4 J. Habermas, Band 2, S. 489 ff.
5 F. Fukuyama, S. 3 ff.
6 M. Weber, S. 619 (3. Teil, Kapitel III, § 1).
7 So – in emanzipatorischer Absicht – das MdB der Grünen, L. Volmer, S. 173.
8 Zitate bei I. v. Münch, S. 265/274 – vgl. auch H. Kelsen (1), S. 251 f.; Dahm/Delbrück/Wolfrum, S. 236.
9 J. Schumpeter, S. 341.
10 A. Smith, V. Buch, 1. Kapitel, 3. Abteilung.
11 Vgl. dazu, besonders für die lateinamerikanischen Staaten, P. Salama.
12 Vgl. statt vieler M. Flory; M. Benchikh; S. Bennigsen m. w. N.
13 Bennigsen; S. 121 m. w. N.
14 An anderer Stelle habe ich mich ausführlich mit dieser Thematik beschäftigt; vgl. etwa Knieper (1), S. 147 ff. Für die liberale Tradition verweise ich beispielhaft auf die zeitlich weit auseinanderliegenden Arbeiten von W. v. Humboldt und R. Nozick.
15 G. W. Hegel, §§ 258/260.
16 J. Schumpeter, S. 341 f.
17 Hegel, § 331.
18 S. dazu D. Simo, S. 47.
19 Vgl. dazu G. Heinsohn/R. Knieper/O. Steiger, S. 46 ff.; G. Heinsohn/R. Steiger.
20 J. Habermas, S. 563.
21 J. Fisch, S. 485.
22 Vgl. zum Vorstehenden etwa J. Fisch, S. 484 ff.; H. Dölle/F. Reichert-Facilides / K. Zweigert, S. 13 ff.; D. Schröder, S. 31 ff.
23 Zu Zitat und Darstellung vgl. J. Benot, S. 15/108/118 und passim.
24 Auch Frauen kommen ja in dem »égalité ... fraternité« nicht vor.
25 So auch M. Bedjaoui, in: J. P. Cot/A. Pellet, Commentaire de l'Article 73.
26 Art. 6 der Generalakte der Berliner Kongo-Konferenz vom 26. 2. 1885, der hier als Beispiel für viele zitiert wird.
27 Leopold in einer Rede vom 12. 9. 1876, zitiert nach C. Schmitt, S. 190.
28 C. Schmitt, S. 188 ff.
29 Alle vorstehenden Zitate entnehme ich C. Schmitt, und zwar in der Reihenfolge der Zitate den Seiten 200/102/17/102/103/97/66.

30 Heinsohn/Knieper/Steiger, S. 54ff.
31 S. A. Bleckmann (1), S. 3ff./7.
32 Simo, S. 52.
33 Vgl. dazu Heinsohn/Steiger.
34 Hegel, § 327, 328, 334.
35 So Kelsen (1), S. 318.
36 Bleckmann (1), S. 10.
37 W. Sombart, Erster Band, S. 437.
38 A. Smith, IV. Buch, 7. Kapitel, 2. Abteilung.
39 M. Weber, S. 623/625 (3. Teil, Kapitel III, § 2).
40 Der Begriff hat seit der Einführung durch J. Habermas (2), Band 2, S. 489ff. Popularität erlangt.
41 So besonders: P. P. Rey (1) und (2).
42 So etwa der Staatssekretär des Reichskolonialamtes, Dernburg, S. 370ff./379.
43 So etwa Kelsen, S. 318/320.
44 D. Schröder, S. 33.
45 Am deutlichsten hat das C. Schmitt, S. 206 formuliert.
46 Vgl. etwa Benchikh; Benchikh/Charvin/Demichel.
47 Vgl. die Urkunden dieser Transaktionen bei K. Strupp, S. 91–99
48 C. Schmitt, S. 281.
49 Zur Dekolonisierung im einzelnen vgl. W. J. Mommsen.
50 Loi Nr. 56–619 du 23 Juin 1956 autorisant le Gouvernment à mettre en Œuvre les réformes et à prendre les mesures propres à assurer l'évolution des territoires relevant du Ministère de la France d'outre-mer, *Journal Officiel de la République Française* vom 24. Juni 1956, 5782ff.
51 Ordonnance Nr. 58–913 du 6 Octobre 1958 fixant certaines conditions d'application de l'article 76 de la Constitution et le régime provisoire des pouvoirs publics dans les territoires d'outre-mer, *Journal Officiel de la République Française* vom 7. Oktober 1958.
52 Vgl. etwa Accord Particulier portant Transfert à la République Gabonaise des Compétences de la Communauté, *Journal Officiel de la République Française* vom 30. Juli 1960, S. 7047.
53 Vgl. auch F. Nuscheler/K. Ziemer, S. 53ff.; K. Rabl, S. 288ff.; A. Bleckmann (2), S. 280ff.; es ist zu erwähnen, daß Guinea sich diesem Prozeß widersetzte.
54 *Journal Officiel de la République Française* vom 15. August 1960, S. 7817ff.
55 So P. Salama, S. 15ff.; vgl. dazu Knieper (2), S. 27ff.
56 Vgl. dazu B. Vinay.
57 Organisation de l'Unité Africaine, S. 7.
58 Abgedruckt bei: M. Schweitzer / W. Rudolf, S. 726ff.
59 Abgedruckt bei Bennigsen, S. 151ff.
60 P. Kunig, S. 40ff.; vgl. auch J. F. Bayart.
61 F. Fukuyama, S. 4.
62 Banque Mondiale (1), S. 1/17ff.
63 So – in der Reihenfolge der Zitate – die Präambel und Art. 2, 10, 4 der Erklärung zum Recht auf Entwicklung vom 4. 12. 1986.
64 Resolution der Generalversammlung der Vereinten Nationen Nr. 41/133 vom 4. 12. 1986, abgedruckt bei Bennigsen, S. 158.

65 Ich benutze die Terminologie von J. Rawls, S. 20/22, dessen Arbeit in der entwicklungspolitischen Diskussion eine große Rolle spielt.
66 Kelsen (1), S. 320.
67 J. Ziegler, S. 42; ebenso Demichel.
68 M. Weber, S. 614 (3. Teil, Kapitel II, § 1).
69 Hegel, § 327/324.
70 J. Ziegler, S. 39.
71 M. Weber, a. a. O. (FN 68)
72 Vgl. etwa den Home Office Report zum Hillsborough Stadium Disaster.
73 J. G. Fichte (2), S. 216.
74 J. G. Fichte (1), S. 480 ff.
75 So die heute noch gültige knappe Definition von G. Jellinek, S. 71.
76 Hegel, § 331.
77 Jellinek, S. 395.
78 So beispielhaft J. Ziegler, S. 37 f.
79 Salama, S. 86/87/80.
80 M. Olson, S. 176.
81 BVerfGE 36, 1 ff. (31. 7. 1973), S. 19/17.
82 BVerfGE 1, 14 ff. (23. 10. 1951), S. 50/49.
83 J. Ziegler, S. 41.
84 Das hat, auf welche Weise auch immer, G. Jellinek, S. 118 herausgefunden.
85 Merkel, S. 52.
86 M. Weber, S. 627 (3. Teil, Kapitel III, § 3).
87 Alle Zitate bei Jellinek, S. 119 m. w. N.
88 F. Meinecke, S. 9/20.
89 Voltaire, Bd. I, S. 27 ff.; Bd. II, S. 321 ff.
90 So bereits J. Bodin, S. 162 (I. Buch, 6. Kapitel).
91 Voltaire, a. a. O.
92 Die deutsche Version des Interviews des Staatspräsidenten F. Mitterrand ist in der *Süddeutschen Zeitung* vom 27. 7. 1989, S. 10, abgedruckt.
93 J. Habermas, S. 31.
94 K. Marx/F. Engels, a. a. O.
95 So J. Ziegler, S. 36.
96 Politis, *Le problème des limitations de la souveraineté*, zitiert nach Dahm/Delbrück/Wolfrum, S. 220.
97 Kelsen (1), S. 320.
98 Dahm/Delbrück/Wolfrum, S. 221.
99 Dahm/Delbrück/Wolfrum, S. 242 f.
100 S. dazu v. Münch, S. 275 m w. N.; Näheres hier in Teil IV.
101 Politis nach Dahm/Delbrück/Wolfrum, S. 220.
102 Statt vieler: G. Ritter, S. 19 ff.; I. Wallerstein, S. 14 ff.; P. Anderson (1), S. 14 ff.; ders. (2), S. 197 ff.
103 So die Wortwahl von Ritter, S. 26 ff.
104 G. Ritter, S. 26; Anderson (1), S. 19; H. Gerstenberger, S. 115.
105 Heinsohn/Knieper/Steiger, S. 48 m. w. N.
106 Vgl. dazu F. Braudel (1), S. 217 ff.
107 Gerstenberger, S. 510 ff., 384 und passim; Anderson (1), S. 20.
108 Vgl. die Beispiele bei Gerstenberger, a. a. O.
109 Vgl. etwa Braudel (1), S. 217 ff.
110 Dazu ausführlich Heinsohn/Knieper.

111 S. dazu M. L. Finley und Anderson.
112 P. List (2), S. 11.
113 Aristoteles (2), Erstes Buch und (1).
114 Cicero, 1. Buch Nr. 25; s. auch Finley, S. 179ff.
115 J. Bodin, I. Buch, S. 205 (deutsche Ausgabe in der Übersetzung von B. Wimmer, hrsg. von P. C. Mayer-Tasch, 1980/1986). In den unmittelbar folgenden Ausführungen setze ich die Seitenangaben der Bodin-Zitate unmittelbar in den Text und kennzeichne das Buch mit einer römischen, die Seitenzahl mit einer arabischen Ziffer (also etwa: I/205).
116 Anderson (1), S. 27f.
117 P. C. Mayer-Tasch, S. 11ff./28; ebenso etwa der Historiker Wallerstein, S. 144.
118 Vgl. etwa N. Berman, S. 51ff./56.
119 G. Jellinek, S. 441.
120 Dies ist heute allgemein anerkannt; vgl. etwa Kelsen (1), S. 2; Jellinek, S. 441ff.; Dahm/Delbrück/Wolfrum, S. 215.
121 J. Burckhardt, S. 4.
122 Stolleis, S. 174.
123 So etwa Jellinek, S. 462; Kelsen (1), S. 2.
124 Zum öffentlichen Recht vgl. die umfassende Darstellung bei Stolleis.
125 Stolleis, S. 75.
126 S. dazu im einzelnen R. Knieper (1), S. 147ff.
127 S. etwa die Elementen-Nennung bei N. Luhmann, S. 32/342ff.
128 R. Knieper (7), S. 9ff.
129 F. Braudel (2), S. 33f.
130 Aristoteles (2), Erstes Buch.
131 Kennedy – den Begriff des »Primitiven« will er nicht pejorativ verstanden wissen.
132 Vgl. dazu B. Knieper.
133 Hegel, §§ 333/334.
134 Hegel, § 339.
135 Anderson (1), S. 28.
136 v. Münch, S. 273.
137 Kant, Zweiter Definitiv-Artikel.
138 Reibstein, Band I, S. 393ff.
139 Mayer-Tasch, S. 51.
140 Jellinek, S. 404.
141 Jellinek, S. 407/408.
142 S. dazu die Ausführungen und Dokumente F. T. Gatter, S. 21ff., 447ff.
143 Die entsprechenden Dokumente sind abgedruckt bei K. Strupp, S. 91–99.
144 Vgl. dazu T. Blanke.
145 So die unmittelbaren Nachkriegs-Reflexionen von G. Bataille.
146 Vgl. z. B. D. Senghaas (2), S. 281ff.
147 F. List (2), S. 11; bei den folgenden Zitaten werde ich die Seitenangaben in den Text setzen.
148 So K. T. Ekeberg, S. 157/164/156.
149 K. T. Ekeberg, S. 156.
150 W. Sombart, 2. Band, 2. Halbband, S. 1043.
151 Vgl. etwa die lebhaften Schilderungen und Folgerungen bei Wallerstein, S. 138ff., Braudel (1), S. 459ff.

152 Vgl. umfassend dazu jetzt Gerstenberger.
153 Auf diesen Gesichtspunkt verweist insbesondere Wallerstein S. 15ff./184f.
154 So der Titel eines Aufsatzes von F. List (1), S. 426ff.
155 Vgl. etwa A. Smith, Erster Band, 10. Kapitel, 2. Abtlg.
156 Sombart, S. 1043/1044/1045.
157 Braudel, S. 494.
158 Anderson (1), S. 31/32.
159 R. Knieper (5), S. 20.
160 United Nations Center of Transnational Corporations – die Seitenangaben sind in den Text integriert.
161 Tatsächlich macht Sombart, 2. Band, 2. Halbband, S. 1044 »das Judentum« für die Internationalität der Wirtschaft verantwortlich, eine Bemerkung, die man vergessen könnte, wenn sie nicht noch 1989 von den Führern europäischer rechtsradikaler Parteien wie M. Le Pen wieder aufgewärmt worden wäre.
162 So etwa Cassese, S. 353ff.
163 M. Beaud, S. 139ff./144.
164 UNESCO, passim.
165 J. Robin.
166 S. J. Blanc, in: Blanc/Rigoux, S. 1ff./247.
167 So J. Welcker, S. 192/197.
168 Blanc, in: Blanc/Rigoux, S. 227.
169 Vgl. dazu Knieper (5), S. 108ff.
170 BGBl II 1986, S. 451.
171 Zu den Ausnahmen vgl. R. Knieper (2).
172 Art. 1/6 der Richtlinie des Rates vom 24. Juni 1988 zur Durchführung von Art. 67 des Vertrages – ABl Nr. L 178/5 vom 8. Juli 1988.
173 So der ehemalige britische Finanzminister N. Lawson, zitiert bei K. Nemitz, S. 5.
174 Salama, S. 15.
175 So der ehemalige französische Premierminister M. Debré, S. 8.
176 Zu dieser strittigen Frage vgl. ausführlich R. Knieper (2), S. 27ff.
177 Bodin, Bücher I, IV, VI.
178 Dante, xxx. Gesang
179 Zur Begrifflichkeit vgl. G.F. Knapp, S. 20ff., 83ff.; im Anschluß daran M. Weber, S. 100ff.
180 J. Bodin, S. 310/311 (Buch F, 10. Kapitel).
181 So etwa das Zitat von M. Weber, S. 97.
182 So die – metallische – Auffassung von A. Smith, 4. Buch, 1. Kapitel.
183 So die – chartale – Auffassung von Knapp, S. 1 und passim.
184 Knapp, S. 19.
185 F. A. Mann (1), S. 25.
186 RGZ 96, 262/265 (1919).
187 Vgl. dazu R. Knieper (5), S. 52ff.; s. auch Knapp, S. 318ff.
188 So J. Welcker, S. 80.
189 Dieses Beispiel entnehme ich P. Salama, S. 18.
190 P. Salama, S. 13ff.
191 Ausschuß zur Prüfung der Wirtschafts- und Währungsunion: Bericht zur

Wirtschafts- und Währungsunion in der Europäischen Gemeinschaft (Delors-Bericht) (1989), S. 17/33.

192 O. Veit, S. 51.

193 Diese im Zusammenhang mit Geld entwickelten Charakteristika entnehme ich M. Weber, S. 11/31ff./98ff.

194 Zur Herleitung dieser Definition des Geldes verweise ich auf R. Knieper (2), S. 38f.

195 Zu den Details des Keynes-Plans vgl. Knieper (5), S. 108ff.

196 Zu einer ausführlichen Diskussion dieser Problematik verweise ich auf R. Knieper (5), S. 93ff.

197 T. Padoa-Schioppa, S. 215.

198 Padoa-Schioppa.

199 Welcker, S. 98/145.

200 ›Delors-Bericht‹.

201 Europäisches Parlament, Anlage zur Entschließung zur Europäischen Währungsintegration – Dok. A2 – 14/89.

202 L. Gleske, S. 46.

203 L. Gleske, zitiert nach *FAZ* vom 5. 7. 1989, S. 13.

204 So der Präsident der Deutschen Bundesbank, K. O. Pöhl, S. 1.

205 R. Knieper (6), S. 288.

206 Kant, Zweiter Definitivartikel.

207 Kelsen, S. 320.

208 Bleckmann (1), S. 10; s. ebenso Dahm/Delbrück/Wolfrum, S. 220f.

209 E. Jouve, S. 89ff.

210 K. Griffin, S. 36.

211 T. Koavi Goudou, S. 29, 33, 34.

212 L. C. Bresser Pereira, Nachwort zu P. Salama, S. 97/100.

213 B. Boganda, S. 17f.

214 D. Senghaas, S. 376ff./389/378; vgl. auch die zustimmenden Ausführungen von Griffin, S. 148f.

215 F. Demichel, S. 83ff., 151f.

216 E. Jouve, S. 88.

217 Vgl. Papst Johannes Paul II., 1987 m. w. N.

218 BGBl II 1973, S. 1570.

219 Resolution 41/128 vom 4. 12. 1986 der Generalversammlung der UNO, abgedruckt bei Bennigsen, S. 151ff.

220 Abgedruckt bei Bennigsen, S. 159.

221 Resolution 41/128 vom 4. 12. 1986 der Generalversammlung der UNO.

222 Vgl. statt vieler die Überblicke bei Bennigsen, S. 70ff./109ff.; Jouve, S. 155ff.; R. F. Meagher mit jeweils weiteren Hinweisen.

223 Schröder, S. 47.

224 Schröder, S. 47.

225 Jouve, S. 166.

226 Demichel, S. 85.

227 Vgl. etwa Bennigsen, S. 109ff.; K. J. Partsch, S. 153ff.; O. Kimminich, S. 2ff.; H. G. Steinmann, S. 3058f.

228 Zur Geschichte ausführlich Meagher.

229 Hegel, § 258 – ich zitiere Hegel ausführlich, um dem Streit zu entgehen, was er wirklich gemeint haben könnte.

230 Vgl. die Deklaration der Generalversammlung von 1970 betreffend die

freundschaftlichen Beziehungen und die Zusammenarbeit zwischen Staaten in Übereinstimmung mit der Satzung der Vereinten Nationen – abgedruckt bei Schweitzer/Rudolf, S. 691 ff.

231 J. F. Bayart, 1989.
232 Jeune Afrique, S. 66ff.
233 P. Schierholz, S. 126.
234 So Olson, S. 175f.
235 So Partsch, S. 157.
236 So ebenfalls Partsch, S. 157.
237 Demichel, S. 83ff./85.
238 Vgl. etwa Ziegler, S. 39ff.; Jouve, S. 155ff.
239 Demichel, S. 83.
240 Bayart, S. 318.
241 K. Hailbronner, S. 20.
242 M. Benchikh, S. 280/284/282.
243 K. Hailbronner, S. 20.
244 So Art. 2 des internationalen Paktes über wirtschaftliche, soziale und kulturelle Rechte von 1966 – eine Formulierung, die in allen UNO-Dokumenten als Forderung erhoben wird.
245 S. Art. 2 des internationalen Paktes.
246 Dazu ausführlicher R. Knieper (1), S. 147ff.
247 Schröder, S. 47.
248 R. J. Dupuy, 1989.
249 F. A. Mann (2), S. 34ff./46.
250 F. A. Mann (2), S. 56/46.
251 Vgl. statt vieler Dahm/Delbrück/Wolfrum, S. 21ff. m. w. N.; als Gegenposition von einem national souveränen Standpunkt aus vgl. etwa M. Sornarajah, S. 187ff.
252 BGBl II 1964, S. 369.
253 Übereinkommen zur Errichtung der Multilateralen Investitions-Garantie-Agentur, BGBl II, 1987, S. 455 – die Zitate sind der Präambel des Übereinkommens entnommen.
254 Vgl. dazu etwa Fikentscher, S. 453.
255 BGBl II, 1988, S. 255.
256 Zu einem Versuch, diese Tendenz wenigstens zum Teil umzukehren: R. Knieper (3), S. 90ff.
257 N. M. Butler, zitiert nach W. Kolvenbach, S. 61.
258 Vgl. C. T. Ebenroth (1), S. 75ff.
259 Vgl. die ausführlichen Darstellungen zur Haftung in verbundenen Unternehmen bei Koppensteiner im Kölner Kommentar zum Aktiengesetz §§ 291ff.; zum Durchgriff T. Kaiser, S. 589ff. und M. Schiessl, S. 951ff.; zu Patronatserklärungen W. Mosch.
260 H. Kronstein, a. a. O.
261 Vgl. den Überblick über die verschiedenen Entwürfe und Erklärungen bei C. T. Ebenroth (2).
262 Ich zitiere hier und im folgenden aus dem bei Ebenroth (2) auf S. 583ff. abgedruckten Entwurf.
263 List (2), S. 14f./164f./226ff.
264 Banque Mondiale (1), S. 21f.
265 W. G. Schirmer / J. Meyer-Wöbse, S. 3.

266 Schirmer/Meyer-Wöbse, S. 1–5.
267 So die alten Beispiele bei List (2), S. 166.
268 Vgl. im einzelnen die Darstellung und Abkommenstexte bei Schirmer/Meyer-Wöbse, S. 8ff./238ff.
269 Diese exemplarischen Formulierungen entnehme ich dem – inzwischen obsoleten – internationalen Kaffee-Übereinkommen von 1976: BGBl II 1976, S. 1390.
270 So Art. 1 des Dritten AKP-EWG-Abkommens von Lomé BGBl II, 1986, S. 19.
271 Griffin, S. 329.
272 J. L. Boutillier/A. P. Conesa, S. 33; s. auch U. Stürzinger, S. 10/161/192.
273 B. Dernburg, S. 370ff./379/380.
274 Ministère de la Coopération, S. 17.
275 Vgl. dazu ausführlich Stürzinger, S. 22ff./31f./48f., U. Billerbeck, S. 50ff.
276 Vgl. ausführlicher Stürzinger.
277 Loi-programme Nr. 60, 109 pour le développement de l'économie Centrafricane vom 27.6.1960 – J. O. RCA vom 15. Juli 1960, S. 434ff.
278 Vgl. die ›Accords de Crédit de Développement‹ Nr. 1376–CA und Nr. 1836–CA zwischen der Association Internationale de Développement und der Zentralafrikanischen Republik vom 13.6.1983 und vom 17.8.1987, in denen fundamentale Schwenks vollzogen werden, ohne daß sich an den 1960 aufgestellten Zielen etwas geändert hätte.
279 Vgl. Ministère de la Coopération, S. 17 und S. 134ff.
280 Fonds Monétaire International, S. 17.
281 So Artikel 116 des AKP-EWG-Abkommens von Lomé von 1984 (Lomé III).
282 Vgl. etwa den Bericht der Weltbank (3) und des United Nations Development Programme.
283 A. Neurisse, S. 284.
284 Vgl. R. Knieper, Naturrecht, in: R. Bauer.
285 Vgl. ausführlicher R. Knieper (7), S. 84ff.
286 Vgl. den Überblick durch die Weltbank: (1); weitere Informationen zu den Projekten und Programmen der Weltbank entnehme ich den Jahresberichten sowie den jährlichen Weltentwicklungsberichten.
287 Vgl. etwa die Frage von M. Holman.
288 So etwa Mayer-Tasch, S. 49ff.
289 So etwa für den Umweltschutz Dupuy, S. 156ff.
290 BVerfGE vom 24.6.1986–E 72, 330ff.; die Zitate finden sich auf S. 383–388/402/405.
291 Abweichende Meinung des Richters Niebler BVerfGE 72, 424ff./435f.
292 Zu dieser Form der Begünstigung s. etwa P. Fischer, S. 267ff.
293 H. E. Böttcher, S. 340ff.
294 BVerfGE 1, 14ff.
295 BVerfGE a. a. O. (FN 290), S. 388.
296 BVerfGE a. a. O. (FN 290), S. 393.
297 So der Delors-Bericht, S. 21.
298 M. F. Doyle, S. 6ff.
299 Vgl. The Economist vom 15.7.1989, S. 24f.
300 Vgl. deutlich bei Schröder, S. 47f./56ff.; Kimminich, S. 1ff.: Bennigsen

301 So Art. 2 der Allgemeinen Erklärung der Menschenrechte von 1948, vgl. ausführlicher zu dem Problem R. Knieper (1), S. 147 ff.
302 Vgl. dazu die Enttäuschungen von B. Erler.
303 So G. Hancock.
304 Vgl. etwa die folgenden salbungsvollen Selbstdarstellungen, die beliebig ergänzt werden könnten: Papst Johannes Paul II., Die Weltbank (2), Bundesministerium für wirtschaftliche Zusammenarbeit, vom anderen Ufer desselben Redeflusses: B. Erler.
305 All diese Forderungen entnehme ich der Charta der wirtschaftlichen Rechte und Pflichten der Staaten von 1974.
306 So ebenfalls die Charta.
307 Um den Ausdruck von Bayart, S. 320, erneut zu verwenden.
308 Zitiert nach *Financial Times* vom 22. 11. 1989 (Africa in distress).
309 Delors-Bericht, S. 28.
310 Vgl. die instruktiven Fallbeispiele in *Politique Africaine*, Heft 18 (Juni 1985), Gaspillages Technologiques; sowie E. Altvater.
311 Bericht der Weltbank von 1989 (3).
312 R. Knieper (4), S. 448 ff., vgl. auch G. Frankenberg/R. Knieper, S. 369 ff.
313 So der Bericht der Weltbank (3).
314 Vgl. etwa W. v. Bieberstein.
315 Die Einschränkung ist schon deshalb notwendig, weil der höchstverschuldete Staat der Welt, die USA, nicht in der Falle sitzt.
316 So der Präsident der Weltbank, Barber B. Conable, in einer Ansprache vom 29. Sept. 1987, abgedruckt in: *Die Weltbank* (2).
317 Zur Expertenhaftung insgesamt und m. w. N. G. Brüggemeier, S. 283 ff.
318 Entscheidung vom 21. Okt. 1983; vgl. J. Paulsson, S. 19 ff.
319 C. Julien, S. 15.
320 Vgl. J. P. Cot/A. Pellet, S. 141.
321 Vgl. *Die Weltbank* (4).
322 Vgl. *Die Weltbank* (3).
323 Vgl. die Rede des Präsidenten der Weltbank, in: *Die Weltbank* (2).
324 Vgl. dazu den Sammelband der Grünen im Bundestag.
325 Vgl. ausführlich bei R. Knieper (6).
326 So der von mir kombinierte Zielkatalog von IWF und Weltbank; jeweils in Art. 1 der Abkommen aufgestellt.
327 Vgl. etwa M. Benchikh, S. 264 ff.
328 A. Cassese, S. 341 ff.
329 A. Cassese, S. 352
330 Kelsen (1), S. 250.
331 So insoweit U. Rödel / G. Frankenberg / H. Dubiel.
332 Vgl. zu diesen Charakterisierungen etwa Jellinek, S. 136 ff.; Kelsen (1), S. 16 ff.
333 BVerfGE 39, 334 ff. vom 22. 5. 1975, bes. S. 347–349.
334 So die keineswegs vereinzelte Auffassung von Bluntschli zitiert nach Kelsen (1), S. 19.
335 Zum Vorstehenden ausführlicher: R. Knieper (7), S. 9 ff.
336 H. Kelsen (2), S. 178.
337 Cassese, S. 363.
338 Vgl. dazu etwa Weltbank (3), S. 176.
339 BVerfGE 39, 334 ff./349.

340 Voltaire Bd. II, S. 936.
341 So die eindeutigen und schlecht wegzuinterpretierenden Aussagen bei Hegel, §§ 258, 328, 327, 334.
342 S. Schröder, a. a. O.
343 Voltaire.
344 Weltbank (3).

Literaturverzeichnis

Altvater, E. u. a. (Hrsg.), *Die Armut der Nationen*, 2. Aufl., 1988

Anderson, P., *Lineages of the Absolute State*, 1974 (1)

Anderson, P., *Passages from Antiquity of Feudalism*, 1974 (2)

Aristoteles, *Der Staat der Athener* (1)

Aristoteles, *Politik* (2)

ASA-Programm (Hrsg.), *Nachfragen zur Entwicklungspolitik*, 1986

Ausschuß zur Prüfung der Wirtschafts- und Währungsunion, *Bericht zur Wirtschafts- und Währungsunion in der Europäischen Gemeinschaft*, 1989 (Delors-Bericht)

Banque Mondiale, *Le développement accéléré en Afrique au Sud du Sahara*, 1981 (1)

Banque Mondiale, *Un programme d'action concertée pour le développement stable de l'Afrique au sud du Sahara*, 1984 (2)

Bataille, G. *Der verfemte Teil*, 1946

Bauer, R. (Hrsg.), *Lexikon des Sozial- und Gesundheitswesens*, 1991

Bayart, J. F. *L'Etat en Afrique – La politique du ventre*, 1989

Beaud, M. »L'Etat national en question«, in: *L'Evènement Européen, Initiatives et Débats*, 3/4, 1988, 1992, et après..., S. 139

Benchikh, M., *Droit international du sous-developpement*, 1983

Benchikh, M. / Charvin, R. / Demichel, F., *Introduction critique au droit international*, 1986

Bennigsen, S. *Das »Recht auf Entwicklung« in der internationalen Diskussion*, 1989

Benot, J. *La revolution française et la fin des colonies*, 1988

Berman, N., »Sovereignty in Abeyence: Self-Determination and International Law«, in: *Wisconsin International Law Journal* Vol. 7, Nr. 1 (1988), S. 51

Bieberstein, W. v., *Gutachten zur Reform des finanzierten Abzahlungskaufs*, 1978

Billerbeck, U., *Politische Gewalt und gesellschaftliche Entwicklung in der Zentralafrikanischen Republik*, Frankfurter unveröffentlichte Diplomarbeit 1965

Blanc, J./Rigoux, F. (Hrsg.), *Droit économique II*, 1979

Blanke, T., »Freistaat Bockenheim – Metamorphosen eines Stadtteils«, in: Erd, R. (Hrsg.), *Kulturstadt Frankfurt*, 1990

Bleckmann, S. A., »Zur Entwicklung des modernen Souveränitätsgedankens«, in: *Aus Politik und Zeitgeschichte* B 43/1985, S. 3 (1)

Bleckmann, A., *Das französische Kolonialreich und die Gründung neuer Staaten*, 1969 (2)

Bodin, J., *Sechs Bücher über den Staat*, 1576, deutsche Ausgabe in der Übersetzung von B. Wimmer, hrsg. von P. C. Mayer-Tasch, 1981/1986

Boganda, B. *Enfin on décolonise... Bangui*, o. J. (1959)

Böttcher, H. E., »Wir brauchen eine neue Finanzverfassung«, in: ZRP 1989, 340ff.
Boutillier, J. L. / Conesa, A. P., *Evaluation de la Recherche sur le Coton en RCA*, unveröffentlichte Studie, Dezember 1984
Braudel, F., *Civilisation matérielle, économie et capitalisme, XVe–XVIII siècle*, tome 2: *Les jeux de l'echange*, 1979 (1)
Braudel, F. *Grammaire des Civilisations*, 1963, Auflage 1987 (2)
Brüggemeier, G., *Deliktsrecht*, 1986
Bundesministerium für wirtschaftliche Zusammenarbeit, *Politik der Partner, Aufgaben, Bilanz und Chancen deutscher Entwicklungspolitik*, 8. Aufl., 1987
Burckhardt, J., *Die Kultur der Renaissance in Italien*, Ausgabe 1958
Cassese, A., *Le droit international dans un monde divisé*, 1986
Cicero, *De re publica*
Cot, J. P. / Pellet, A. (Hrsg.), *La Charte des Nations Unies*, 1985
Dahm/Delbrück/Wolfrum, *Völkerrecht*, Band I/1, 2. Aufl., 1989
Dante, *Die Göttliche Komödie*
Debré, M. »L'Europe du rénoncement«, in: *Le Monde* vom 3.8.1989, S. 8
Demichel, F., *Elements pour une théorie des relations internationales*, 1986
Dernburg, »Baumwollfragen«, in: *Deutsches Kolonialblatt*, 1910, S. 370
Die Grünen im Bundestag (Hrsg.), *Gegen IWF und Weltbank*, 1989
Dölle, H./Reichert-Facilides, F./Zweigert, K., *Internationalrechtliche Betrachtungen zur Dekolonisierung*, 1964
Doyle, M. F., »Economic and Monetary Union: The Regional Dimension«, in: Deutsche Bundesbank, *Auszüge aus Presseartikeln* vom 1.12.1988, S. 6ff.
Dupuy, R. J., *La clôture du système international*, 1989
Duwendag, D. (Hrsg.), *Europa Banking*, 1988
Ebenroth, C. T., »Neuere Entwicklungen im deutschen internationalen Gesellschaftsrecht«, Teil 2, in: *JZ* 1988, 75ff. (1)
Ebenroth, C. T., *Code of Conduct – Ansätze zur vertraglichen Gestaltung internationaler Investitionen*, 1987 (2)
Ekeberg, K. T., Einleitung zu F. List, *Das nationale System der politischen Ökonomie*, 1925
Elias, N., *Über den Prozeß der Zivilisation*, 2 Bände (1936), 4. Aufl. 1977
Erler, B., *Tödliche Hilfe*, 1985
Europäisches Parlament, *Anlage zur Entschließung zur europäischen Währungsintegration*, Dok. A2–14/89
Fichte, J. G., *Der geschlossene Handelsstaat*, 1800 (1)
Fichte, J. G., *Grundlage des Naturrechts nach Principien der Wissenschaftslehre*, 1796 (2)
Fikentscher, W., *Wirtschaftsrecht*, Band II, 1983
Finley, M. L., *Die antike Wirtschaft*, 1977
Fisch, J., *Die europäische Expansion und das Völkerrecht: die Auseinandersetzung um den Status der überseeischen Gebiete vom 15. Jahrhundert bis zur Gegenwart*, 1984
Fischer, P., *Die internationale Konzession*, 1974
Flory, M., *Droit international du Développement*, 1977
Fonds Monetaire International, *Etude du Système Fiscal Centrafricain* par MM. J. Baldet et M. Molinier, 1986
Frankenberg, G. / Knieper, R., »Rechtsprobleme der Überschuldung von Ländern der Dritten Welt«, in: *RIW* 1983, S. 369

Fukuyama, F., »Das Ende der Geschichte?« in: *Europäische Rundschau* 4/1989, S. 3ff.
Gatter, F. T. (Hrsg.), *Protokolle und Generalakte der Berliner Afrika-Konferenz 1884–1885*, 1984
Gerstenberger, H., *Die subjektlose Gewalt. Theorie der Entstehung bürgerlicher Staatsgewalt*, 1990
Gleske, L., »Geld- und Währungspolitik bei vollständiger Integration der EG-Finanzmärkte«, in: Duvendag, D., *Europa Banking*, 1988, S. 43ff.
Griffin, K., *Stratégies de Développement*, 1989
Haberer, G., »Arbeitsteilung ohne Grenzen«, in: *Frankfurter Allgemeine Zeitung* vom 15.7.1989, S. 13
Habermas, J., »Abkühlung einer großen Idee«, in: *Frankfurter Rundschau* vom 15.7.1989, S. 31 (1)
Habermas, J., *Theorie des kommunikativen Handelns*, Band 1 und 2, 1981 (2)
Hailbronner, K., *Entwicklungstendenzen des Wirtschaftsvölkerrechts*, 1983
Hancock, G., *The Lords of Poverty*, 1989
Hegel, G. W., *Grundlinien der Philosophie des Rechts*, 1821
Heinsohn, G. / Knieper, R., *Theorie des Familienrechts*, 2. Aufl., 1976
Heinsohn, G. / Knieper, R. / Steiger, O., *Menschenproduktion. Allgemeine Bevölkerungslehre der Neuzeit*, 1979
Heinsohn, G. / Steiger, O., *Die Vernichtung der weisen Frauen*, 5. Aufl., 1985
Holman, M., »Even ›model pupils‹ are not proving the case for adjustment«, in: *Financial Times* vom 22.11.1989
Home Office Reports, *The Hillsborough Stadium Disaster vom 19.4.1989*, London, Her Majesty's Stationery Office
Humboldt, W. v., *Ideen zu einem Versuch, die Grenzen der Wirksamkeit des Staates zu bestimmen*, 1792
Jellinek, G., *Allgemeine Staatslehre*, 3. Aufl., 1913 (Nachdruck 1976)
Jeune Afrique, Interview: Y-a-t-il des Etats en Afrique?, 14.6.1989, S. 66
Johannes Paul II. (Papst), *Encyclica Sollicitudo Rei Socialis*, 1987
Jouve, E., *Le tiers monde dans la vie internationale*, 2. Aufl. 1986
Julien, C., »Les privilèges et le vertige«, in: *Le Monde Diplomatique*, Mai 1990, S. 15
Kaiser, T., »Weltweite Haftung transnationaler Unternehmen für Verbindlichkeiten ihrer Tochtergesellschaft«, in: *RIW* 1988, S. 589ff.
Kant, I., *Vom ewigen Frieden*, 1795
Kelsen, H., *Das Problem der Souveränität und die Theorie des Völkerrechts*, 1981 (Neudruck der 2. Auflage von 1928) (1)
Kelsen, H., *Reine Rechtslehre*, 2. Aufl., 1960 (2)
Kennedy, D., »Primitive Legal Scholarship«, in: *Harvard International Law Journal*, Vol. 27 (1986), S. 1ff.
Kimminich, O., »Das Völkerrecht und die neue Weltwirtschaftsordnung«, in: *ArchVR* 1982, S. 2
Knapp, G. F., *Staatliche Theorie des Geldes*, 4. Aufl., 1923
Knieper, B., *Die Naturrechtslehre des Hugo Grotius als Einigungsversuch der Christenheit*, Diss. Frankfurt/Main 1968
Knieper, R., »Eigentum und Vertrag«, in: *Kritische Justiz* 1977, S. 147 (1)
Knieper, R., »Geldsouveränität – Rechtsprobleme der Europäischen Währungsintegration«, in: *Zeitschrift für vergleichende Rechtswissenschaft*, 1990, S. 27ff. (2)

Knieper, R., »The New Investment Code of the Central African Republic: Profound Changes«, in: *ICSID Review*, Vol. 4, Spring 1989, S. 90 ff. (3)
Knieper, R., »Transfer juristischer Techniken in die Diskussion um die Verschuldung der Dritten Welt«, in: *Kritische Justiz* 1985, S. 448 ff. (4)
Knieper, R., *Weltmarkt, Wirtschaftsrecht und Nationalstaat*, 1976 (5)
Knieper, R., »Zurichtung internationaler Politik durch internationales Recht?«, in: *Kritische Justiz* 1979, S. 270 ff. (6)
Knieper, R., *Zwang, Vernunft, Freiheit*, 1981 (7)
Koavi Goudou, T., *L'Etat, la politique et le droit parlamentaire en Afrique*, 1987
Kölner Kommentar zum Aktiengesetz, Band 6, 1. Lieferung, §§ 291–328 (Bearb. H. G. Koppensteiner), 2. Aufl. 1987
Kolvenbach, W., »Bophal – Storm over the Multinationals«, in: *ZGR* 1986, S. 47
Kronstein, H., *Die abhängige juristische Person*, 1931
Kunig, P., »Die Organisation der afrikanischen Einheit und der Prozeß des Nation Building: Die völkerrechtlichen Rahmenbedingungen«, in: *ArchVR* 1982, S. 40
List, F., *Werke* Band VII, Ausgabe von 1931 (1)
List, F., *Das nationale System der Politischen Ökonomie*, 1841, Ausg. von 1925 (2)
Luhmann, N., *Die Wirtschaft der Gesellschaft*, 1988
Mann, F. A., *Das Recht des Geldes*, 1960 (1)
Mann, F. A., »The Proper Law of Contracts Concluded by International Persons«, in: *BYIL* 1959 (Bd. XXXV), S. 34 (2)
Marx, K. / Engels, F., *Das kommunistische Manifest*, 1848
Mayer-Tasch, P. C., »Einführung in J. Bodins Leben und Werk«, in: J. Bodin, *Sechs Bücher über den Staat*, Buch I–III, S. 11 ff.
Meagher, R. F., *An International Redistribution of Wealth and Power*, 2. Aufl., 1981
Meinecke, F., *Weltbürgertum und Nationalstaat*, 4. Aufl., 1917
Merkel, R., »Wahnbild Nation«, in: *Die Zeit* vom 9. März 1930, S. 52
Ministère de la Coopération (Frankreich), *Le Coton en Afrique de l'Ouest et du Centre*, August 1987
Mommsen, W. J. (Hrsg.), *Das Ende der Kolonialreiche*, 1990
Mosch, W., *Patronatserklärungen deutscher Konzernmuttergesellschaften und ihre Bedeutung für die Rechnungslegung*, 1978
Münch, I. v., »Bewahrung und Veränderung im Völkerrecht«, in: *ArchVR* 1982, S. 265
Nemitz, K., »Auf dem Wege zur europäischen Währungsintegration«, in: Deutsche Bundesbank, *Auszüge aus Presseartikeln* vom 1. 12. 1989, S. 1 ff.
Neurisse, A., *Le Franc C. F. A.*, 1987
Nozick, R., *Anarchy, State and Utopia*, 1974
Nuscheler, F. / Ziemer, K., *Politische Herrschaft in Schwarzafrika*, 1980
Olson, M., *The Rise and Decline of Nations*, 1987
Organisation de l'Unité Africaine, *Plan d'Action de Lagos pour le développement économique de l'Afrique 1980–2000*, 1981
Padoa-Schippoa, T., *Wirtschafts- und währungspolitische Probleme der europäischen Integration*, 1984
Partsch, K. J., »Menschenrechte und Rechte der Völker«, in: *VN* 5/86, 153
Paulsson, J., »Les Obligations des Partenaires dans un Accord de Développement Economique: La Sentence Arbitrale Cameroun c/Klöckner, in: *Revue de l'Arbitrage* 1984, S. 19

Pöhl, K. O., »Ein europäisches Notenbanksystem ist nur föderalistisch strukturiert vorstellbar«, in: Deutsche Bundesbank, *Auszüge aus Presseartikeln* vom 2.1.1989, S. 1
Rabl, K., *Das Selbstbestimmungsrecht der Völker*, 1973
Rawls, J., *Eine Theorie der Gerechtigkeit*, 1975
Reibstein, E., *Völkerrecht. Eine Geschichte seiner Ideen in Lehre und Praxis*, Bd. I 1958; Bd. II 1963
Rey, P. P., *Colonialisme, néo-colonialisme et transition au capitalisme*, 1971 (1)
Rey, P. P., *Les alliances des classes*, 1973 (2)
Ritter, G., *Die Neugestaltung Deutschlands und Europas im 16. Jahrhundert*, 1967
Robin, J., *Changer d'Ere*, 1989
Salama, P., *La Dollarisation*, 1988
Schierholz, P., *Versuch einer Rekonstruktion der sozio-ökonomischen Grundlagen des späteren Zulu-Reiches*, unveröffentlichte Diplom-Arbeit, FU-Berlin, 1984
Schiessl, M., »Haftung im grenzüberschreitenden Konzern«, in: *RIW* 1988, S. 951 ff.
Schirmer, W. G. / Meyer-Wöbse, J., *Internationale Rohstoffabkommen*, 1980
Schmitt, C., *Der Nomos der Erde*, 3. Aufl., 1950
Schröder, D., *Die Dritte Welt und das Völkerrecht*, 1970
Schumpeter, J., *Die Krise des Steuerstaates*, 1918 (Neuauflage, hrsg. von R. Hikkel, 1976)
Schweitzer, M. / Rudolf, W., *Friedensvölkerrecht*, 3. Aufl. 1985
Senghaas, D., »Dissoziation und autozentrierte Entwicklung«, in: ders. (Hrsg.), *Kapitalistische Weltökonomie*, 1979, S. 376 ff. (1)
Senghaas, D., »Friedrich List und die moderne Entwicklungsproblematik«, in: *Reutlinger Geschichtsblätter*, 1989, S. 281 ff. (2)
Simma, B., Verdross, A., *Universelles Völkerrecht, Theorie und Praxis*, 3. Aufl. 1984
Simo, D., »Die Dritte Welt – ein europäisches Projekt«, in: ASA-Programm (Hrsg.), *Nachfragen zur Entwicklungspolitik*, 1986
Smith, A., *Eine Untersuchung über Natur und Wesen des Volkswohlstandes*, 1776, deutsche Ausgabe 1923
Sombart, W., *Der moderne Kapitalismus*, Erster Band, 2. Aufl., 1916; Zweiter Band, 2. Aufl., 1917
Sornarajah, M., »The Myth of International Contract Law«, in: *Journal of World Trade Law* 1981, S. 187
Steinmann, H. G., »Rechte der Völker«, in: *NJW*, S. 3058
Stolleis, M., *Geschichte des Öffentlichen Rechts in Deutschland*, Erster Band, 1988
Strupp, K., *Urkunden zur Geschichte des Völkerrechts*, Band II, 1911
Stürzinger, U., *Der Baumwollanbau im Tschad*, 1980
UNESCO, *World Communication Report*, Paris 1989
United Nations Center on Transnational Corporations (UNCTC), *Transnational Corporations in World Development – Trends and Prospects*, 1988
United Nations Development Programme (UNDP), *Human Development Report*, 1990
Veit, O., *Reale Theorie des Geldes*, 1966
Verdross, A., *Völkerrecht*, 5. Aufl. 1964
Vinay, B., *Zone Franc et Coopération Monétaire*, 1980

Volmer, L., »Selbstbeschränkung der Industrieländer – Leben in einer Welt«, in: Die Grünen im Bundestag (Hrsg.), *Gegen IWF und Weltbank*, 1989, S. 172ff.
Voltaire, *Essai sur les moeurs et l'esprit des nations*, 1756 (Ausgabe von R. Porneau, 1963)
Wallerstein, I., *The Modern World System*, 1974
Weber, M., *Wirtschaft und Gesellschaft*, 1922
Welcker, J., *Die Organisation des Geld- und Bankwesens*, 1977
Weltbank, Adjustment Lending, *An Evaluation of Ten Years of Experience*, 1988 (1)
Weltbank, *Die Weltbank und die Internationale Finance-Corporation*, 1987 (2)
Weltbank, *Subsaharan Africa: From Crisis to Sustainable Growth*, 1989 (3)
Weltbank, *Toward sustained growth in Sub-Saharan Africa*, 1984 (4)
Ziegler, J., *Main basse sur l'Afrique – La récolonisation*, 1980

Personen-, Orts- und Sachregister

Wissenschaft bei S. Fischer

Russell Jacoby
Die Verdrängung der Psychoanalyse oder Der Triumph des Konformismus
230 Seiten. Broschur

Jacques Le Goff/Roger Chartier/ Jacques Revel (Hg.)
Die Rückeroberung des historischen Denkens
Grundlagen der Neuen Geschichtswissenschaft
287 Seiten. Geb.

Claude Lévi-Strauss / Didier Eribon
Das Nahe und das Ferne
Eine Autobiographie in Gesprächen. 263 Seiten. Geb.

Alfred Lorenzer
Intimität und soziales Leid
224 Seiten. Geb.

Herfried Münkler
Im Namen des Staates
428 Seiten Geb.

Mario Praz
Der Garten der Sinne
Ansichten des Manierismus und des Barock. 270 Seiten. Geb.

Ulrich K. Preuß
Politische Verantwortung und Bürgerloyalität
295 Seiten. Broschur

Dieter Richter
Das fremde Kind
249 Seiten. 33 Abb. Leinen

Marthe Robert
Einsam wie Franz Kafka
234 Seiten. Geb.

Richard Sennett
Autorität
238 Seiten. Broschur
Civitas
Die Großstadt und die Kultur des Unterschieds. 343 Seiten. Geb.
Verfall und Ende des öffentlichen Lebens
408 Seiten. Geb.

Jean Starobinski
Porträt des Künstlers als Gaukler
Drei Essays. Mit zahlreichen Abbildungen. 168 Seiten. Leinen
Das Rettende in der Gefahr
Kunstgriffe der Aufklärung
400 Seiten. Geb.

Roberto Mangabeira Unger
Leidenschaft
Ein Essay über Persönlichkeit
302 Seiten. Leinen

Michael Walzer
Zweifel und Einmischung
Gesellschaftskritik im 20. Jahrhundert. 352 Seiten. Geb.

S. Fischer

fi 405 / 4 b

Sozialwissenschaften

Julien Benda
Der Verrat der Intellektuellen
Band 6637

Peter L. Berger / Thomas Luckmann
Die gesellschaftliche Konstruktion der Wirklichkeit
Eine Theorie der Wissenssoziologie
Band 6623

Ernest Borneman
Das Patriachat
Band 3416

Elias Canetti
Masse und Macht
Band 6544

Detlev Claussen
Grenzen der Aufklärung
Zur gesellschaftlichen Geschichte des modernen Antisemitismus
Band 6634

Richard van Dülmen
Religion und Gesellschaft
Beiträge zu einer Religionsgeschichte der Neuzeit
Band 6644

René Girard
Das Heilige und die Gewalt
Band 10970

Lothar Hack
Vor Vollendung der Tatsachen
Die Rolle von Wissenschaft und Technologie in der dritten Phase der Industriellen Revolution. Band 6564

Jens Heise (Hg.)
Die kühle Seele
Selbstinterpretationen der japanischen Kultur
Band 10520

Michael Kausch
Kulturindustrie und Populärkultur
Kritische Theorie der Massenmedien. Band 6636

Peter Kemper (Hg.)
»Postmoderne« oder Der Kampf um die Zukunft
Die Kontroverse in Wissenschaft, Kunst und Gesellschaft. Band 6638

Macht des Mythos – Ohnmacht der Vernunft?
Band 6643

Fischer Taschenbuch Verlag

fi 860 / 6 a

Sozialwissenschaften

Rolf Kloepfer / Hanne Landbeck
Ästhetik der Werbung
Der Fernsehspot in Europa als Symptom neuer Macht
Band 10720

Rolf Knieper
Nationale Souveränität
Versuch über Ende und Anfang einer Weltordnung
Band 10719

Dieter Lenzen
Krankheit als Erfindung
Medizinische Eingriffe in die Kultur
Band 10559

Judith LeSoldat
Freiwillige Knechtschaft
Masochismus und Moral
Band 6640

Francoise Loux
Das Kind und sein Körper in der Volksmedizin
Eine historisch-ethnographische Studie
Band 10269

Christine Morgenroth
Sprachloser Widerstand
Zur Sozialpathologie der Lebenswelt von Arbeitslosen
Band 10240

Horst Petri
Erziehungsgewalt
Zum Verhältnis von persönlicher und gesellschaftlicher Gewaltausübung in der Erziehung
Band 6639

César Rodriguez Rabanal
Überleben im Slum
Psychosoziale Probleme peruanischer Elendsviertel
Band 6646

Rolf Vogt
Psychoanalyse zwischen Mythos und Aufklärung
oder Das Rätsel der Sphinx
Band 6642

Carl Friedrich von Weizsäcker
Der Garten des Menschlichen
Beiträge zur geschichtlichen Anthropologie
Band 6543

Fischer Taschenbuch Verlag

fi 860 / 3 b

Mentalitäts- und Sozialgeschichte

Günter Barudio
Paris im Rausch
Die Revolution in Frankreich 1789–1795
Band 10503

Dirk Blasius
Der verwaltete Wahnsinn
Eine Sozialgeschichte des Irrenhauses
Band 6726

Ehescheidung in Deutschland im 19. und 20. Jahrhundert
Band 10406

Fernand Braudel, Georges Duby, Maurice Aymard
Die Welt des Mittelmeeres
Zur Geschichte und Geographie kultureller Lebensformen
Band 4443

Roger Chartier
Die unvollendete Vergangenheit
Geschichte und die Macht der Weltauslegung
Band 10968

Pierre Chaunu
Europäische Kultur im Zeitalter des Barock
Band 7421

Alain Corbin
Pesthauch und Blütenduft
Eine Geschichte des Geruchs
Band 4402

Robert Darnton
Literaten im Untergrund
Lesen, Schreiben und Publizieren im vorrevolutionären Frankreich
Band 7412

Natalie Zemon Davis
Frauen und Gesellschaft am Beginn der Neuzeit
Studien über Familie, Religion und die Wandlungsfähigkeit des sozialen Körpers
Band 4403

Humanismus, Narrenherrschaft und die Riten der Gewalt
Gesellschaft und Kultur im frühneuzeitlichen Frankreich
Band 4369

Der Kopf in der Schlinge
Gnadengesuche und ihre Erzähler
Band 10335

Die wahrhaftige Geschichte von der Wiederkehr des Martin Guerre
Band 4433

Fischer Taschenbuch Verlag

fi 1702 / 1 a

Mentalitäts- und Sozialgeschichte

Georges Duby
Der heilige Bernhard und die Kunst der Zisterzienser
Band 10727

Richard van Dülmen
Die Gesellschaft der Aufklärer
Studien zur bürgerlichen Emanzipation und aufklärerischen Kultur in Deutschland
Band 4323

Reformation als Revolution
Soziale Bewegung und religiöser Radikalismus in der deutschen Reformation
Band 4366

Frauen vor Gericht
Kindsmord in der frühen Neuzeit
Band 4431

Richard van Dülmen
Hexenwelten
Magie und Imagination vom 16.–20. Jahrhundert
Band 4375

Richard van Dülmen (Hg.)
Armut, Liebe, Ehre
Studien zur historischen Kulturforschung I (16.–20. Jahrhundert)
Band 4379

Arbeit, Frömmigkeit und Eigensinn
Studien zur historischen Kulturforschung II
Band 4430

Verbrechen, Strafen und soziale Kontrolle
Studien zur historischen Kulturforschung III
Band 10239

Richard van Dülmen
Norbert Schindler (Hg.)
Volkskultur
Zur Wiederentdeckung des vergessenen Alltags (16.–20. Jahrhundert)
Band 3460

Arlette Farge,
Jacques Revel
Logik des Aufruhrs
Die Kinderdeportationen in Paris 1750
Band 7419

Moses I. Finley
Die Sklaverei in der Antike
Geschichte und Probleme
Band 4352

François Furet,
Denis Richet
Die Französische Revolution
Band 7371

Fischer Taschenbuch Verlag

fi 1702 / 1 b

Mentalitäts- und Sozialgeschichte

Erna M. Johansen
Betrogene Kinder
Eine Sozialgeschichte der Kindheit
Band 6622

Jürgen Kocka
Klassengesellschaft im Krieg
Deutsche Sozialgeschichte 1914–1918
Band 4395

Eva Labouvie
Zauberei und Hexenwerk
Zur Hexenverfolgung in Deutschland
Band 10493

Peter Laslett
Verlorene Lebenswelten
Geschichte der vorindustriellen Gesellschaft
Band 10561

Maurice Lombard
Blütezeit des Islam
Eine Wirtschafts- und Kulturgeschichte
8.–11. Jahrhundert
Band 10773

Hans-Jürgen Lüsebrink, Rolf Reichardt
Die »Bastille«
Zur Symbolgeschichte von Herrschaft und Freiheit
Band 4419

Wolfgang J. Mommsen (Hg.)
Das Ende der Kolonialreiche
Dekolonisation und die Politik der Großmächte
Band 4439

Lutz Niethammer u.a.
Bürgerliche Gesellschaft in Deutschland
Historische Einblicke, Fragen, Perspektiven
Band 4387

Wilfried Nippel
Griechen, Barbaren und »Wilde«
Alte Geschichte und Sozialanthropologie
Band 4429

Wolfgang Reinhard (Hg.)
Imperialistische Kontinuität und nationale Ungeduld im 19. Jahrhundert
Band 10576

Fischer Taschenbuch Verlag

fi 1702 / 1 c

Mentalitäts- und Sozialgeschichte

Wolfgang Schivelbusch
Geschichte der Eisenbahnreise
Zur Industrialisierung von Raum und Zeit im 19. Jahrhundert
Band 4414

Lichtblicke
Zur Geschichte der künstlichen Helligkeit im 19. Jahrhundert
Band 4341

Das Paradies, der Geschmack und die Vernunft
Eine Geschichte der Genußmittel
Band 4413

Hans Speier
Die Angestellten vor dem Nationalsozialismus
Ein Beitrag zum Verständnis der deutschen Sozialstruktur 1918–1933
Band 4407

Jean-Pierre Vernant
Tod in den Augen
Figuren des Anderen im griechischen Altertum: Artemis und Gorgo
Band 7401

Paul Veyne
Die Originalität des Unbekannten
Für eine andere Geschichtsschreibung
Band 7408

Michel Vovelle
Die Französische Revolution
Soziale Bewegung und Umbruch der Mentalitäten
Band 4340

Heinrich August Winkler
Zwischen Marx und Monopolen
Der deutsche Mittelstand vom Kaiserreich zur Bundesrepublik Deutschland
Band 10405

Fischer Taschenbuch Verlag

fi 1702 / 1 d

Wolfgang J. Mommsen
Der autoritäre Nationalstaat
Verfassung, Gesellschaft und Kultur im deutschen Kaiserreich

Band 10525

Das deutsche Kaiserreich ist durch eine »Revolution von oben«, und nicht durch einen freien Willensakt seiner Bürger, begründet worden. Die Spuren dieser obrigkeitlichen Vergangenheit sind in seinem politischen System immer sichtbar geblieben. Auf der anderen Seite hätte es ohne die Mitwirkung der liberalen Nationalbewegung nicht entstehen und sich zu einem machtvollen Nationalstaat entwickeln können.

Seit 1897 verschrieb sich das Deutsche Reich einer aggressiven »Weltpolitik«, die nicht nur von konkreten imperialistischen Zielsetzungen bestimmt war. Vielmehr stand hinter ihr das Bestreben der aufsteigenden Mittelschichten, zu einem großen und machtvollen Staatsgebilde zu gehören und damit an politischen Entscheidungsprozessen teilzuhaben, an denen verantwortlich mitzuwirken ihnen die halbkonstitutionelle Verfassungsstruktur weitgehend verwehrte.

Auf diese Weise war der notwendige beständige Ausgleich der Interessen zwischen den Führungseliten und der öffentlichen Meinung nicht möglich. Es entwickelten sich extrem nationalistische Expansionsbestrebungen, die zunehmend die politischen Realitäten hinter sich ließen. Das deutsche Kaiserreich wurde dadurch in den Ersten Weltkrieg hineingetrieben, an dessen Ende der Zusammenbruch der autoritären Staatsordnung und gleichzeitig die Entmachtung der Hohenzollern-Monarchie in der Revolution von 1918 bis 1920 standen.

In diesem Band sind Essays und Aufsätze zusammengefaßt, die zum Teil, da verstreut veröffentlicht, schwer zugänglich waren.

Fischer Taschenbuch Verlag

fi 1096 / 1